艺术体育
高校学术研究论著丛刊

羽毛球健康促进与科学练习研究

柯雅娟 著

中国书籍出版社
China Book Press

图书在版编目（CIP）数据

羽毛球健康促进与科学练习研究/柯雅娟著.--北京：中国书籍出版社，2020.8
　　ISBN 978-7-5068-7951-4

　　Ⅰ.①羽… Ⅱ.①柯… Ⅲ.①羽毛球运动-运动训练-研究 Ⅳ.①G847.2

中国版本图书馆 CIP 数据核字（2020）第 155561 号

羽毛球健康促进与科学练习研究

柯雅娟　著

丛书策划	谭　鹏　武　斌
责任编辑	成晓春
责任印制	孙马飞　马　芝
封面设计	东方美迪
出版发行	中国书籍出版社
地　　址	北京市丰台区三路居路 97 号（邮编：100073）
电　　话	(010)52257143（总编室）　(010)52257140（发行部）
电子邮箱	eo@chinabp.com.cn
经　　销	全国新华书店
印　　刷	三河市铭浩彩色印装有限公司
开　　本	710 毫米×1000 毫米　1/16
印　　张	17
字　　数	325 千字
版　　次	2021 年 4 月第 1 版　2021 年 4 月第 1 次印刷
书　　号	ISBN 978-7-5068-7951-4
定　　价	82.00 元

版权所有　翻印必究

目 录

第一章 羽毛球运动基本理论与发展概况 ………………… 1

 第一节 羽毛球运动溯源 ……………………………… 1
 第二节 羽毛球运动的发展概况 ……………………… 3
 第三节 羽毛球运动的特点与装备 …………………… 11
 第四节 羽毛球运动重大赛事 ………………………… 30

第二章 羽毛球运动文化概论 …………………………… 34

 第一节 羽毛球运动的文化内涵与外延 ……………… 34
 第二节 羽毛球运动文化的特征 ……………………… 37
 第三节 羽毛球运动的文化功能 ……………………… 42
 第四节 羽毛球文化的魅力与欣赏 …………………… 46

第三章 羽毛球运动健康促进价值研究 ………………… 52

 第一节 健康与健康促进 ……………………………… 52
 第二节 羽毛球运动的生理健康促进价值 …………… 62
 第三节 羽毛球运动的心理健康促进价值 …………… 70

第四章 大众参与羽毛球运动促进健康的现状与对策 … 81

 第一节 大众参与羽毛球运动促进健康的现状与影响
    因素 …………………………………………… 81
 第二节 大众参与羽毛球运动促进健康的发展对策 … 88

第五章 羽毛球运动科学练习的理论研究 ……………… 91

 第一节 羽毛球运动学练的基本原理 ………………… 91

第二节　羽毛球运动教学理论与方法 …………………… 95
　　第三节　羽毛球运动训练理论与方法 …………………… 110

第六章　羽毛球运动体能与心理的科学训练方法 ………… 121
　　第一节　羽毛球运动体能训练的方法 …………………… 121
　　第二节　羽毛球运动心理训练的方法 …………………… 141

第七章　羽毛球运动技术科学练习指导 …………………… 152
　　第一节　羽毛球运动技术原理 …………………………… 152
　　第二节　羽毛球运动技术教学指导 ……………………… 158
　　第三节　羽毛球运动技术训练指导 ……………………… 180

第八章　羽毛球运动战术科学练习指导 …………………… 202
　　第一节　羽毛球运动战术原理 …………………………… 202
　　第二节　羽毛球单打战术学练方法指导 ………………… 209
　　第三节　羽毛球双打战术学练方法指导 ………………… 220

第九章　羽毛球运动趣味练习指导 ………………………… 234
　　第一节　羽毛球游戏的基本理论 ………………………… 234
　　第二节　羽毛球游戏的准备与组织 ……………………… 237
　　第三节　热身活动类游戏学练 …………………………… 240
　　第四节　人结合球的游戏学练 …………………………… 250
　　第五节　人结合球拍的游戏学练 ………………………… 254
　　第六节　击球类游戏学练 ………………………………… 258

参考文献 ……………………………………………………… 265

第一章 羽毛球运动基本理论与发展概况

羽毛球运动在现代众多体育运动项目中始终保持着超高的人气，在世界范围内其不仅有众多高水平运动员，而且在健身领域中也有着大量参与者。为了让人们对羽毛球运动有更加深刻的了解与认识，本章就重点对羽毛球运动的基本理论与发展情况进行阐述。

第一节 羽毛球运动溯源

直到现在，关于羽毛球运动的起源问题也没有确定下来。很多国家都在自己国家历史中发掘到一些线索，并就此认为羽毛球发源于本国。我国也被认为是羽毛球运动的发源国，这点在我国众多历史文献中都能找到很多相关记载。在我国，最被认可的羽毛球起源论即羽毛球运动是从古代的踢毽子游戏逐渐演变而来的。之所以这样认为，在于在我国的很多地区都发现了历史文献中有关于古代开展过类似羽毛球运动的毽子球游戏。据研究发现，我国在远古时期时，人们的生活中就出现了与现代羽毛球极其相似的游戏形式，如在正月期间，苗族的先人就把一些五颜六色的鸡毛做成花毽，然后成群结队的玩"打花毽"游戏，这种游戏的开展会在一个被称为"毽塘"的特定场所。游戏主要形式为由姑娘先开始，将花毽抛向小伙子，然后小伙子用手掌将花毽击打回姑娘一方，一来一往，尽力保持花毽更长时间在空中飞行而不落地；又如古代的基诺人玩一种"打鸡毛球"的游戏，这个游戏中的用球就是被人们用精挑细选出来的漂亮羽毛，然后将它们插入用油布包着的木炭球托上而制成,这种制球的结构和选材已经与今天的羽毛球制作非常相似了。在游戏的开展形式上,双方对球的击打是通过手来完成的,他们在场地中画线,以此作为中界,一方打过来的球,另一方必须打回去,如果回击的球没有越过中线就算输。

在国际羽毛球联合会成立 50 周年的纪念册中写着一句话:"羽毛球运动有着悠久的历史,很多世纪以前,在荷兰和中国就有使用球拍的类似当今羽毛球的体育游戏。"由此也说明国际羽联对于我国作为该项运动的发源地是有一定认可度的。

英国也是现代羽毛球运动的产生地。在 19 世纪中叶时,印度出现了一种被命名为"普那"的运动,这项运动的开展方法非常类似现代的羽毛球。从所用器材上来看,普那运动使用的球是由直径大约 6 厘米的圆形硬纸板或以绒线编织成球形,中间插上羽毛而制成(类似我国的毽子)。在击球器材上当地人并非直接使用手,而是制作了由木板为材质的球拍。参与运动的人手执木板来回反复地击球。19 世纪 60 年代,在一次英格兰格拉斯哥郡的伯明顿(Badminton)庄园举行的宴会活动中由于遇到了大雨,因此人们只能将在户外庄园举办的活动移到室内进行。这时有几个从印度回来的退役军官,向大家介绍了印度普那游戏,并当场进行了演示。参与宴会的宾客一下被这种游戏所吸引。也正是由于这一事件,使得英国人在此后非常热衷羽毛球运动,并将其作为一种高雅的娱乐活动广泛开展。后来,为了纪念这种运动的诞生地,英国人便将羽毛球运动命名为伯明顿(Badminton)。时至今日,在英国伯明顿还设有羽毛球陈列馆,记载着最早的好似沙漏形状的羽毛球场地。

现代羽毛球运动不仅起源于英国,并且在此后很长一段时间内也在英国蓬勃发展起来,一时间,英国成为世界羽毛球运动的中心。1893 年,英国成立了世界上第一个羽毛球协会,6 年后第 1 届全英羽毛球锦标赛举行,这对羽毛球运动的发展来说无疑是具有划时代意义的。后来,羽毛球运动随着英国殖民活动而传播到世界许多地方。

1903年，第一场正式的国际羽毛球比赛在德国柏林举行，对阵双方是爱尔兰队和英格兰队。印度为了标榜自身是羽毛球运动的发源地，也从20世纪80年代开始举办"普那羽毛球国际公开赛"，这项赛事每年举办一届。

第二节 羽毛球运动的发展概况

一、羽毛球运动诸元素的发展

羽毛球运动的发展涉及多个方面，因此，对于羽毛球运动发展的分析来说就应该从那些对发展起到关键作用的内容着眼，如羽毛球运动装备、运动规则以及相关组织机构的发展与演变等。

（一）羽毛球运动装备的发展

羽毛球运动装备的发展与羽毛球技战术的发展紧密相关。就器材的变革来说，是沿着一条由简到繁之路前行的。

羽毛球的用球起初只是用皮将绒线团或者木托包起来，并没有羽毛的材质，后来才慢慢开始在软木脱上插羽毛，再到后来确定插上的羽毛数量为16根，最后连羽毛的选择也开始考究起来。

羽毛球的球拍起初用的材质是硬纸，后来随着使用者对弹性的要求更高改为用木板制作球拍，后将木板制成椭圆环形并于中间穿弦。羽毛球拍是运动员与球发生接触的重要器材，它就是运动员延展后的"手臂"，因此它的技术革新几乎都直接决定了技术的革新，进而使得许多科技成果都融入到了羽毛球球拍的制作中。其中，最为人们所熟知的就是新材料在羽毛球拍上的运用，如碳素材料在球拍上的运用使得传统以木制或金属制的球拍不再沉重，大大增加了运动员进攻的杀伤力，且碳素球拍还有不易变形的特点,因而深受运动员的喜爱。不同材质和规格的球拍也使得其性能各有不同,特点鲜明。为此,运动员们就需要根据自身的打法特点来选择合适的球拍,如擅长进攻的球员更乐于选择重心靠近拍头的球拍;全面型打法的球员更愿意选择重心适中的球拍。除此之外,球拍的选择因素还有很多,但无论所考量的因素是什么,都应符合最基本的一点,那就是与运动员的需求相适合。

(二)羽毛球运动规则的发展

现代的羽毛球运动起初只是作为一种游戏来开展的,鉴于此,就注定了在创造伊始就没有过于严苛的规则,参与游戏的双方对于规则只要商讨一致就可以了。但羽毛球的发展逐渐朝着现代竞技体育的方向而来,既然是竞技体育运动,就需要建立起一个完善的规则体系以确保比赛双方能在公平、公正的条件下比拼。于是,在这一要求下,羽毛球运动组织者就开始制定规则,同时也对场地、器材等的规格展开了研究,并将其纳入到规则体系中。

通过不懈努力,1873年世界上第一部羽毛球运动规则被草拟出来。1875年,第一本详细解析羽毛球运动规则的书在英国出版。不过,与今天的羽毛球运动规则相比,那时的规则还相对简单,规则中主要规定了场地的形状、球网的高度、双方击球的基本规范等,这个规则甚至没有对单打、双打的区别做出说明。而由于当时人们对羽毛球运动的认识都不相同,使得不同地区对羽毛球运动的规则制定或多或少会有差异。直至1893年,在英国羽毛球协会的组织下,对以前的羽毛球规则进行了全面修订,才实现了羽毛球运动的统一管理和规则的统一制定。此后随着技战术的创新以及提升赛事的观赏性,规则也随之变化,出现了单、双打场地画线的区别、发球区域、发球得分及发球得分后的换区等规则。

(三)羽毛球运动组织的发展

1875年,英国成立了第一家羽毛球俱乐部。该俱乐部中的会员的身份多为军人。1983年,在14家俱乐部的一致倡导下,成立了英国羽毛球协会。该协会的成立意义重大,它引领了后来羽毛球运动的多项活动与变革。在协会的不懈努力下,羽毛球运动被越来越多的人所熟知,并开始了向全欧洲乃至全世界的传播。受此影响,许多国家也纷纷成立了羽毛球协会和羽毛球俱乐部。

1934年,由英格兰、法国、爱尔兰、苏格兰等九个羽毛球协会共同协商成立了国际羽毛球联合会(简称国际羽联),总部设在伦敦,并选举汤姆斯为第一任国际羽联主席。国际羽联成立后就羽毛球运动的赛事推广做出了卓越贡献,当时除了传统的"全英羽毛球锦标赛"照常举行外,还分别于1948年和1956年增设了汤姆斯杯赛(世界男子团体锦标赛)和尤伯杯赛(世界女子团体锦标赛),此外还有世界羽毛球锦标赛和羽毛球世界杯等重要赛事。

1978年,又一个羽毛球运动的国际组织成立,即世界羽毛球联合会(简称世界羽联)。世界羽联在成立后便举办了两届世界羽毛球锦标赛。但同时存在的两个羽毛球世界组织无疑会在运动推广层面有所阻碍,以及浪费很多资源,在赛事管理上也会出现混乱局面。因此,为了推动世界羽毛球运动健康、有序、稳步的发展,在多方倡导和现实需要之下,国际羽联和世界羽联两大羽毛球组织于1981年正式合并,组成了唯一的国际羽毛球联合会(简称国际羽联),这也使得世界羽毛球运动出现了欣欣向荣、生机勃勃的景象。目前,在国际羽联的领导下,羽毛球运动在全世界的发展形势良好。

二、世界羽毛球运动的发展

现代羽毛球运动在诞生之初直到现在已经走过了一百多年的历史。在这一百多年的时间中,这项运动实现了从地区向世界的发展,从游戏向竞技体育运动的发展。发展到现在,羽毛球运动已成为大众健身项目和国际竞技项目。

(一)从欧洲走向世界

英国举办的"全英羽毛球锦标赛"是世界上历史最为悠久的羽毛球比赛,时至今日这项赛事仍旧一年一度的进行,并成为仅次于奥运会和羽毛球世锦赛的世界羽毛球第三大赛事。

这项赛事于1899年首办。起初由英国人垄断了所有比赛项目的冠军,而后的数十年里,丹麦人打破了垄断,成为新的世界羽毛球运动的霸主。直到20世纪40年代末,马来西亚的羽毛球选手首先打破了欧美对羽毛球比赛的垄断局面。从此,羽毛球运动也开始向亚洲倾斜。

(二)亚洲羽毛球运动的先驱——马来西亚

1937年,马来西亚成为第一个正式加入国际羽毛球联合会的亚洲国家,在国际羽毛球运动的历史上占有重要的地位。在全英羽毛球锦标赛中,马来西亚是亚洲最早取得男子单打冠军和"汤姆斯"杯冠军的国家,并且一直独居领先地位,始终在国际羽坛上发挥着重要作用。

20世纪50年代,马来西亚的著名羽毛球运动员黄柄顺以全面精湛的技术所向披靡,成为羽毛球运动一个时代重要的代表人物。同时代的另一名马来亚选手庄以民与黄柄顺一起,从1950年至1957年交替霸占全英羽毛球锦标赛男子单打冠军长达8年。从20世纪80年代起,出现了西德克兄弟,他们为马来西亚羽毛球运动的发展做出了卓越的贡献。

马来西亚的运动员在世界羽毛球男子团体赛——"汤姆斯"杯赛中,战绩显赫,曾获得第1届、第2届、第3届"汤姆斯"杯冠军,后来又分别获得第7和第17届冠军。

(三)羽毛球王国——印度尼西亚

印度尼西亚在1953年也加入了国际羽联。1957年,在第4

届"汤姆斯"杯赛的首秀上,印度尼西亚就在比赛中崭露头角,在大胜新西兰和澳大利亚后进入决赛,并在决赛时终止了马来西亚在"汤姆斯"杯连续获得冠军的局面。而在2000年以前所举行的21届"汤姆斯"杯比赛中,印度尼西亚一共获得12次冠军。这足以说明印度尼西亚成为新的羽毛球运动强国。

在印度尼西亚,梁海量是羽毛球运动中的"天王巨星",他在1968年至1976年间,一共获得了8次全英羽毛球锦标赛的单打冠军,在国际比赛中几乎没有出现败绩。由于全面的技术,良好的球场作风,赢得了世界羽毛球界的尊敬。而继梁海量之后,又一位羽坛新星林水镜成为印度尼西亚的又一位男子单打好手,他以凌厉的杀球上网称霸世界羽坛,从此羽毛球运动也成为印度尼西亚的国球。

印度尼西亚的优秀羽毛球运动员人才辈出,被认为是世界羽毛球王国。而且,印度尼西亚的女子羽毛球运动也在男子羽毛球队称雄世界羽坛之后崛起。直至今日,印度尼西亚羽毛球仍旧是当今世界羽坛中一股不可忽视的重要力量。

(四)欧洲羽毛球运动的佼佼者——丹麦

作为国际羽联的创始国之一,丹麦的羽毛球运动也非常普及,并且其羽毛球运动的竞技水平在欧洲各国一直都处于领先地位,也不断涌现出优秀的羽毛球运动员。如在20世纪60年代的男子选手考普斯、20世纪70年代的女子选手科彭、20世纪90年代初的著名男子单打选手莫顿·弗罗斯特,以及走红的彼特·盖德、彼特·拉斯姆森等。在1996年的亚特兰大奥运会上,拉尔森击败我国著名球员董炯获得羽毛球男子单打的金牌。这也是欧洲羽毛球运动员在奥运会羽毛球比赛中夺得的唯一一块金牌。

三、中国羽毛球运动的发展

现代羽毛球运动传入我国还要追溯到20世纪。一开始羽毛球只是在上海、广州、天津、厦门等外国租界内和基督教青年会、教会学校等地方流行。而由于新中国成立前我国参与羽毛球运动的人数非常少,这项运动基本很少为人所熟知,它更多地是以休闲游戏活动为主要目的进行,因此其竞技水平不是很高。但在新中国成立后,党和政府非常重视和关心体育事业,在此良好的契机下,包括羽毛球在内的许多体育项目得到了蓬勃发展。我国羽毛球运动的发展阶段主要有以下几个阶段。

(一)中国羽毛球运动的起步

在新中国成立之后,我国就开始着手竞技羽毛球运动的发展。1953年,就在天津首次举办了全国篮球、排球、网球、羽毛球四项球类运动会,其中羽毛球运动作为当时的表演项目参与其中。1954年6月,王文教、陈福寿、黄世明、施宁安等一批印尼爱国华侨回国,并带回了羽毛球运动的先进技术,使我国羽毛球运动得到了全面的发展。而中国羽毛球协会在1958年9月的正式成立,标志着我国羽毛球运动进入了组织化管理的阶段。当时协会根据世界羽毛球运动的发展状况,为全国羽毛球竞技运动发展目标进行了规划。

我国羽毛球运动员在国内练兵的同时,也开始学习世界各国家的羽毛球先进经验。1956年2月,印尼羽毛球队来我国访问,在与中国队进行的10场比赛中,印尼队获得了全胜。全败的战绩不仅没有让我国运动员丧失信心,反而更加激励他们更加刻苦的训练,在认真分析失败原因的同时,奋发图强。很快便在一年后的回访印尼的比赛中使形势出现了不少好转,在9场比赛中,中国队获得了7胜2负的好成绩,进步巨大。

(二)赢得"无冕之王"的称誉

20世纪60年代,中国竞技羽毛球运动进入了赶超世界水平的阶段。中国羽协对又一批从印尼回来的华侨给予了高度的重视,其中包括有汤仙虎、侯加昌、方凯祥、陈玉娘、梁小牧、傅汉洵等人,对他们的精心培养,使其逐渐成为我国羽毛球运动的中坚力量。虽然我国的羽毛球队在当时没有在正式的比赛中亮相过,但在许多与世界强队的互访比赛中与之互有胜负,这标志着当时我国的羽毛球竞技水平已经达到了世界先进水平。1963年和1964年,与世界冠军印尼队的两次交流赛中,中国羽毛球队均以大比分战胜对手。1965年中国队出访欧洲也取得了全胜的辉煌战绩。而在对丹麦的访问比赛中,汤仙虎在一局比赛中曾以15∶0战胜6次获得全英锦标赛男单冠军的丹麦名将考普斯,并在与外国羽毛球选手比赛中保持全胜的战绩。中国羽毛球赢得国际羽坛"无冕之王"的称号,这一时期也是中国羽毛球运动的第一个"黄金时期"。

在1964年的第一次全国羽毛球训练工作会议中,确定了我国羽毛球运动的技术风格和指导思想,其中技术风格要保持"快、狠、准、活"的特点,而指导思想则是"以我为主、以快为主、以攻为主",并以此为训练和比赛实践的理论指导。我国羽毛球技术风格的形成和训练指导思想的建立,也为世界羽毛球运动发展起到了重要的促进作用。

(三)国际羽坛迎来了"中国时代"

随着改革开放的不断深入,我国的羽毛球运动也得到了很大的发展。1981年5月,国际羽毛球联合会正式接纳中国羽毛球协会成为会员。中国羽毛球运动进入一个全面的发展时期。1981年5月10日~21日,中国男子羽毛球队首次参加在英国伦敦举行的第12届汤姆斯杯赛决赛阶段的比赛。经过10天的激战,中国队奇迹般地反败为胜,获得了第一座汤姆斯杯,首次成为世界男子羽毛球团体的冠军。国际羽坛人士称:"中国队首次参赛就获得汤姆斯杯,标志着世界羽毛球运动从此进入了一个新的时代。"而在随后的第14届、第15届、第16届汤姆斯杯上,中国男子羽毛球队实现了"三连冠",也正式宣布国际羽坛"中国时代"的到来。

中国女子羽毛球队在1984年首次组队参加了"尤伯杯"的比

赛。在比赛中,女队所展现出的快速多变打法,让世人耳目一新,并在对英格兰、韩国、丹麦、日本和印尼的比赛中,都是以 5:0 的悬殊比分获胜,一举拿下第 10 届尤伯杯赛的冠军,第一次成为世界女子羽毛球团体比赛的冠军。在随后的 4 届尤伯杯上,中国女子羽毛球队成功卫冕,创造了尤伯杯赛设立以来的首个"五连冠"记录。20 世纪 80 年代,中国羽毛球运动实现全面发展的目标。出现了包括韩健、栾劲、孙志安、姚喜明、陈昌杰、李永波、田秉毅、杨阳等一批男子优秀选手及张爱玲、李玲蔚、韩爱萍等一些优秀女子选手,同时还具备在男女单打、男女双打和混合双打 5 个单项与国际一流的选手抗衡的实力,在各项国际比赛中一共获得 65 项世界冠军。

(四)中国竞技羽毛球运动的调整及恢复

进入 20 世纪 90 年代,中国羽毛球成为其他国家的主要研究对象,许多针对中国羽毛球技术的打法也不断被研究出来。这一时期受国内经济大潮的影响,我国羽毛球运动受到了较大的冲击,训练体制和人才体制都相应受到影响,训练质量下降,人才外流,导致中国羽毛球出现严重滑坡的现象,尤其男队危机四伏,1992 年在汤姆斯杯赛、奥运会、世界杯三大赛事中,没有获得一项比赛的冠军。女队的情况虽然要稍微好些,但危机感也同样笼罩着她们。1994 年在日本广岛举行的亚运会上,我国没有一位羽毛球男女选手进入决赛,我国羽毛球运动水平跌落到自 20 世纪 60 年代以来的最低谷。

(五)真正成为世界羽毛球霸主阶段

从 20 世纪 90 年代中期开始,中国羽毛球针对近些年来在各项比赛中的失利进行了系统、细致、全面地分析,与此同时还进一步强化了日常训练的力度,并同时加大了羽毛球教练员的培养,出现了一批知识结构、专业化与年轻化程度较高的羽毛球教练员,并在管理方法和训练手段上进行大胆、合理的创新。同时,羽毛球运动也受到了社会各界人士的参与和支持,新闻媒体也给予了羽毛球前所未有的关注。采取的这一系列积极的措施逐渐取得了一定成效,在1995年,第4届世界男女羽毛球混合团体赛苏迪曼杯中国羽毛球队重新捧得了冠军奖杯。1996年美国亚特兰大奥运会羽毛球比赛,中国女子双打选手葛菲和顾俊取得冠军,也实现了中国羽毛球在奥运会上金牌"零"的突破,这标志着中国竞技羽毛球运动全面恢复与发展,中国羽毛球队已逐步上升至领先地位。随后在2000年和2004的两届奥运会中,中国羽毛球队获得了10枚金牌中的7枚金牌。而在家门口的2008年北京奥运会上,中国羽毛球队获得了3金2银3铜的骄人成绩。而在2012年伦敦奥运会上,我国羽毛球队更是创造了历史,他们包揽了所有羽毛球项目的金牌。它也正式向世界宣布中国羽毛球回归世界霸主地位。虽然在2016年里约奥运会上中国队仅仅夺得了男单和男双的冠军,但羽毛球实力仍然不容小觑。

第三节 羽毛球运动的特点与装备

一、羽毛球运动的特点

(一)组织方式灵活

羽毛球运动得益于其方便的组织形式,使其成为大众体育健身中的绝佳项目,其场地要求不高,器材方便购买,规则简单,参与人数灵活,而且羽毛球技术动作简单、易于掌握,游戏性强,运动负荷可大可小,具有非常显著的组织灵活性特点。

(二)群众基础广泛

在我国,羽毛球运动与乒乓球、网球一并被称为"三小球"运动。作为轻巧型的小球类运动,羽毛球具有运动器材简单、场地简便,以及具有娱乐性、技巧性、智能性和对抗性等特点。这些特点的存在使其总能满足不同年龄、不同水平的爱好者的需求,因此参与人群多样,人数众多,群众基础深厚。具体从年龄阶段来说,这种群众基础表现在以下方面:

(1)儿童参与的羽毛球运动应更多地以游戏形式为主,以此激发他们对这项运动的兴趣,并且养成乐于到运动场活动的习惯。运动中对儿童的技战术要求不应过高,大众化健身的层面上只要能击到球即可且运动量不宜过大。

(2)青少年参与的羽毛球运动应更多结合身体发育特点,以促进生长发育、提高身体机能为目标。在参与中应对技战术练习有一定要求。运动量为中等强度。

(3)中年人参与的羽毛球运动应更多展示技能水平,技术水平高者应更加追求技战术的细腻程度,由此充分感受羽毛球运动的魅力。

(4)老年人参与的羽毛球运动应更多结合自身的实际状况,以减缓身心衰老速度为目标。在运动过程中不应安排过于高难的动作,动作幅度也应在合理范围内,如感到疲劳可以安排更多的休息时间。运动量为较小强度。

在任何年龄阶段中的羽毛球运动,都要遵循循序渐进的原则,不要脱离实际需要一味求多求大。

(三)不确定性较强

羽毛球运动具有很多不确定性的特点。当然,这个特点并不是羽毛球运动的不足,而主要强调的是运动本身具有的不确定性的元素,这给羽毛球比赛带来的不可预测性,让比赛更有悬念,进而提升了观赏性。

具体来看,羽毛球运动的不确定性主要表现在技战术打法和比赛时间两个方面。

1. 技战术打法的不确定性

羽毛球运动的技战术是根据基础技战术而来的,如此看来,技战术打法是有一定规律可循的,但其在比赛当中的自由合理的运用也使对手难以准确判断,由此也就使羽毛球的技战术打法具有了不确定性,这种不确定性的产生来源于众多因素对球的属性的影响。也正是由于它的不确定性,使运动员必须要在很短的时间内对来球属性做出判断,并运用各种步法移动到位,再通过不同的技术将球击回到对方场区。因此,羽毛球运动中运动员的技战术没有固定的模式,时刻都处于动态的变化之中,使整个比赛充满了不确定性。

2. 比赛时间的不确定性

现代羽毛球运动的赛制为三局二胜每球得分制,每局 21 分,即每局中先得到 21 分,或当比分为 20 平或高于 20 分的平局时需要净胜对方 2 分时即为当局胜利。

鉴于这种情况,特别是在同等级的较量中,双方实力相差不多,每个回合都需要通过多拍回合来解决,如此使得比赛往往要耗时很久才能决出最终的胜负。因此,一场羽毛球比赛的时间有可能持续一个多小时,甚至更长时间,这就是比赛时间的不确定性。

(四)综合素质全面

羽毛球运动中的诸多不确定性特点就决定了运动员必须具备全场立体攻防的能力,只有这样才能在千变万化的局势中敏锐捕捉到对方的意图,并且要有良好的身体素质作为技战术应用的保障。下面就具体分析羽毛球运动者综合素质的内容。

1. 要求运动者具备良好的爆发力量

通过对羽毛球运动者在比赛中的身体动作的观察后可以很明显地看到,羽毛球运动者的上肢运动爆发力主要是通过手臂肌肉的快速收缩实现的,这个爆发力越大,击球的力量就越大,球速就越快,带来的杀伤力就大。而下肢运动的爆发力主要是通过腿部肌肉的快速收缩实现的,如此来完成快速移动和高高跃起等动作。

鉴于此,为了获得这种爆发力,就需要羽毛球运动者在日常身体素质训练中要刻意加入一些力量与速度两种素质结合的训练,以此获得出色的速度力量。只有如此,运动者才能在比赛的快速移动中兼顾好快速大力击球,时刻给对手以强大的压迫感,进一步将比赛的控制权掌握在自己手中。

2. 要求运动者具备良好的耐力素质

在羽毛球运动中,运动者的运动方式并不是线性的或平均的,就技术的运用来看也经常是根据局势忽快忽慢,忽然发力忽然减力的,如果不能做好体能的分配,会导致体能消耗过快。就此也说明了羽毛球运动对运动者的耐力素质有一定要求,这种耐力并非与长跑、长距离游泳等运动类似,而是一种符合羽毛球运动特点的专门化速度耐力素质。实践证明,一场比赛结束之后,耐久力很强的长跑健将往往比羽毛球选手更快更容易感到疲劳,这就是两种运动的运动模式不同导致的。优秀的羽毛球运动者则具备一种强度经常变化、与速度素质和灵敏素质紧密结合的专门性速度耐力。为此,在日常训练中要突出这种专项耐力的训练。

3. 要求运动者具备良好的灵敏素质

通过一系列实验可以证明,在高水平羽毛球比赛中,羽毛球在空中的飞行速度可高达 300 千米/小时左右,将这种球速再结合战术的需要,更是将这种快速度的回球与落点和弧线相结合,构成多变的套路。为此,只有羽毛球运动者具备出色的灵敏素质,才能应付比赛节奏的要求。

羽毛球比赛节奏非常快,运动者技战术的发挥,动作的完成和还原都要在这个节奏中完成,这就对运动者对球判断、反应、起动、移动、蹬跳、击球都有较高要求,一点点的判断失误和犹豫都可能导致运动者错失进攻良机或直接输掉一个回合。在训练中,要突出对灵敏素质的专项运动,将灵敏素质的训练与技战术训练相结合,这样才能获得理想的训练效果。

二、羽毛球运动的场地

(一)球场

国际比赛羽毛球规则规定,羽毛球整个场地净空高度离地面最低为9米(30英尺),在此高度内不得有任何横梁或障碍物;羽毛球球场边界线外最少需有2米(6.5英尺)空地;任何并列的两个场地之间最少应有2米距离;球场四周的墙壁最好为深色,不能有风。

1. 场地规格

现代羽毛球运动的场地都是标准化的,球场呈长方形,球场长度为1 340厘米,单打球场宽518厘米(图1-1),双打球场宽610厘米(图1-2)。场地线宽为4厘米,颜色为白色、黄色或其他易辨颜色。正常球场区的4个4厘米×4厘米的标记应画在双方单打右发球区边线内沿,距端线53厘米和99厘米处,标记的宽度包括在所画的尺寸内,即距端线外沿53~57厘米和95~99厘米。所有场地线都是它所确定区域的组成部分。

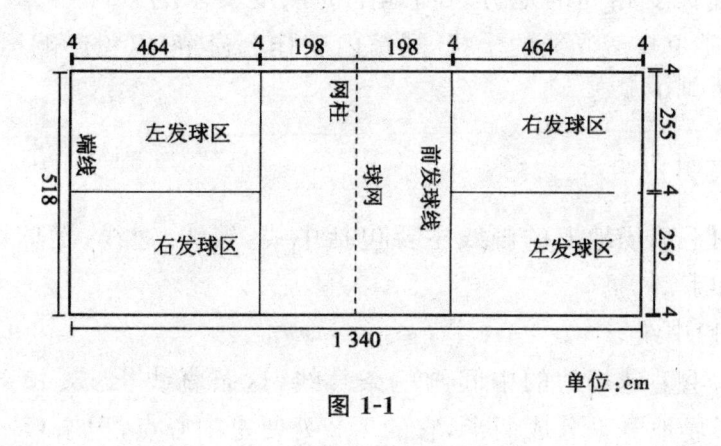

图 1-1

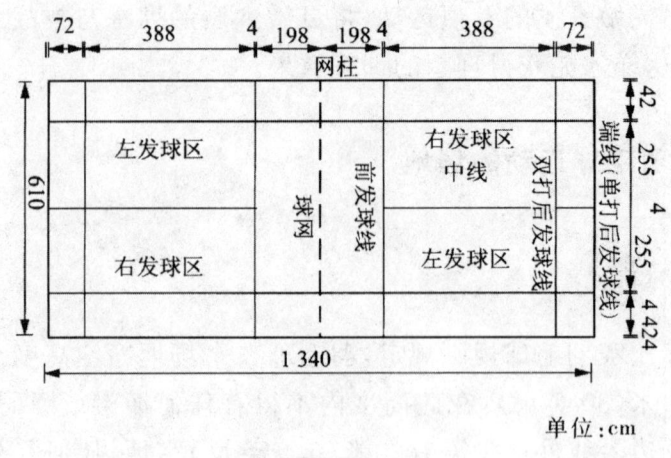

图 1-2

2. 场地地面

为了使羽毛球比赛场地具有一定的弹性,且滑涩程度适中,一般采用木质地板或塑胶地面。

3. 场地灯光

羽毛球场地的灯光具有严格的要求,这对羽毛球运动员正常参加比赛至关重要。一般的,羽毛球场地灯光的设计和布局有两种方法:第一种是使用白炽灯泡,将灯源安装在每一球场的两侧网柱的上空;第二种是使用荧光灯,将灯源安装在与球场边线平行并且长度相同的地方。场地上的照度要求为500~750勒克斯,为避免自然光线的干扰,场馆内应挂上窗帘,以免影响运动员比赛和观众观赛。

4. 地面画法

羽毛球场地上的画线主要包括中线、端线、边线、发球线等,具体如下。

(1)中线。

在羽毛球场地的中间画一条直线,这条直线长13.40米,把长方形场地宽平分成两半,它的1/2处便是中心点,记作O。从O

第一章 羽毛球运动基本理论与发展概况

点向纵轴线的两个方向各量6.70米,即为场地的中线,A、B均在中线的端点。

(2)端线。

经过A和B各作一条垂直于中线的直线,从A和B各向直线两端量出3.05米的距离,分别得出C、D和E、F四点。使CD和EF这两条线的外缘分别通过A和B,CD和EF即为羽毛球球场的端线。

(3)边线。

①双打场地的边线:连接CE和DF,并使其外缘通过C、E、D、F,CE和DF即为双打场地的两条边线。

②单打场地的两条边线:从双打场地的四个顶点C、D、E、F分别向端线内量0.46米,找出G、H、I、J,四点,这就是单打场地的四个顶点。直线GJ和HI即为单打比赛的两条边线。

(4)发球线。

①双打比赛的后发球线:从双打场地的C、D、E、F分别向边线内量0.76米,找出K、L、M、N四点。直线KL和NM即为双打比赛的后发球线。

②单打比赛的后发球线:羽毛球球场的端线CD和EF即为单打场地的后发球线。

③前发球线:从双打场地的C、D、E、F分别向边线内量出4.68米,找出P、Q、R、S四点,连接P、Q并使直线外缘通过P、Q,连接R、S并使直线外缘通过R、S,直线PQ和RS即为前发球线。

羽毛球场地画线的宽度均为4厘米,画线是否标准,关键是要找准场地四个顶点C、D、E、F的位置。用钢尺测量场地两条对角线CF和DE的长度,如果CF和DE的长度均为14.723米则说明场地是标准的,在此基础上的画线也是标准的。

5. 场地分区

(1)大区域划分法:大区域划分法将羽毛球场地横向被中线平分为左右两个半区;纵向被分为前场、中场、后场。前场指从前发球线到球网之间的场地;后场指从端线到双打后发球线之间的场地;中场指前发球线与双打后发球线之间的场地(图1-3)。

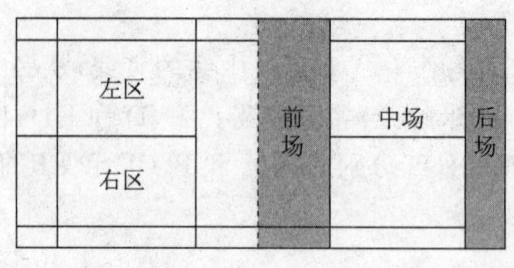

图 1-3

(2)小区域划分法:小区域划分法能使羽毛球运动员在训练或比赛中更准确表述战术思想或战术意图,场地划分更细致(图1-4)。

图 1-4

(二)网柱

一般的,羽毛球场地应设置网柱,羽毛球球场网柱应高于地面155厘米,且必须稳固地垂直于地面、保持紧拉状态。不能设置网柱的场地,则必须采用其他办法标出边线通过网下的位置。如使用细柱或4厘米宽的条状物固定在边线上并垂直向上直到网顶绳索处。

需要注意的是,在羽毛球双打球场上,无论进行双打比赛还是单打比赛,网柱或代表网柱的条状物都必须放置在双打边线上(图1-5)。

图 1-5

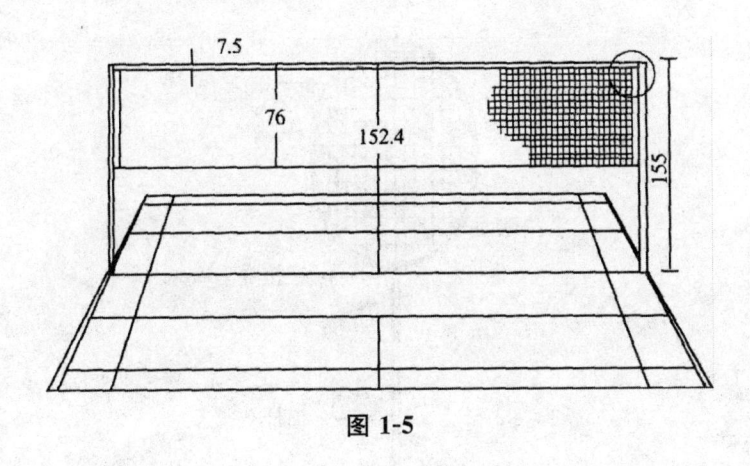

(三)球网

羽毛球场地的球网材质应选用深色、优质的细绳编织,网的顶端为 7.5 厘米宽的白布对折并在夹层中穿有足够的长度和强度绳索或钢丝,标准的球网顶端的白布边上沿须紧贴绳索或钢丝,且上沿保持与网柱顶部平高。此外,球网两端与网柱二者之间应系紧、不得有缺缝。

羽毛球场地的球网网孔为方形,网孔各边长应在 15～20 毫米之间;网上下宽 76 厘米;球场中央处球网网高应为 152.4 厘米,双打边线处球网网高应为 155 厘米。

三、羽毛球运动的器材

(一)羽毛球拍

1. 羽毛球拍的结构

羽毛球拍的形状人们都不陌生,但真正了解其具体构造的人却不多。羽毛球拍的外在规格为总体长度在 68 厘米之内、宽度在 23 厘米之内。整个球拍由拍头、拍线面、连接喉、拍杆、拍柄五部分组成,详细位置如图 1-6 所示。其中,拍线面长不超过 28 厘米、宽不超过 22 厘米。

图 1-6

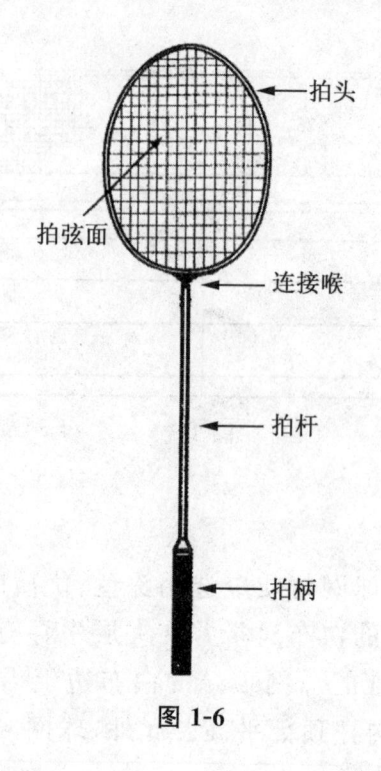

2. 羽毛球拍的分类

(1) 木拍:用木质材料制作的羽毛球拍的时间很长,经过后来的发展还出现了木铁结合的球拍,即球拍的拍框由木材做成、拍杆为铁管。目前,这两种包含木质在内的球拍都已被淘汰。

(2) 铁拍:球拍全身为铁,与木质球拍相比更加结实,但重量较重,保存不当还容易变形,因此不实用。

(3) 铝碳拍:球拍全身质地包括铝和碳素材料,通常为拍框部位为铝,拍杆为碳素,两者通过"内三通"连接。这种球拍的重量较铁拍轻,价格适中,但选择的人仍旧较少。

(4) 铝合金拍:拍框为铝合金,拍杆为铁管,两者通过"外三通"连接。这是一种在现代较为普及的球拍,具有重量适宜、价格较低等优点,特别适合初学者和儿童使用。

(5) 铝铁一体拍:球拍结构和铝合金拍基本相同,结构美观、拍杆较硬、拍身较重,多为中低档球拍,主要适用人群为初学者。

(6)铝碳一体拍:拍框为铝合金,拍杆为碳素纤维,采用"内三通"连接,涂装美观、成本低廉,主要适用人群为业余运动员。

(7)全碳素拍:球拍全身为碳素材料,有一段式(一体成型)和二段式(连接型)之分。二段式球拍的制作更加复杂,因此成本较高,但鉴于其性能出色,多被专业运动员选作训练和比赛用拍。

(8)钛合金拍:钛合金球拍是在全碳拍的基础上加入钛金属材料后制作的球拍。融合了钛金属材料后制作的球拍拥有较大的强度和更轻的重量,是目前市场上最高级的羽毛球拍,价格也最昂贵,多为专业运动员选择的比赛球拍。

3. 羽毛球拍的规格

(1)握把:羽毛球拍的握把是由 G2 和 G3 尺寸的木质制作的,上面缠有柄皮。在柄皮上可以再缠上一层毛巾握把布,这有利于减少运动员因手心出汗而出现握拍打滑的情况,抑或是对于手大的运动员来说增加拍柄粗度的方式(表 1-1)。

表 1-1 握把胶材质构成及特点

材质		特点
毛巾胶		吸汗力强,但容易弄脏,使用寿命短
合成纤维	普通	型号、花色、厚薄有所不同,可根据需要选择
	气垫	拍柄有弹性,手感更好

(2)拍重:这里探讨的拍重数据都是以未挂弦为准的。球拍的拍重分为 U(90～95 克),2U(88～91 克),3U(84～87 克)和 4U(84 克以下)四种。U 及 2U 的重量最大,因此更适合那些腕力强、穿线磅数高、进攻型打法的专业运动员,而 3U 和 4U 的重量则适合那些技术型运动员及业余爱好者。

(3)球拍长度:普通型羽毛球拍的长度约为 66.5 厘米,加长型球拍的长度比普通型的长多出 1 厘米。

(4)手柄标示:G1-23×26 毫米;G2-22×25 毫米;G3-21×24 毫米;G4-20×23 毫米。标示中的 G 是手柄的意思,G 后面的号数代表手柄号。一般日系球拍的手柄号数越大手柄越细,如前面列出的事例,而台系(台湾品牌)球拍的手柄号数越大则手柄越粗。

(5)拍线张力:拍线张力又称为拍线紧度,单位为"磅",具体有低磅(20磅以下)、中低磅(20~23磅)、中磅(23~25磅)、中高磅(25~27磅)、高磅(28磅以上)五个类型。业余爱好者拍线磅数多在25磅以下,而专业运动员则会根据自身的打法选择中高磅或高磅的拍线张力。拍线磅数越高,进攻威力越大,但对于一些细腻技术更难以控制。

(6)中管硬度:中管根据硬度的不同主要分为较硬(6.5~7.1)、适中(7.2~8.3)、较软(8.4~9.0)三种。三种硬度中,较硬的中管适合攻击型运动员,适中硬度的中管适合全面型运动员,较软的中管则适合技巧控制型运动员。业余爱好者选择较软的中管即可。

(7)球拍平衡点:根据力学原理,羽毛球拍空拍的最佳平衡点为285~300毫米之间,如果平衡点过于靠后(低于284毫米)会使拍头过轻,导致击球发力效果不佳。但如果平衡点太过靠前(高于300毫米),又会使拍头过重,挥拍的灵活度受限。因此,每名运动员球拍的平衡点都需要根据自身情况调适。

(8)球拍套:分为:1/2套(只包住羽拍框)、3/4套(只露出拍柄)、单层全拍套和双层全拍套。业余爱好者一般选择1/2或3/4套即可,成本较低。专业运动员通常选择双层全拍套。

4. 羽毛球拍的品质与价格

(1)拍线:就目前羽毛球器材市场的产品来看,美国线和日本线最为优质,国产线次之。不同等级的拍线价格差异很大,市场售卖拍线是以"扎"为单位的,从几块钱一扎到上百元一扎不等。质量上乘的拍线可以为击球提供更好的弹性以及清晰的手感,因此备受运动员的重视。

(2)材料:材料的优劣与否决定了球拍的使用寿命和运动效果,因此,球拍材料的科技含量越高,价格就越昂贵。

(3)涂料:球拍外漆主要有进口漆和国产漆两种。进口漆喷涂的球拍价格相对更高。品牌更好的漆与一般漆价格会差距几倍至数十倍。

(4)工艺:羽毛球拍的制作工艺更多体现在球拍制造的诸多细节上,如平衡、对称、重量、涂装、丝印、使用寿命等方面。工艺越精细,价格自然越高。

(5)知名度:现代羽毛球器材市场非常开放,各种品牌琳琅满目。顶级品牌的球拍价格相对更高,而一般品牌的球拍价格相对较低。当然,即便是顶级品牌的球拍也会考虑到市场细分而推出不同档次、不同价位、不同适用类型的球拍。

(6)款式:新款球拍的价格一般会高于同档次旧款的球拍,这主要是因为新款球拍融入了更多的科技含量在内,如新的结构设计或新的材料运用等。

5. 如何选择羽毛球拍

(1)根据材质选择。

羽毛球拍的材质前后共经历了木材、铝、铁等轻金属或合金球拍后,各种纤维材料的加入将羽毛球拍的制作整体推上了一个新的高度。玻璃纤维、碳纤维、凯夫拉纤维、高张力碳纤维、高黏性碳料聚合物、钛、超刚性碳纤维等材料制作的球拍无疑带动了羽毛球器材的革命,由此也使得运动员的技术水平上了一个台阶。因此,在选择羽毛球拍时,首先要考虑球拍的材质。一般来说,羽毛球拍的硬度越大,击球的力量传递就越好,进攻威力强,但由于其吸震能力和回弹性能较低,因此如果使用不当容易损伤手腕及手肘。所以这种球拍更适合动作更标准、使用时机更合适的专业运动员使用。

(2)根据重量选择。

不同重量的球拍适合不同的打法。重量较大的球拍更有利于进攻,较轻的球拍有利于打、吊和防守。因此,专业运动员更倾向选择重量较大的球拍,以此更加突出进攻性,而业余运动者则最好选择一些重量较轻的球拍,以便于更准确的控球,同时减少运动损伤。但球拍越轻也不都是优点,主要表现在轻量球拍在挥动时的拍头加速度不如重量较大的球拍,因此总是会感觉杀球乏力,威力不足。

(3)根据手形选择。

每个人的手形不同,因此根据手形来选择球拍的标准主要是将球拍拿在手中后的舒适度。一般来说,手大的运动员适宜选用粗大拍柄的球拍,手小的运动员适宜握较细或呈正方形的拍柄。舒适度手感非标准手柄号码的情况下,应考虑选择较小一号的手柄,再加毛巾胶的方式增粗解决。

(4)根据拍线选择。

拍线是直接与球接触的球拍结构,因此,对于拍线的选择就是重中之重的事情。拍线是决定击球速度、力量、底劲的重要因素。好的拍线与档次较低的拍线的差别在击球的弹性、回弹性、耐打度等方面,但最重要的是拍线与球接触时间上的差异。

对于不同拉线磅数和张力的配比来说,磅数低、张力低的拍线具有较大的弹性,但这样的搭配会使拍线较松,击球时球在线上滞留的时间过长,不利于准确控制球的落点;拉线中低磅数的拍子弹性好,控球也不错,但仍没有消除那种球的滞留感,持球时间太长,衰减了球的速度;磅数高、张力高的拍线几乎没有软弹感,能够将击球的力量更多传递给球,使得击出的球初速度快,落点更加易控,但对运动员的力量及控球能力要求也更高。

(5)根据手感选择。

判断一把球拍的特性一般有两种:一种是拿到球拍后先挥动几下感受,如果有明显的震手感这说明球拍太硬,没有震手感说明拍杆较有弹性;另一种是一手握住球拍柄,轻轻用拍头敲打头部,此时听到的声音越清脆明亮说明球拍硬度越大,声音相对低沉发闷则说明球拍硬度更小。

(6)根据拍头形状选择。

羽毛球的球拍头分为传统的蛋形和方形的平头拍框两种。

拍头形状的不同决定了球拍的甜区情况。偏圆的拍头甜区较小，但杀伤力大，偏方的拍头甜区较大，但杀伤力一般。

(7)根据比赛和打球风格选择。

每一位选择球拍的运动员都要根据自身的打法和技术特点为依据。在单打比赛中，更多选择加长型的球拍，在双打比赛中则应选择标准长度的球拍；攻击型运动员更倾向重量较大、硬度为中等偏上的球拍，而防守型的运动员应选择重量较轻的球拍。

(二)羽毛球

1. 羽毛球的规格

羽毛球的材质可以是天然材料、人造材料或天然人造结合材料制成。无论采用什么材质制作，都要保证球的规格和飞行指标符合要求。正式比赛用球使用的是包裹薄羊皮的软木球托插入天然羽毛制成的。

羽毛球是由球托和羽毛两部分构成的，球托为包裹着一层羊皮的长半球形的软木，直径为 2.5~2.8 厘米；球托横截面一侧插有 16 根羽毛，从球托面至羽毛尖的长度均为 6.2~7.0 厘米，16 根羽毛彼此间用线或其他材质连接绑定，所有羽毛尾部构成一个圆形，直径为 5.8~6.8 厘米。由于湿度的不同，羽毛球的球重在 4.74~5.50 克之间都是标准的。

2. 羽毛球的材质

构成羽毛球球体的球托和羽毛两个部分也是有质地之分的。好质地的两个部分必然使羽毛球的性能更加标准和稳定。就球托来说，最好的材料是天然软木，而羽毛的最好材料则是鹅毛，这种高质量的球多用于正式比赛当中。而一般价格低廉，用于大众健身的羽毛球，球托的材料是纤维板和粉碎软木，羽毛球则是鸭毛，这种材料制成的羽毛球的性能略低，耐击打能力也更低一些。

3. 羽毛球的球速

羽毛球球速的测量并不能与生活中的速度完全等同。对羽毛球的球速而言通常是用来区分不同环境下的不同用球而用的，为此就需要有一个标准力量来击打球，从而获得球飞行的速度。例如，使用中间速度——76SPEED时，球的飞行距离是12米，如果增加或减少一个单位的击球速度，那么距离就会相应增加或减少30厘米。实际上，决定羽毛球球速的因素还有很多，如羽毛安插的角度、球托的重量和球的整体重量、球口的直径等。

较常使用的判断羽毛球球速的简便方式为，测试者持球站在端线外，低手击正直高远球，如果球能落在距对方端线53~99厘米的区域中，则证明该羽毛球的速度符合标准。

4. 非标准球

非标准球是指在特殊海拔和气候或其他特殊情况下使用的非标准球。在特殊环境下使用的非标准球是被适应特殊环境所做过特殊处理的球，处理的方法可以是改变羽毛安插角度，减轻球托重量等，这些特殊处理和改变的目的就在于在特殊环境中使用仍能符合羽毛球规则中规定的球速和飞行性能。

四、羽毛球运动的服装服饰

(一)服装

羽毛球运动发展至今，已经逐渐形成了自身的运动文化，这种文化包含许多方面，其中就有服装服饰元素。在早期，为了展现羽毛球运动的高贵，运动服装普遍以白色调为主，可适当配有简单图案。女子选手可穿着超短裙比赛，但禁止穿着背心款式的上衣。连衣裙也曾风靡过一段时间，但后来因为这种款式的服装对运动技术的发挥有所阻碍，因此逐渐被运动员放弃。男子选手的服装较为简单,即上身短袖和下身短裤。

后来,为了规范运动员在比赛中的穿着,国际羽联制定了明确的着装规则,即在它举办或批准的羽毛球比赛中,规定了对运动员的比赛服装的款式、颜色以及广告等要求。

1. 服装款式要求

现代羽毛球比赛中的服装款式要求主要为上衣为带领短袖衫,下身运动短裤或运动短裙。这样的款式要求使得羽毛球运动员看起来有些许正式感,表现出对运动的尊重,又不影响技战术的自如发挥。

2. 服装颜色要求

(1)在奥林匹克运动会、世界锦标赛、汤姆斯杯赛、尤伯杯赛等世界级羽毛球赛事中,运动员所穿着的比赛服的颜色应以白色为主,要想穿着其他颜色或图案的服装应由所在协会向国际羽联申请并注册,并且注册时间应为赛事开始前一个月。

(2)同一个协会的运动员在当天场次的比赛中只能穿着同一颜色的服装。

(3)双打比赛中同队的两名运动员应穿同款式同颜色的服装。

(4)为了保证更好的电视转播效果,每场比赛的对阵双方应穿着颜色差异较大的服装。

(5)如遇到对阵双方服装颜色撞色冲突的情况,则双方均应改穿白颜色的服装。

3. 服装广告要求

在非奥运会的正式比赛中,如汤姆斯杯、尤伯杯及世界锦标赛等赛事,对阵的双方运动员服装上的广告应满足以下要求:

(1)在最大的两件服装上,制造商的广告标志不得超过20平方厘米。

(2)在其他每一件服装上,制造商的广告标志不得超过 10 平方厘米。

(3)服装上允许有一个附加标志,但不得超过 20 平方厘米。

在国际羽联认可的羽毛球比赛中,比赛期间运动员服装上的广告应满足以下要求:

(1)在最大的两件服装上,制造商的广告标志不得超过 20 平方厘米。

(2)在其他每一件服装上,制造商的广告标志不得超过 10 平方厘米。

(3)在短袖衫的正面和反面可以有两个最高为 10 厘米的附加标志,附加标志不能为环绕运动衫的带状,且必须完全相同。

(二)护腕

护腕是羽毛球运动中最常见的运动装备。在羽毛球运动中,运动员出汗情况较多,不仅是手心出汗,手臂也会出汗,当出汗量较多时,汗液会顺着手臂流到手心,使拍柄更加湿滑,尽管大多数运动员的拍柄缠有毛巾胶,但仍不能完全解决湿滑的问题。过于湿滑的拍柄一方面会使运动员在挥拍时心有余悸,甚至可能导致球拍飞出的情况。

护腕的作用有两点,第一可以预防腕关节运动性损伤,增强腕部力量;第二则可以吸收大量从手臂流到手心的汗液,从而避免湿透拍柄。

(三)球鞋

羽毛球运动对步法移动的要求很高,因此,一双适合运动员的球鞋就显得至关重要。市场中有很多专门为羽毛球运动研制的球鞋,它的专业功能性主要体现在其不但能保护脚部、防止脚部受伤,还符合羽毛球运动中的多种动作技巧需要,给予技术发挥强有力的支撑,有助运动员的急起、急停、跳跃、落地等动作,机动灵活地发挥技战术水平。

一双功能良好的羽毛球鞋的设计和用材必须满足透气、轻便、耐磨、防滑、避震、舒适等特点。下面就具体分析一下羽毛球鞋不同部位的特性。

(1)鞋面特性:羽毛球鞋的鞋面应保证透气和舒适两个特点。目前各大厂商对鞋面的主流设计为运用网布面料和PU皮,如此对透气性有十足的保障。还有一种鞋面则采用聚氨酯束状超细纤维材料制作,这种鞋面的特点为质量轻、柔软易弯曲,同时透气性也不错。

(2)中底特性:羽毛球鞋的中底直接与运动员的脚底接触,是决定一双羽毛球鞋是否舒适的关键位置。因此,中底的制作应突出其避震和反弹性好的特点。前脚掌部位一次成型的双密度中底能有效缓解运动中的冲击力,减轻负荷、保护双脚;而为了更好地减震,可以在脚后跟下的位置增加特殊的避震材料,如此即可以达到减震的目的,又可以对起跳有所辅助。

(3)大底特性:羽毛球鞋的大底是鞋与地面接触的部位,应该具有良好的耐磨与防滑特性。羽毛球运动中涉及多样的步法,这就需要摩擦力较大的鞋以提高运动员步法移动的信心。目前,超级耐磨生胶大底加优良的止滑材剂是羽毛球鞋制造企业推崇的材料,耐磨性出色,而且鞋可以增强与地面的附着力。由于羽毛球运动员的步法移动中左右脚内侧拖动较多,因此在大底制作时应加大大底材料的面积,即在常规大底部位外进一步延伸材料到鞋的下边墙位置,以此可以增加鞋的耐磨性和整体寿命。

(四)球袜

球袜穿着于脚上,是脚与运动鞋之间的阻隔物。好的球袜能够增加运动鞋穿着的舒适感,更有利于运动员的步法移动。因此,对于羽毛球运动参与者来说,配置一双好的球袜是不容忽视的。好的球袜应该具有以下特点:

(1)球袜底部厚实。厚实的球袜能在运动中为运动员提供良好的缓冲性,还能减轻急停、急起、落地时产生的震动,有利于保护膝关节、踝关节。

（2）质地为棉质。棉质球袜的性能最为出色，棉质有利于吸汗并且透气，能有效避免运动员在运动中因大量出汗而导致的脚部在鞋内打滑。

（3）以白色为主体颜色。从视觉角度上看，白色球袜的感觉更好。当然，为了与运动服的颜色协调匹配，也可以选择适当的颜色。

第四节 羽毛球运动重大赛事

一、世界羽毛球锦标赛

为了适应世界羽毛球运动日益发展的需要，国际羽联创立了以个人单项为竞赛项目的世界羽毛球锦标赛，它是国际羽联最高水平的羽毛球单项赛事。不过由于创建时间晚于汤姆斯杯和尤伯杯，它并不是历史最悠久的国际高水平羽毛球赛事。

1981年，国际羽毛球联合会与世界羽毛球联合会合并，合并后的名称确定为"国际羽毛球联合会"。在国际羽联的会议上决定每两年举行一次世界羽毛球单项比赛，即世界羽毛球单项锦标赛，并延续两个国际羽毛球组织以前的届数。1983年在丹麦首都哥本哈根正式举行了第3届世界羽毛球单项锦标赛，此项赛事只进行5个单项的比赛，即男女单打、男女双打和混合双打，所有项目的冠军都将获得金牌，亚军得银牌，半决赛失利的选手获得铜牌。这一成绩评定方法一直沿用至今。

1988年，国际羽联根据当时的世界排名，邀请每个项目中的前16名（对）运动员直接参加比赛，国际羽联的每个会员国和地区可以在每个项目中报名的运动员不得超过4名（对）。

二、奥运会羽毛球比赛

奥运会是全人类的体育盛会,因此奥运会上的各单项比赛均受到各国的重视,羽毛球运动作为普及度较高的运动就更是如此。国际羽联在 1985 年 6 月 5 日的国际奥委会第 90 次会议上才决定将羽毛球列为奥运会的正式比赛项目。在 1988 年汉城奥运会上,羽毛球被列为表演赛并一举取得成功。在次届 1992 年的巴塞罗那奥运会上,羽毛球成为正式比赛项目。奥运会的羽毛球比赛设男子单打、女子单打、男子双打和女子双打四个项目。亚洲国家无疑在这些项目上占有很大的优势,而欧洲国家的选手更适合打混双比赛。所以,国际羽联与国际奥委会决定在 1996 年亚特兰大奥运会上增设羽毛球混合双打比赛项目,使得奥运会的羽毛球比赛的项目数为 5 项,至此使得羽毛球在奥运会中成为准金牌大户,成为各国高度重视和激烈争夺的焦点项目之一。奥运会羽毛球赛不仅是当今世界羽毛球运动最高水平的赛事之一,而且更具"世界第一"的象征意义和国家的最高荣誉。

国际奥委会对奥运会羽毛球项目参赛选手名额限制严格,这主要是由于优秀的羽毛球运动员可能更多的"堆积"在某些羽毛球运动发达国家中。奥运会羽毛球比赛根据世界排名,选出前 33 名单打运动员、19 对双打选手和 17 对混双选手直接参加奥运会。但要求每个项目中必须至少包括有五大洲的各 1 名运动员和 1 对选手,这些运动员必须是世界排名最前面的运动员,如果这样某个大洲仍然没有符合的选手,则以在积分期间的最近一次洲比赛中的冠军选手出席。奥运会的主办国也会获得不少于两名运动员或外卡机会参加比赛。每个国家和地区在 1 个项目中最多只能有两个席位。多出的席位让给排名后位的选手。[1]

---

[1] 邱勇. 羽毛球网球[M]. 北京:北京师范大学出版社,2008.

三、汤姆斯杯赛

汤姆斯杯是世界羽毛球男子团体赛事中的顶级赛事。它名字的由来是取自英国著名的羽毛球运动员乔治·汤姆斯,他21岁开始获得冠军,此后年年有冠军入账,至最后一次拿冠军时已41岁。他曾连续4次获得全英羽毛球锦标赛男子单打冠军,9次男子双打冠军;6次混合双打冠军。1934年7月国际羽联成立时,汤姆斯被推选为第一任主席。

由于"二战"的原因首届汤姆斯杯的举办并不顺利,赛事不断推迟,直到1948年才得以举行。最初的汤姆斯杯每3年举行一届,后来从1984年起改为每2年举行一届。汤姆斯杯的赛制也有过几次改变,如赛制由原先的九场五胜制(五场单打,四场双打,分两天进行)改为了五场三胜制(三场单打,两场双打)。

四、尤伯杯赛

尤伯杯杯是世界羽毛球女子团体赛事中的顶级赛事。它名字的由来是取自英国著名的羽毛球运动员尤伯。尤伯从1930年至1949年间,曾多次夺得全英羽毛球锦标赛的女子单打、女子双打和混合双打比赛的冠军。尤伯夫人退役后仍旧从事着与羽毛球相关的各项事业,她为推动羽毛球运动的发展做出了重要贡献。其中最被人们所牢记的就是她在1956年的国际羽联理事会上,向国际羽联捐赠由麦皮依和维伯制作的纪念杯——尤伯杯。

尤伯杯的比赛方法和赛制与男子团体汤姆斯杯赛完全一致。在1982年以前是每3年举办一届,赛制采用七场四胜制。自1984年开始,改为每2年举办一届,赛制采用五场三胜制。1981年国际羽联和世界羽联合并为现在的国际羽联时,决定将尤伯杯赛与汤姆斯杯赛同时安排在同一时间同一地点举办。

五、苏迪曼杯赛

羽毛球是印度尼西亚的"国球"。苏迪曼杯就是印尼羽毛球协会代表本国人民向国际羽毛球联合会捐赠的一座奖杯。这座奖杯极具印尼民族特色,象征着印尼人民对羽毛球运动的无限热爱。苏迪曼杯杯身由纯银铸成,外表镀有纯金,杯高 80 厘米,宽 50 厘米,重 12 千克,其造价为 15 000 美元。

苏迪曼杯的比赛内容为世界羽毛球混合团体赛,即在比赛中的一个队伍由男女选手共同组成。1989 年,第 1 届苏迪曼杯举办,此后这项赛事每两年举办一届,举办的时间刚好与世界羽毛球锦标赛在奇数年同时举行。团体比赛中的项目由男子单打、女子单打、男子双打、女子双打和混合双打五个单项组成。

六、世界杯羽毛球赛

世界杯羽毛球赛始创于 1981 年,与其他重大赛事不同的是,世界杯羽毛球赛属于邀请赛性质,即有资格参加比赛的均为由国际羽联邀请的当年成绩优异的运动员。第 1 届、第 2 届世界杯羽毛球赛设置的项目较少,仅设有男单和女单两项,自 1983 年起增设了男双、女双以及混双三个项目。

1997 年 5 月,国际羽联决定从 1998 年起将世界杯羽毛球赛改制为由世界顶尖运动员参加的明星赛,并准备尝试以增加奖金的方式将此项赛事打造成羽毛球大满贯赛事。

七、羽毛球国际系列大奖赛

羽毛球国际系列大奖赛始创于 1983 年。这项赛事的举办是参照世界网球大奖赛的方法组织的。具体组织方式为将全年的比赛分成若干赛区,由许多系列比赛组成。根据运动员在各次比赛中的成绩积分进行排名,选出前 16 名运动员进行总决赛。

第二章 羽毛球运动文化概论

羽毛球运动发展到今天已经不再单纯只是一项体育运动,它衍生出了一个围绕运动的文化体系。羽毛球运动文化相对羽毛球运动来说内容更加丰富、内涵更加广泛,而这一切都是以羽毛球运动为基础的。本章就重点研究羽毛球运动文化的相关理论问题。

第一节 羽毛球运动的文化内涵与外延

一、羽毛球运动的文化内涵

羽毛球运动文化的最大特点就在于它具有独特的、与羽毛球这项运动息息相关的多种文化内涵,是诸多体育运动文化的一个重要组成部分。羽毛球运动的内涵不仅随着羽毛球运动的发展而进步,同时也随着社会科技的发展而进步。它的内涵所包含的诸多内容已经不只限于羽毛球运动本身(包括比赛或某种运动现象),更包含了羽毛球运动的组织和管理以及科学研究等文化领域。

羽毛球运动是一项身体与智慧相结合的高雅运动,也是一种文化,蕴含了拼搏、智慧和商业等先进文化的特性。羽毛球运动文化内涵中第一位的要数身体活动的内涵,这是一种独立存在的身体活动形式,同时它在与精神生产相结合后也成为一种新的社会活动内涵。因此,对羽毛球文化的定义中就需要能够体现这种文化特性。构成羽毛球运动的羽毛球、球拍、场地等都是人们可以感知的、直观的客观实体,而羽毛球运动文化则脱离了这些实体,或是说升华了出来,并且通过不断演化,越发积累各种财富于其中。上述羽毛球运动客观实体都属于显性文化,而人们对羽毛球的情感意识、喜爱程度、传播行为等都属于隐性文化。

羽毛球运动文化是紧密围绕羽毛球运动而来的,运动是文化发源和发展的载体,它最初以身体练习的形式出现,当文化从运动中衍生出来后又会分化出行为文化、物质文化、精神文化和制度文化。

包括羽毛球运动文化在内的所有体育文化都是社会文化的组成部分。社会的总体文化对众多体育文化的发展起到一定的制约作用,或是说起到规范的作用,但其对各种体育文化的繁荣也起到不可替代的促进作用,羽毛球运动文化作为体育文化中的一员,自然也被社会文化所带动和影响。就对社会文化的促进来说,羽毛球运动文化无疑也是有利于社会多方面发展的,因此,对羽毛球文化的发展促进也确实是有实际需求的。

羽毛球运动文化是人类智慧文化的主要反映,其中产生的许多思想观念、理论知识、实践方法、管理体系、技战术、器材、规则、赛事组织等,都是人类社会中重要且特殊的社会符号、社会轨迹和文化逻辑。

以社会中逐渐形成的符号和轨迹作为剖析文化结构和内涵的基础的话,可以将羽毛球运动文化的内涵分为竞技羽毛球文化、大众羽毛球文化和衍生羽毛球文化三个层次(图2-1)。

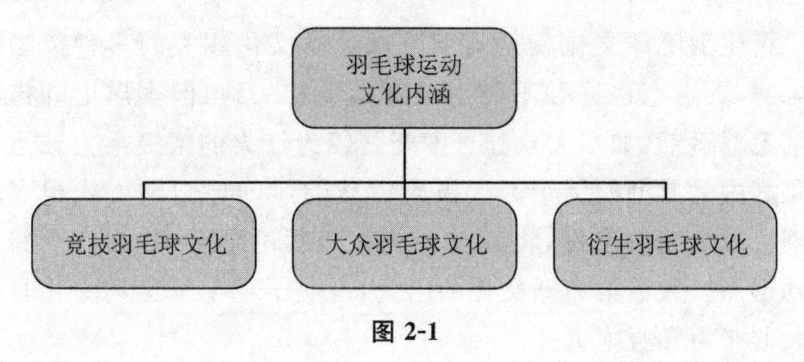

图 2-1

(一)竞技羽毛球文化

竞技羽毛球文化是羽毛球运动文化中最核心、最本质的一项,其文化的发展主要依赖于长期的训练和竞赛,两者完美结合相互促进发展,是大众羽毛球文化和衍生羽毛球文化发展的理论基础。

竞技羽毛球文化通过双方思维、心理和技艺的博弈,用人的肢体语言、球的飞翔语言,呈现羽毛球运动所特有的德、智、健、美的审美韵味。而且再加上与场外观众的观赏行为,还能构成独一无二的看台文化。从更加综合和全面的角度上看,羽毛球文化还具有教育的功能,此外还有如商业化、产业化、国际化的特点,这些都是强大的体育文化形态。

(二)大众羽毛球文化

大众羽毛球文化包含的类别很广,它几乎囊括了社会中大多数人群的羽毛球运动参与,如业余羽毛球文化、残疾人羽毛球文化、户外羽毛游戏文化等。这些大众羽毛球文化紧随运动的发展趋势,并从竞技羽毛球文化中吸收许多优点和运动开展方式。

大众羽毛球文化顾名思义,就是其参与对象主要为社会大众,参与目的多为健身健美、娱乐休闲。这就是大众羽毛球运动文化的主要现象体现。

(三)衍生羽毛球文化

衍生羽毛球文化就是与羽毛球运动文化相关的多种类型的衍生物,其形态也许并不与羽毛球运动相一致,但本质上却借鉴了羽毛球运动,如在大众健身中开展较为红火的太极柔力球运动就是其中最典型的例子。太极柔力球的运动规则和方式很多受到羽毛球运动的启发,将其与传统太极理论结合,共同产生新的活动形态。太极柔力球文化的出现,说明了羽毛球运动文化具有强大的张力和吸附力。

二、羽毛球运动的文化外延

依据文化逻辑来分析羽毛球运动文化可知,其内层展现出的是一种精神文化层,它是人们所拥有的关于羽毛球运动的信念和观念体系。

羽毛球运动文化的外层展现出的是一种制度文化,这是外层中的第一层。具体包括羽毛球运动中的诸多规则化事物,如竞赛规则、章程等。外层中的第二层是行为文化,主要是运动员在羽毛球运动中的生理、心理和大脑活动过程,这些过程都通过运动员的身体行为表现出来。外层中的第三层是基础层,具体内容为有关羽毛球运动文化的物质财富,包括羽毛球相关运动用品、周边产品等。最外层就是环境文化层,主要包括羽毛球运动的传播技术、推广方式、艺术、摄影、绘画等。目前来看,对于羽毛球运动文化发展来说,这是最有潜力的增长点,同时这也是羽毛球运动文化能够获得可持续发展的重要着眼点。

其实,就羽毛球运动文化的结构和内涵来说,无论从哪个视角进行阐释,都能表现出各层次之间互相适应、互相联系的特点,其中诸多层次当中的任何一个发生了变革,都会带动整个羽毛球运动文化突飞猛进地发展。但无论变革的是哪一层次,其最终都要通过核心层起到示范和导向的作用,这才是真正实现革新的关键。

第二节 羽毛球运动文化的特征

羽毛球属于隔网对抗类运动,比赛双方分别站于本方一侧,中间以一条高度为 1.55 米的球网为界,在规则要求下使用规定规格的器材轮流击球到对方场地内,直到某一方击球出界或球体落地为止。特殊的运动规则必然使羽毛球运动拥有与其他运动显著不同的特征,而对这些特征进行研究有利于人们更加清晰地了解这项运动及其所属文化(图 2-2)。

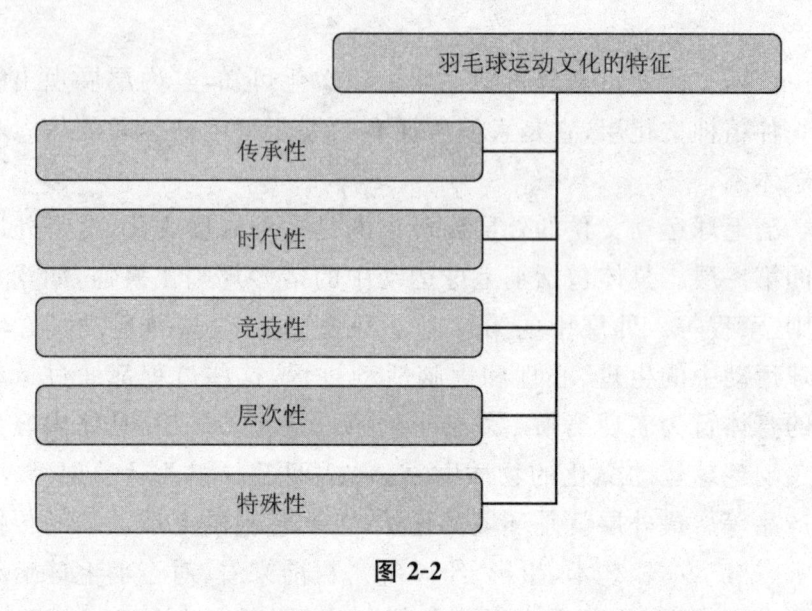

```
羽毛球运动文化的特征
├─ 传承性
├─ 时代性
├─ 竞技性
├─ 层次性
└─ 特殊性
```

图 2-2

一、传承性

但凡是一种文化,它都带有一定的传承性特征。一种文化的传承都是人在有意识或无意识的状态下模仿他人或受到他人影响下形成的,这就直接点明了要想获得文化的进步,首先就是要打好基础,这个基础就是前期的大量知识积累。纵观人类的发展历史可知,在任何发展阶段都包含了不同的文化,由此构建出一种特殊的生活方式。

人类是文化的创造者,不仅如此,被创造出的文化还可以通过学习和教育等手段进行累计,并在此后的知识运用中再增加创新,进而再度累计知识。体育文化发展的过程是时间和空间的统一,要想将一种已形成的文化传承下去,就需要将纵向的传承和横向的传播的共时性运动有机结合。

社会在发展,科技水平的进步和体育运动的前行都使得羽毛球运动文化不断积累和发扬,这就是羽毛球运动文化的传承,是一个迎新去旧的过程。羽毛球运动文化的传承性是中国羽毛球形成自身文化特色的理论依据之一,在此基础上还融合了世界其他国家的羽毛球文化精髓,两者相结合,共同构成了独特的中国羽毛球运动文化。在今天,这一文化还走出了中国,走向了世界。

二、时代性

为了研究羽毛球运动文化的时代性,首先应明确什么是文化的时代性。所谓文化的时代性,是文化的表现方式和实质性事物在不同时期内发生一定的改变,是在相同的社会发展阶段与一定时间内各民族所共同需要的文化的一种回应。任何事物所产生的衍生文化都需要维护文化的延续性和稳定性,由此文化便展现出了诸多时代特征。

反观羽毛球运动文化的时代性,其体现了羽毛球文化的动态发展过程,最直观的就是不同时代创造出的价值带有明显的时代特点。将这些处于不同时代的特点融合起来,不仅能够使羽毛球运动文化的内涵更加充实,还能提升所属文化的品位,与一个时代的大众的世界观、价值观相吻合。

三、竞技性

竞技体育是一种以竞技运动为中心的潮流文化,之所以体育运动获得人们的普遍喜爱和亲身参与,与体育本身所具有的竞争性有很大关系。这点对于大众体育和竞技体育来说是同等的,只是竞技元素的程度大小有区别。

羽毛球运动是一项竞技体育项目,其所衍生的运动文化自然也就带有竞技性特征。它主要体现在羽毛球竞赛中双方激烈的攻守对抗上,以及竞赛过程中运动员在规则允许的范围内展开的斗智斗勇上以及运动员对自己运动能力提升的不断挑战上。

挑战性,是贯穿于羽毛球运动全过程中的属性。在羽毛球运动不断完善的赛制和众多科学技术在羽毛球运动领域中的运用上,都可以看到这项运动朝着更加市场化和现代化的方向前行,同时运动的诸多革新仍旧没有忽视对运动员体能、技战术、思想品质等方面的要求。运动员为了增加自身的竞技性,不断创新技战术,女子运动员的技战术打法更是朝着男性化的方向发展,种种这些都从不同方面展现了羽毛球文化的竞技性。

四、层次性

对羽毛球运动文化层次的划分要从哲学的角度进行,即分为物质、精神、制度与行为四个层次。下面就重点对这四个层次进行分析。

(一)物质层面

物质文化产生的前提是人类生存与发展的需要,在这个需要得到满足的过程中对生产的物质产品及衍生的文化进行总括,是文化要素的重要物质体现。就羽毛球运动文化来说,其中所包含的物质层面的内容主要体现在诸多与运动相关的客观实体上,如场地、器材、用球、服饰、球队、刊物、纪念品等方面。

(二)精神层面

人作为高等生物其思维活动异常活跃,这是精神文化产生的基础,同时也是人的各种意识观念的汇集和体现。就羽毛球运动文化来说,其中所包含的精神层面的内容主要体现在诸多与运动相关的情感或思维上,如开展羽毛球的社会文化环境,人们从中能够体会到的价值、心理体验、理论认识、思维方式等。

(三)制度层面

制度文化是人类通过社会实践所建立的对文化结构而言的各种社会规范,也称制度文化层次。从文化结构的重要性上看,制度层面的东西最为重要,由此才能形成一个规范化的社会,人们生活在其中,遵循社会的各种规则,让社会的运转井井有条,实际上这就是对社会制度的遵从。包括羽毛球运动在内的体育活动都有开展的规则,这与社会规则从性质上来说是一样的。就羽毛球运动文化来说,其中所包含的制度层面的内容主要体现在组织管理制度、运行方式、教学训练和比赛章程等方面。

(四)行为层面

行为文化是人在实践过程中产生的一切行为习惯、方法、模式等的总和。对于羽毛球运动文化来说,行为层面处于居中层次,如运动员在从事羽毛球运动中的相关行为,以及在生活中涉及影响羽毛球运动的习惯、制度和规范等。运动员的行为需要在满足一定物质条件且在精神指导下行事,只有这样,其所表现出的行为和心理状况以及思维方式和精神面貌等才能对参与主体产生巨大的感召力与融合作用。就羽毛球运动文化来说,其中所包含的行为层面的内容主要体现在教学、训练、比赛、研究、总结、观众欣赏、传播媒介等方面。

五、特殊性

众多球类运动之所以受到人们的喜爱,主要就在于球这一形态的物体富有丰富的哲学内涵。圆形态的球体有不稳定的结构,稍微施加一个力,便会改变位置或产生旋转,而球体从某个角度上看也是稳定的,其在任何位置上都可以变动态为静态,变静态为动态,并且外在形态永远不会变化。然而在众多球类运动中,羽毛球是一个例外,它的外在形态并非圆形,属于轴对称物体,并不像其他球类是重心对称,因此它不会滚动,本身也基本没有弹性,被击出后的飞行轨迹也与圆形球体有较大差异,从轨迹上看,在上升阶段中球体的速度是逐渐减小的,即便到了高点期,球的速度也不是最慢的,最慢的阶段出现在下降前期,再通过这个阶段后速度开始增大,然后在空气阻力的作用下,速度的递增出现减缓,而后是直线匀速下降。种种这些都表现出了羽毛球最大的特殊点。

在羽毛球运动中击球时的特殊点在于,击打的部位为球托。鉴于羽毛球特有的构造,使得每次被击打后的羽毛球都会首先出现一个反转的动作,这种飞翔的特性以及击球点分布于上下左右较大的空间,就造成了移动步伐和肢体起伏的韵律,如此也就使羽毛球运动的观赏性大增。

第三节　羽毛球运动的文化功能

羽毛球运动文化拥有教育、商业、健康和娱乐等功能,其社会文化功能体现出了羽毛球本身所存在的重要社会价值与意义,充分说明发展羽毛球运动对促进羽毛球事业和世界羽毛球运动平衡发展以及羽毛球文化传承与传播的影响。

一、商业功能

(一)促进羽毛球产业发展

随着全球商业化的发展和影响,电视转播权的出售、各种信息传播媒介的介入、赞助商的赞助和广告的宣传这些因素都使得商业化气氛越来越浓厚。现代体育文化的一个重要功能就是商业化功能,是拥有的物质财富的重要组成,当今的市场中商品的竞争是广告的竞争,更是文化的竞争。

球类运动作为特殊的文化商品,很难估算其潜在价值,促进了通信设施彩票、广告等相关产业的发展,体育活动是促进人们身心健康和发展个人综合能力的主要途径,提高了劳动者的效率,是潜在的促进经济发展的巨大力量。

第二章 羽毛球运动文化概论

羽毛球运动让人们的休闲生活丰富多彩,更关键的是通过商业活动创造社会价值。羽毛球场馆、设施在大中小城市中快速崛起,羽毛球场馆主要以盈利为目标,在规模数量上不断地增加,体育运动的参与人群也不断扩充。

(二)广告效应

中国羽超是中国羽协和中央电视台、体育中心共同举办的我国最高端的体育职业联赛之一。

2014—2015年中国羽毛球超级联赛VICTOR是比赛活动的赞助商,收视率和影响力都非常大。VICTOR作为顶级的运动品牌,是比赛官方指定的服装赞助商,向球迷呈现了世界顶级水平的羽毛球职业联赛,发展了羽毛球运动,通过比赛为自己的产品做了很好的广告和宣传,促进了产品效益。

广告是一种社会现象,对社会公众进行积极的文化引导,人们用广告塑造企业和品牌的形象,传播先进的文化理念,使得商业广告无处不在,促进经济的发展,运用其特殊的文化张力,参与到社会文化建设和进程中去。体育明星不仅可以为国家争得荣誉,作为企业产品代言人也具有广泛的明星效应。

体育明星受到媒体社会的关注,为企业进行促销宣传,提高企业的名誉和知名度,带来丰厚的利润,特别是在奥运会期间,企业在推广产品方面具有明显的带动作用。中国羽毛球运动员、世界级名将林丹,是中国历史上唯一的两次斩获奥运男单决赛冠军的选手,瞬间成了全民偶像,成为我国羽毛球运动的标志和象征。

对于对手来说,林丹是最具有挑战力的球员,对于球迷来说,他是"超级丹",同时他也是很多产品的代言人。林丹所代言的广告横跨了体育用品、化妆品、汽车等八大行业,佳得乐、欧莱雅、肯德基等多个产品。

体育明显作为代言人可以通过体育这个特殊的媒介,促进球迷的体育消费,企业选择体育明星作为代言人有一定的标准,运动员的外形和声誉良好、运动成绩突出、项目的普及程度高,他们代言的产品就更能受到群众的喜爱,粉丝效应好,产生的粉丝经济就好。

二、娱乐功能

根据现代体育理念的观点,体育项目具有娱乐性,能够激发参与者的兴趣,起到强身健体的作用。娱乐功能是体育项目的特有属性,球类运动以球为器具流露出了自身娱乐的特点,在比赛过程与结果的不定性、对抗的多样性、内容的欣赏性等方面显示出不同凡响的结果,在空间和时间上满足参与者与观众的各种需求。

体育运动的娱乐性是体育运动得到普及的根源,其具有的娱乐性和竞争性吸引人们驻足观看。羽毛球运动最早起源于游戏,游戏的最大特征就是娱乐,不管是世界羽联还是各国羽协制订羽毛球发展计划的时候都带有极大的娱乐性。不同形式、不同风格的业余羽毛球比赛都是羽毛球运动文化的一道靓丽的风景线。

尽管现在羽毛球运动的形式发生了改变,但是其娱乐性仍然作为最主要的功能保留了下来,强大的趣味性吸引了更多的人参与其中,可以自娱也可以娱人。参与者通过球的对击在赛场上不断奔跑,在赢得一球后流露出成功的喜悦。同时,技战术的不断变化所带来的不可预测性、竞争性、强烈的对抗性等特点也充满了娱乐性。

在羽毛球运动中挥动球拍,击球过网,参与者对击球力度、落点、速度的控制展现了其优美潇洒的姿态和朝气蓬勃的精神状态。灵活机智的气质可以激发练习者的运动兴趣和热情,用身体语言张扬个性,抒发情绪,娱乐身心。

欣赏羽毛球比赛时,可以得到精神上的满足和升华,看到运动员奋力拼搏的场景,自己也会备受鼓舞,更多的人能够体会到拼搏、顽强创新、协作精神,获胜的比赛能让人感受成功的喜悦和成功感,失败的结果可以给人启迪。作为欣赏运动的观众,还可以陶冶情操,增添生活情趣,从中体会到灵动的变化之美,感受到羽毛球运动的魅力,产生参与运动的动力。

三、政治功能

现代竞技体育从发展之初就和政治紧密相连,关系日益密切,体育和政治相互影响相互促进,政治给予体育运动巨大的支持,体育运动的价值、性质和管理制度等受政治条件的限制,同时体育运动也带给政治特殊需要的支持。

在政治全球化的条件下,受到多元文化的影响,没有一个国家是孤立的,一个国家的政治、经济和文化都需要和其他国家合作交流,竞技体育特殊的环境和外交手段拓展了国家的生存外交空间。北京奥运会有205个国家和地区参与,是竞技运动的辉煌展现,也是国家外交的重要时刻。

外国使臣借助体育赛事的时机进行外交活动,竞技体育在促进各国利益实现的同时成为人类和平的"外交官"。体育明星是社会公众关注的焦点,影响着大众的思维和兴趣爱好,消费者在无形中会选择自己喜欢和崇拜的明星代言的产品,参与自己偶像所喜欢的运动项目。

体育明星的感召力对体育文化的发展、传承和创新有积极意义,说到110米跨栏运动就会想到刘翔,提到台球首先就会想到丁俊晖,提到李娜首先反应就是网球,喜欢同一个球员的球迷组建队伍交流比赛,可见明星运动员对球迷的辐射影响力是不可估算的。

羽毛球运动文化的物质层面包含羽毛球场地、羽毛球器械、羽毛球服饰、俱乐部、报刊、书籍、纪念品等实物,普及羽毛球运动刺激了大众在物质层面的消费需求,如羽毛球服饰的发展、俱乐部的开展、器械的生产销售等。

羽毛球产业在运作的过程中需要大量的人力资本,无形中就解决了大量失业人员的就业问题,为社会减轻了就业压力,提升人们生活水平的质量，保证了社会的安定。羽毛球在我国的良好发展可证实羽毛球运动提升民族精神和凝聚力，促进物质与精神文明的政治功能。

第四节　羽毛球文化的魅力与欣赏

一、羽毛球文化的魅力

(一)艺术魅力

1. 技术打法

一场高水平的羽毛球比赛是非常具有观赏性的，其中双方运动员表现出的高水平技术就是人们重点欣赏的内容。羽毛球运动技术是经过长期实践和理论分析后逐渐形成的，是参与羽毛球比赛的最合理方式，同时经过长期的演变，其技术动作不仅具有实践性，还拥有了优美性。运动员做出每一个技术动作所展现出的步法、身形、击球都潇洒自如、坚定沉稳。从这些技术动作中也能看到运动员的智慧和体力，展示了羽毛球运动力与美的交融。羽毛球运动有单打和双打两种形式，但不管是哪种，运动员都要根据自身的优势发挥技术特性，并且运用智慧控制场上的形势，这些都是为了最大化地发挥优势以及最大化地弥补劣势，如此自然就使羽毛球运动变化多端，场面精彩焦灼。

正因为羽毛球运动的观赏性极强，也使得场上运动员的表现牵动着场下观众的行为，双方互动起来，观众会随着运动员的每次扣杀有节奏地呐喊助威，这已经成为羽毛球赛场上的特色文化。变幻无穷的技术较量无不让人感受到良好的情感体验和艺术美感，进而这种感觉最终升华为艺术魅力。

第二章 羽毛球运动文化概论

2. 竞技赛场

羽毛球运动的魅力还能从比赛场中挖掘到。羽毛球运动场地的布置符合运动的方式和特点,在灯光交汇之下,身着不同颜色和款式服装的运动员在绿色地胶的映衬下上下翻飞、前后奔跑,再加上热情观众高亢的呐喊助威,无不让人感受到羽毛球运动的健康与活力。

(二)实用魅力

羽毛球是一项涉及全身的综合性运动,凡是参与其中的人都要在场上不停移动脚步,做折返、变向、跳跃、挥拍等动作,从实用性的角度上说,提升了运动员的身体机能水平。

在一场高强度的羽毛球比赛中,运动员的心率可达 160～180 次/分钟;中等强度比赛心率可到 140～150 次/分钟;低等强度比赛心率也可达 100～130 次/分钟。再加上运动员在比赛中要经常对快速飞行的球进行线路和落点的判断,如此就使得他们的心肺功能和神经系统功能都能得到锻炼,进而使身体的健康水平获得良好效益。

羽毛球运动的运动量可以根据个人年龄、体质、运动水平和场地环境的特点而定,青少年将羽毛球运动作为促进生长发育、提高身体机能的有效手段进行锻炼,运动量选择中强度,活动时间设定在 40～50 分钟,适量的羽毛球运动可以促进青少年增长身高,培养青少年自信、勇敢、果断等优良的心理素质。

老年人和体弱者可以将羽毛球运动作为保健康复的方法,运动量较小,活动时间设定为 20～30 分钟,达到出汗、活动筋骨的目的,增强心血管功能,预防和治疗老年心血管和神经系统方面的疾病。

羽毛球运动不受场地限制,对设备的要求比较简单,只需两个球拍、一个球和一条绳索就可以了,平时进行羽毛球活动只需要一块平整的空地就可以。如果外面的风力小,就可以在户外活动,架好球网,划定场地边界线,就可以开始羽毛球运动了。

人们开展羽毛球运动可以在正规的室内场地进行,也可以在室外的公园或小区里进行,户外运动可以吸入新鲜空气,接受阳光照射,改善人体的血液循环和新陈代谢,同时感受大自然的美丽。

羽毛球运动既可以两人对练,也可以双打或三人对三人对练,单人对练时,练习者可以随心所欲地打出任何弧线、任何远度、任何力量、任何速度、任何落点的球来,集体会战则可以使练习者养成协调配合的习惯,培养集体主义精神。可见,羽毛球运动是集体和个人都可以开展的运动项目。

羽毛球运动不受年龄和性别的限制,游戏性较强,运动量可大可小,身强力壮的年轻人可以将球打得又刁又重,拼尽全力扑救任何来球;年老体弱的练习者可以把球轻轻地击来打去。人们可以选择自己适宜的节奏来控制击球节奏,达到锻炼身体、延年益寿的功效。

二、羽毛球文化的欣赏

(一)欣赏的内容

1. 运动员

羽毛球比赛的核心是运动员。运动员的精彩表现是羽毛球运动欣赏中的重头戏,它是最直观被观众看到的。运动员在场上对每一分的争夺,这种行为和意志,会感染到观众,激励到人们的精神。除了运动员自身的运动技能外,运动员的外在相貌、优美且健硕的身材、靓丽的服装等都会给观众带来绝佳的感官体验,以致引发人们对优秀运动员的崇拜热情,并且一直会从他们的成长历程中受到启发和鼓舞。

2. 裁判和竞赛组织

羽毛球比赛中设有裁判员,裁判员是比赛的监督者和执法者,他以保证比赛的公平性为目标,进行对赛事规则的维护工作,当场上出现争议的时候作出最终裁决,运动员应无条件遵从裁判员的判罚。优秀的裁判员判罚尺度公正准确、竞赛节奏掌握适当,当遇到一些较难判断的问题时,裁判员的准确判断和适当的处理方式也可以称得上是一门艺术。

一项羽毛球赛事的组织工作非常复杂,内容繁多。小到广告牌的主体颜色,大到赛事秩序册的编制都是体现组织管理艺术的地方。拥有良好组织的竞赛首先就成功了一半,这为运动员正常水平的发挥创造提供了便利条件,同时也为观众的观赏活动提供了舒适的环境。

3. 技术和战术

羽毛球运动的技术与战术是在长期的运动实践和科学研究的基础上形成的。高水平运动员的技战术能力已经达到很高的水准,无论是技术动作本身,还是结合了多种技术构成的战术,都能给欣赏它的观众以美感。例如,凌空扣杀运动员在空中的背弓动作、击球落点的准确性等,运动员技能的自动化程度使技术的机械性成了活的运动过程。而就双打项目来说,队友之间灵动的跑位和默契的配合也是重要的欣赏点。

4. 文化内涵

羽毛球运动起初是作为一个游戏被创造出来的,是一项满足人们的娱乐、健身需求逐渐发展的游戏运动,并最终形成了专属文化。如今的羽毛球运动早已成为了竞技体育运动和大众体育运动的宠儿,其比赛内涵也更加明确,外延丰富,具有时代特征和人生哲理。

人们如果只是把羽毛球当作一项运动来欣赏的话显然是片面的,更应欣赏羽毛球运动的内涵,发掘其文化的本质和精髓。

(二)欣赏的方法

人们对羽毛球运动文化的欣赏可以从不同的角度进行,更多人倾向观赏到争夺激烈的赛事以及注重比赛胜利带来的喜悦感,如果能掌握更加正确的方法,还能从欣赏中获得更多更好的体验。欣赏羽毛球运动文化的常用方法主要有全局欣赏、局部欣赏和对称欣赏三种(图 2-3),下面就具体分析每一种欣赏方法的优势。

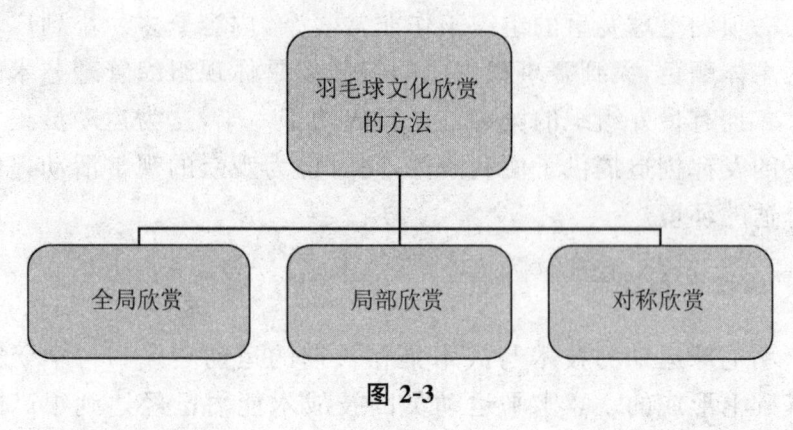

图 2-3

1. 全局欣赏

所谓的全局欣赏,是对羽毛球竞赛的一种关注范围广泛的宏观性欣赏方式,它的关注点主要有双方运动员的竞技能力,如他们总体的技战术水平,以及裁判员的执法水平以及赛事的组织水平等。

2. 局部欣赏

局部欣赏的关注范围比全局欣赏较小一些,即重点观赏赛事中的某一个部分,比如欣赏某一方运动员的竞技能力,分析他的技战术打法,甚至每次回球的路线和落点等。也可欣赏运动员的性格与行为,从中领略运动员的风采,并使自己从欣赏中获得感染。

局部欣赏的方法更有针对性,在这方面,观众就带有较强的倾向性,关注的点,一定是自己的兴趣点。

3. 对称欣赏

对称欣赏也是一种对羽毛球比赛的全方位观赏，包括运动员的技战术，裁判员的执法和竞赛氛围，以及运动员、裁判员、教练员的即时同步的协调方法和竞赛气氛的营造，产生对羽毛球竞技的感性升华为理性的效果。

为了达到对称欣赏的欣赏目标，首先欣赏者本身要储备丰富的羽毛球运动理论知识。这是一个循序渐进的过程，只有这样才能抓住欣赏的重点，并且对欣赏到的东西有深刻的感受和正确的评价。当然能够达到这样的欣赏目标除了要具备前面提到的运动理论知识外，还应具备足够的情感能力和鉴赏能力，这两方面的能力也要有所提高。

第三章 羽毛球运动健康促进价值研究

羽毛球运动具有巨大的健康促进价值。人们参与羽毛球运动不仅可以获得身体方面的发展,还可以缓解压力,形成愉悦的心情。本章在对健康与健康促进的理论进行分析的基础上对羽毛球的健康促进价值进行研究。

第一节 健康与健康促进

一、健康

(一)现代健康观的基本内涵

1948年,世界卫生组织成立。在世界卫生组织颁布的《宪章》中对"健康"的定义作出了诠释,它认为健康应包含生理和心理两个方面,进而获得一种身体上、精神上和社会适应能力方面的完好状态。这一理念的提出改变了人类传统对健康的认识,它首次将健康与心理的以及社会的因素相联系。具体来看,这个定义包括以下三个方面:

(1)躯体健康。躯体健康是指人的躯体结构完好和生理功能正常,展现出躯体与外部环境之间能够保持相对平衡的状态。

(2)心理健康。心理健康是指人的心理处于完好状态,展现出可以给予自身在各方面的正确定位,能与他人正常交流等。

(3)社会适应能力。社会适应能力是指个体能够在人们共同生存的社会中获得广泛认可和共融的状态,个体可以承担社会中的多种角色,并保持个人行为与社会规范和谐一致。

1989年,世界卫生组织根据长期的研究和经验的总结,对"健康"的概念再度进行了完善和补充,使得对"健康"的理解除了包含首次认可的内容外,还增添了文明社会中越发注重的道德健康。新的"道德健康"内容的增添,也将传统的"三维度"健康观升级为"四维度"。而在"四维健康观"之后,美国研究机构又提出了一个与之类似的关于健康的定义,该定义认为健康的个体只有身体、情绪、智力、精神和社会各方面达到完美状态才称得上真正的健康,这种"健康观"中包含有五个要素,因此也称为"健康五要素"定义。这个观念的提出再一次丰富了"健康"的定义,拓宽了人们对健康的视域。

新概念中健康所必需的五要素之间有着一种相互联系、相互影响的关系,所有子项目只有平衡发展,人们才能真正健康。任何一种项目出现了短板,都会影响人们的生活。具体来看,健康五要素的内涵如下:

(1)身体健康。身体健康的首要条件就是身体健康、无疾病、体能充沛、精神饱满。只有人的身体健康,才能在日常生活中顺利完成各自的活动。

(2)精神健康。精神健康,是指理解生活基本目的的能力,以及关心和尊重所有生命的能力。

(3)情绪健康。情绪健康的关键在于个人能够拥有控制自身情绪的能力,使情绪长期保持在较为稳定的状态中。所谓情绪的稳定,就是指个体能够通过自身的情绪控制和调整,以应对生活中可能出现的各种压力和突发事件的能力。在现代社会中,社会竞争越发激烈,大多数劳动力群体经常处在高压、快速的生活环境中,久而久之就会产生多种不良情绪,如果不加以重视便会衍生成为心理疾病。不过在生活中偶尔有些情绪波动均属正常,可以通过适当的方式调整。

(4)智力健康。智力健康,是指在长期的学习和生活中,大脑始终保持活跃的状态。

(5)社会健康。社会健康主要体现在人与社会之间的相互关系上,即表现出人与社会的融合度问题。它具体是指个体与他人及社会环境相互作用形成的和谐的人际关系和社会角色的能力。

实际上,除上述五种健康标准外,随着社会文明的发展,越来越多的学者正在研究是否应将生殖健康也列入健康的标准范围内。为此,世界卫生组织适时地对生殖健康予以定义,认为生殖健康是人类在整个生命过程中进行的一切与生殖有关的活动,它应在生理、心理和社会适应等诸多方面处于良好的健康状态。通过这一定义可以看出人类的生殖行为也需要在健康的氛围和影响下进行,而且它不仅需要双方身体的健康,还包括对事后双方心理的健康保持,如应避免未婚先孕、人工流产以及做好性病与艾滋病的防治工作以及建立正确的家庭观、社会观和性观念等。

(二)现代健康观的内容

1. 健康的标准

(1)世界卫生组织的健康标准。
①拥有适当的体重,体型保持匀称。
②眼睛清澈明亮,对事物反应敏锐,无黑眼圈,眼睑健康。
③牙齿清洁,无缺损,颜色正常,牙龈无出血现象。
④头发有光泽,无大量头屑,无明显脱发症状。
⑤肌肉、皮肤有弹性,走路轻松。
⑥处事和看待问题的角度全面且乐观,乐于承担任务,不过分挑剔他人缺点。
⑦精力充沛,有足够的精力应对生活或学习中的问题。
⑧有一定的应变能力,能对环境发生的变化及时作出反应。
⑨懂得合理休息,睡眠质量较好。
⑩对一般感冒和传染病等小病有一定抵抗力。

(2)世界卫生组织的健康新标准。

①生理健康标准——"五快"。

吃得快:反映出人的胃口好,不挑食,说明人体内脏功能正常。

便得快:反映出人的大小便通畅,说明人的肠胃功能良好。

睡得快:反映出人入睡快,睡眠质量高,睡醒后精神状况好。睡得快表示人体中枢神经系统的控制功能完好,机体内无生理性疾病或心理性疾病,且不易受到外在信息对睡眠的干扰。

说得快:反映出人说话流利,逻辑思维活跃,心肺功能良好。

走得快:反映出人的行动自如,步伐轻捷,表示精力充沛,身体状况水平较佳。

②心理健康标准——"三良好"。

良好的人际关系:反映出人在待人接物方面较为宽容和随和,不过分计较小事,能与他人互相帮助,待人友善。

良好的个性:反映出人拥有积极向上的性格,处世乐观,正直无私,情绪稳定。

良好的处世能力:反映出人沉浮自如,客观观察问题,有良好的自控能力。

(3)医学专家提出的健康自测标准。

①每日进餐量为1~1.5千克,不应暴饮暴食或以减肥为目标节食,超过平常量的3倍或少于1/3为不正常。

②1个月内体重增减量在3千克之内。

③一天中的大便次数相对固定,为1~2次。两天一次或更长时间一次为不正常,一天大便4次以上也判定为不正常。

④脉搏大约保持每分钟72次左右。

⑤每日体温波动保持在1℃以内。

⑥依据年龄的不同保证每晚睡眠在6~8小时之间,不足4小时或嗜睡则为不正常。

⑦晚间睡眠的夜尿量约达1 500毫升。若一夜尿过多达2 500毫升以上,或夜尿过少低于500毫升均为非正常现象。另

外,一昼夜起夜排泄次数超过3次则高于平均水平。

2. 亚健康

亚健康的定义出现在人们的概念中相对晚一些。它的出现主要是源于现代社会竞争压力的不断加剧,再加上人们的生活环境因素(噪音、污染等)的急剧改变,以及不良的个人行为、生活方式和"文明病"的出现等。这一切都导致个体产生身体、心理和精神方面的功能障碍,造成身体状态处于一种不正常、不患病的区间中,这种状态,就叫作"亚健康状态"。

对于亚健康问题的研究目前还存在一些争议,如有些学者认为身体虚弱就是亚健康,或者认为亚健康就是一种疾病等。世界卫生组织估算现代社会中,全世界约有60%的人处于亚健康状态,而个体对此状态的改善的入手点主要是改变个体不良行为、将生活规律化和健康化。其中,积极参与多种形式的体育锻炼是摆脱亚健康状态的有效手段之一。

3. 理想健康

现代的人们对自身的健康状态有了前所未有的关注,几乎人人渴望健康、追求健康,这是社会文明发展到一定阶段的必然趋势。世界卫生组织给健康赋予的诸多元素也使得绝大部分人们的传统健康观念得到了拓宽。为此,许多专家学者打破了原有的健康研究方法和评判体系,创建了新的健康促进终极目标——理想健康,也称为"健全健康"。

从理想健康的概念来看,它是指个体致力于维持健康状态,并充分发挥自己的最大潜力,以达到"身心合一"的整体完美。这一概念的提出,主要是为了强调人们要想获得健康的终极目标,除了没有患有疾病外,还要积极地改善心理、社会适应力,以及教育、运动和营养等的状态。

综上所述,理想健康的层次更加深远,内容也更加多样,它丰富了健康的本质,强调了人们获得健康的途径。

4. 影响健康因素

人的健康状况会随着身处不同阶段或从事不同的任务出现不同程度的上下浮动,如当从事长期伏案工作的高强度脑力工作时,可能就会出现身体发胖、运动机能减退等现象,而从事过多的体力劳动时又会造成对身体或身体局部的运动性劳损。这些都说明在人的一生中会表现出起伏不定的健康曲线。影响这一过程的主要因素具体如下:

(1) 遗传因素。

人体在多种方面会受到遗传因素的影响,表现出与父母在多种方面的相似点。对于人的健康状况来说也会受到遗传因素的影响。简单地说,如果父母的体质出色,那么孩子的体质也应该较好,反之亦然。尽管这已经成为大家普遍认同的理念,不过遗传对健康的制约作用到底有多大,目前尚没有一个被广泛认可的推断方法。

(2) 心理因素。

心理因素对人体健康的影响是巨大的,由于人类对心理学方面的研究进程远远慢于对生理和疾病的研究,因此,心理因素对健康产生的影响的事实只得在近 200 年才逐渐被关注。心理因素对身体健康产生影响的原因在于消极心理的产生,消极心理会诱发多种生理性的疾病。我国古人就曾发现情绪对身心健康的影响,并且在一些医学著作中有过系统的描述,如在《黄帝内经》中曾多处提到了"怒伤肝""喜伤心""悲伤脾""恐伤肾"等理论。直到今天,现代医学和心理学通过仪器的检测和研究,也发现了由心理因素促生的生理性疾病的发生与发展。临床研究表明,消极的情绪(如悲伤、恐惧、紧张、愤怒、焦虑等)能引起人体各器官系统的功能失调,最为人们所熟知的影响健康的情况就要数心理因素导致的失眠、心跳过速、血压升高等症状。相反,积极的心理因素有利于促进人体健康,有助于提高机体的抵抗力,减少和降低疾病的发生概率,而积极的心理也会促使患病的人获得更快的恢复速度。

(3)环境因素。

研究表明,环境因素也已经成为影响人体健康状态的重要因素之一。特别是在当下外部环境逐渐恶化的今天,环境因素对健康影响的研究就显得越发重要。目前,许多环境的恶化情况都对人体的健康产生了诸多负面影响,如人长期处于空气污染的环境里,食用有毒有害的食物等,就会引发各种不可预知的疾病。

(4)营养因素。

营养是保证人体机能保持正常运转的能量物质,生存离不开营养的补充,人的各种活动也是一种对营养的消耗过程。而对于营养的摄入,过多和过少都是不利健康的。评价营养是否符合健康要求,就要看摄入的营养素是否合理,是否有利于促进健康。不同食物的热量不同,因此,根据长期营养学的研究,大概计算出了食物热量与相应补充量的配比关系,结果为人每天应摄入的营养物质为人均蛋白质、脂肪、糖类三大营养素适合比例为3∶4∶3。其中蛋白质以动物蛋白质及植物蛋白质各占50%为宜。这种标准既保证了机体对各种营养素的需要,又有利于预防如高血压、糖尿病以及心血管疾病等多种病症。除了宏量元素的摄入值得关注外,食物中的多种微量元素也决定着人体机能的正常运转,而且它还与一些地方病及营养缺乏病等有密切关系。

(5)体育运动因素。

体育运动健身已经成为现代文明社会中大部分人群热衷的活动,它集休闲娱乐、强身健体于一身,有利于人们的身心健康。现代社会的生产方式与过往相比已经截然不同,大多数工作需要依靠脑力完成,如此就使得身体长期处于相对静止的状态中,久而久之不利于身体机能的保持。由此,科学运动的健康价值日益凸显,人们越来越关注运动在其生活中的地位,运动对人类健康的作用和意义也是关注的重点和核心。

联合国教科文组织于1978年颁布了《体育运动国际宪章》。在该《宪章》中给予了体育运动非常高的定位,认为体育是一种非常健康、积极的生活质量提升手段。它不仅能够直接促进人的机体健康,而且还能作为培养人类正确价值观、世界观的教育工具。这点从体育的多种功能价值中就可以看到,它不仅是一种有益于身体素质发展的活动,还是促进心智增长,与他人交流以及与社会更好融合的活动,诸多功能向人们展示了体育的独特魅力。

(6)生活行为和方式因素。

现代人们面临着许多无法回避的问题。例如,工作条件改善使越来越多的人习惯于久坐的工作,严重运动不足,吸烟、酗酒等不良嗜好,以及过分控制饮食、纵欲过度等都是严重制约健康的主要因素。所以,个人生活方式和态度是造成个体健康状态显著下降的重要因素。

在这种环境下,要想获得理想的健康体魄,首先就要从改变生活方式和不良生活习惯入手,以减少影响健康的不良因素,最终达到真正的健康。

二、健康促进

(一)健康促进的定义及分类

WHO 对健康促进的定义是"促使人们维护和提高自身健康的全过程,是协调人类与环境的战略,它规定了个人与社会对健康各自所负的责任"。著名健康教育学家 Green 和 Kreuter 等人认为:"健康促进是指一切能促使行为和生活条件向有益于健康改变的教育和环境支持的综合体。"1995 年 WHO 西太区办事处发表的《健康新视野》(*New Horizons in Health*)中提出:"健康促进指个人与其家庭、社区和国家一起采取措施,鼓励健康的行为,增强人们改进和处理自身健康问题的能力。"因此,健康促进是旨在改进健康相关行为的活动。

广义的健康促进是从社会发展层面(经济、生产力、文化等)和社会医学的高度将健康促进视为改变影响健康的社会决定因素、增进健康的总体战略。它由国家和政府主导,顶层设计与策划,调动、协调各方,整合各类资源,统筹规划,全面推进。广义的健康促进实际上是指健康治理,也可以认为是健康中国的另一种表述形式。通常将临床医疗、公共卫生等从广义健康促进中专门提出来阐述。

狭义的健康促进把健康促进看作是公共健康领域的一项具体工作策略,主要由卫生体系人员倡导并积极协调和操作,是卫生体系人员维护公众健康的工作策略及思维模式。强调在维护公众健康的具体工作中要制定有利于健康的政策。目前专业书籍中所表述的"健康促进"实际上是狭义的健康促进。

(二)健康促进在"健康中国"建设中的作用

我国管理部门最早出现"健康促进"是1998年卫生部妇社司成立的健康促进与教育处。2013年5月,国家卫生计生委宣传司成立了健康促进处。习近平主席在2016年8月全国卫生与健康大会上提出:"要坚持基本医疗卫生事业的公益性,不断完善制度、扩展服务、提高质量,让广大人民群众享有公平可及、系统连续的预防、治疗、康复、健康促进等健康服务。"可见,狭义的健康促进是健康中国战略具体工作的一部分,而广义的健康促进是"健康中国"战略的一种思维方式。不管是狭义还是广义的健康促进,其目的都是希望联合所有要素,为促进健康而努力,这一思路与建设"健康中国"的思路是一致的。健康促进在"健康中国"战略中的应用包括以下四个方面:

1. 为建设健康中国提供理论基础

健康促进的发展为健康中国的实施提供了丰富的理论基础。在世界范围内,健康促进的工作范围已从卫生部门转向多部门合作和社会动员;由健康是人类的权利转向促进健康是政府和个人的责任;从认识健康危险因素到采取干预措施;从对生物因素的

第三章 羽毛球运动健康促进价值研究

干预转向对社会、环境、生物多因素的干预等①。《渥太华宪章》提出的健康促进的五大工作领域其实也是建设"健康中国"的重要内容。"倡导、协调、赋权"三大基本策略也为健康与卫生领域的专业和行政人员提供了工作思路。"大健康观"是健康促进的前提,健康促进的理论与实践为落实这一工作思路提供了丰富的内容。

2. 有利于社会动员,多部门达成共识,将健康融入相关政策

社会动员是健康促进的重要方法之一。社会动员就是动员社会成员共同努力、积极行动、实现共同的社会目标的过程。明确的社会发展目标是社会动员的前提条件,"健康中国"作为现阶段我国在卫生与健康领域的战略行动,其目标是"把人民健康放在优先发展的战略地位,以普及健康生活、优化健康服务、完善健康保障体系、建设健康环境、发展健康产业为重点,加快推进健康中国建设,努力全方位、全周期保障人民健康"。有效地动员全社会成员为实现共同的目标达成共识并自觉采取行动至关重要,这些社会成员包括政府机构、决策和管理人员、事业单位、社会各系统、专业学术团体和专业技术人员、社区、家庭和个人。政府和各级决策和管理人员要对百姓健康、健康中国负责,将健康促进融入所有政策并纳入工作日程,各行各业人员及个人要对工作和自己的健康负责,积极行动。

3. 有利于医学整合,破除医学各专业之间的壁垒

健康促进的五大任务之一是要调整卫生服务方向,健康中国所提出的"对百姓全生命周期健康服务"的任务要求对医学服务进行整合。改变目前医学的预防、临床、康复、养老照护等服务各自为政的现象。医学整合首先要求进行医学教育的整合,根据健康服务人才培养目标论证各专业及课程设置,培养具备大健康理念的各类服务人才,明确所学专业在卫生与健康领域的地位和作

---

① 严迪英. 健康促进干预——方法与应用[M]. 北京:北京医科大学、中国协和医科大学联合出版社,1999.

用,使学生毕业后能适应健康促进工作的要求。其次,医学与健康服务链的整合,集预防、医疗、康复、养老照护、临终关怀服务为一身,使健康服务无缝对接。近几年兴起的整合医学、健康管理学等学科,为健康促进探索了一些新思维和新模式。但宏观的医学整合与发展仍然缺乏科学的、可行的顶层设计。广义健康促进正在倡导并积极推进医学多层面的整合。

4. 有利于动员全民参与、强化个人健康责任,共建共享

健康促进也强调了个人对健康应负的责任。如此即使创建了有利于健康的环境,如果公众不对自己的健康负责,也无法实现健康促进的目标。健康责任首先体现在道德层面,如避免把自身的疾病传播给他人、避免危害他人健康的行为。个体的健康与否不再是个人的私事,疾病不但影响患者自己,也会影响家庭、社会和国家。对自己的健康负责,主动地保护和促进自己的健康,就是对家庭、社会、国家负责。健康责任还体现在不能为了自己的利益而以损害他人的健康为代价。健康促进的思路是在政府、社会、团体等提供有利于健康的环境下,个体也需要努力[1]。只有每个人担当起健康责任,学会利用有效的健康资源,才是完整的健康促进。

第二节 羽毛球运动的生理健康促进价值

一、体质与生理健康

体质是人的身体素质,是先天遗传性和后天获得性基础上表现出来的形态结构、生理生化功能等方面综合的、不断发展的、相对稳定的特征表现。人体体质以遗传为基础,人体的先天条件对体质情况有重要的影响,也影响着人体后天锻炼。人体的体质相

---

[1] 曾光,黄建始,张胜年. 中国公共卫生(理论卷)[M]. 北京:中国协和医科大学出版社,2012.

对稳定,也就是说身体素质好的人,一段时间内体质都会有良好的表现。但体质不是静态不变的,体质好的人,一段时间不锻炼,也会使体质越来越差;相对的,体质一般的人通过运动锻炼,也能有效地增强人体体质。还有生活环境、营养卫生、行为方式等因素,也会影响人的体质情况。

体质主要包括体格、生理功能、身体素质等内容。体质在一定程度上反映着人体生理健康状况,可以说体质是生理健康的基础。体质好的人,生理状况往往较好。但是体质好与生理健康并不等同。比如运动员体质往往很好,但运动员也会生病。但是总体上来说,体质对生理健康的影响非常大,想促进生理健康,发展体质是最有效的途径。

二、羽毛球运动的生理健康促进

羽毛球运动能够促进参与者的生理健康,主要体现在其对人体各系统的影响方面。

(一)羽毛球运动对神经系统的影响

人体的神经系统由中枢神经系统和周围神经系统两部分所组成。中枢神经系统主要包括脑和脊髓。周围神经系统主要包括脑神经、脊神经和植物神经。中枢神经系统是专门接受体内外各种信息、储存信息并进行分析判断作出的决策,向身体各个部分发出命令的最高司令部。中枢神经系统主要是由脑和脊髓组成,而脑是由大脑、小脑、间脑、中脑、脑桥和延髓所组成的。其中大脑是司令部的最高领导者。它统率着整个中枢神经系统和周围神经系统,从而调控人体的各个器官的活动以及彼此间的协调和合作。人体的一切活动,都是在神经系统的支配下进行的。反之,各种活动对神经系统也会产生相应的影响,使其机能发生一定的变化。羽毛球运动锻炼往往要求身体完成一些比日常活动更为复杂的动作。所以,中枢神经就必须迅速动员和发挥各器官、系统的机能,使之协调以适应肌肉活动的需要。因此,经常参加羽毛球运动锻炼,就能使大脑神经细胞工作能力提高,反应灵活迅速、准确协调。

经常参加羽毛球运动,能改善和提高神经系统的反应能力,使之思维敏捷,调控身体运动更加准确与协调。同时,经常参加羽毛球运动的人们,由脑垂体产生一种被称为β-内啡肽的物质,这种物质能增强对疼痛的耐受性、对抗紧张,还能降低血压,抑制食欲,并给人体以愉快和健康的感觉。

此外,经常参加羽毛球运动可以有效地消除脑细胞的疲劳,提高学习和工作效率。大脑只占人体质量的2%,但它需要的氧气却要由心脏总血流量的20%来供应,比肌肉工作时所需血量多15%～20%。进行羽毛球运动,可以改善大脑供血、供氧状况,促进大脑皮层兴奋性增加。此外,羽毛球运动以肌肉活动为核心,要完成任何一种锻炼活动、相应的肌肉都要有规律而协调地收缩,这不仅要求肌肉有一定的力量,而且对动作的幅度、速度和节奏都有要求。这些过程实际上都是在神经系统的调节和控制下完成的,对神经系统是很好的锻炼,使兴奋和抑制、传导和反应等都得以改善。表现为大脑皮层神经活动过程的兴奋性、均衡性和灵活性提高,反应的潜伏期缩短,大脑及神经系统的机能改善。经常运动的人精力充沛,动作敏捷,思维灵活,精明果断。

(二)羽毛球运动对运动系统的影响

运动系统的主要功能是让人体运动。它主要是由骨、骨连结和肌肉三部分组成。骨与骨连接构成人体的杠杆系统——骨架,肌肉附着在骨架上。在神经系统的支配下,肌肉收缩,牵动骨骼产生各种运动。这种运动是以骨为杠杆,关节为枢纽,肌肉为动力来实现的。

经常坚持羽毛球运动锻炼,可以改善参与者骨的血液循环,加强骨的新陈代谢,可以使骨的结构及性能发生了变化。表现在骨密质增厚,使骨变粗。骨小梁的排列由于受到肌肉的牵拉和外力的作用,排列更加规则。加强了骨的坚固性。经常性的羽毛球运动,韧带在骨骼上的附着部位:结节、粗隆和其突起,变得更粗糙明显,这有利于肌肉、韧带更牢固地附着在上面。一旦骨产生上述良性变化,就会粗壮有力,骨的坚固性,抗折、抗弯、抗压、抗拉和抗扭转等性能均会进一步提高,骨的杠杆作用更加明显。经常参加羽毛球运动锻炼不仅使骨变粗,还可以使骨骼增长。身材的高矮是由骨骼发育成长决定的。骨骼之所以增长,是因为骨骼的两端有软质的骨骺,这层骺软骨在新陈代谢作用下,不断地骨化而变为硬骨,同时又不断增长新的软骨,因此,骨骼就不断地加长。一般要到25岁左右骨骼才完全骨化,骨骼就不再增长了。

经常参加系统的羽毛球运动锻炼,可使关节面骨质和关节软骨增厚,肌腱和韧带增粗,关节囊、韧带、肌腱和周围肌肉的伸展性增加。既能增强关节的牢固性,又能使关节更加灵活。这是因为羽毛球运动中的许多动作都需要关节具有很大的活动幅度才能完成。羽毛球运动可以加强关节周围肌肉的力量,以及提高关节周围韧带、肌肉的伸展性能,从而扩大关节运动的幅度和提高关节的灵活性,也加强了关节的稳定性。同时还可以防止伤害事故的发生。

羽毛球运动对骨骼肌的影响十分明显。经过运动锻炼,可以使肌纤维增粗,肌肉的体积增大,肌纤维中线粒体数目增多(线粒体是肌纤维产生 ATP 能量的供能中心),肌肉中脂肪减少,从而减少肌肉收缩时的摩擦;肌肉内结缔组织增多(即肌内膜、肌束膜、肌腱和韧带中的细胞增殖、增厚、坚实、粗壮);肌肉内化学成分发生变化,如肌糖原、肌球蛋白、肌动蛋白和水分等含量都有增加。这些物质的增加可使 ATP 加速分解,氧的结合能力增强,有利于肌肉收缩,表现出更大的力量;可使肌肉中毛细血管增多,改善骨骼肌的供血功能;肌纤维参与活动的数量增加。因此,经常参加羽毛球运动的参与者的肌肉显得发达、结实、健壮、匀称有力,收缩力强,运动持续时间长。科学的羽毛球运动锻炼,还可以提高神经系统对肌肉的控制能力,同时,肌肉对神经刺激所产生的反应,也会更加迅速和准确,使身体的各部位肌肉能协调配合。肌肉由于结构的变化、酶的活性加强以及神经调节的改进,机能提高,表现为肌肉收缩力量大、速度快、弹性好、耐力强。

加强肌肉力量对某些疾病具有一定的预防作用。特别是腰、腹、背部,如果背肌软弱无力,上体就不可能保持正直,胸部呈现收缩状态,使肺部受到压迫,影响呼吸。如果腹肌松弛无力,则容易使内脏变位,如胃下垂等。经常参加科学的羽毛球运动锻炼还可以保持良好的肌力和正常的脊柱外形。

(三)羽毛球运动对呼吸系统的影响

呼吸系统包括:鼻、咽喉、气管、支气管(总称呼吸道)和肺。反复进行气体交换的动作,叫呼吸运动。呼吸运动主要由呼吸肌的收缩、舒张而牵引胸廓的扩大或缩小来完成的。呼吸肌包括:膈肌、肋间肌以及腹肌、肩带肌、背肌等。新陈代谢是生命的基础。人体在新陈代谢过程中,不断消耗氧气,生成二氧化碳。呼吸系统的生理功能,就是完成这种气体交换。进行气体交换的各器官,叫做呼吸器官,整个系统称做呼吸系统。

羽毛球运动锻炼在参与者呼吸肌力量的增强方面的作用是十分明显的。由于羽毛球运动锻炼要大量耗氧和排出二氧化碳,使呼吸运动加快,导致肋间肌和膈肌等呼吸肌,以及胸、腹和背部其他肌肉体积增大,力量增强,从而促使胸围和呼吸差增大。

经常参加羽毛球运动锻炼的人们,在呼吸的深浅和频率上也有所不同。一般人的呼吸浅而快,每分钟约12~18次。经常参加羽毛球运动的人在运动后,呼吸深度加大,而频率降低,安静时每分钟呼吸次数减少到8~12次。这种深而慢的呼吸,既可以提高肺换气的效率,又能使呼吸器官得到较充分的休息,从而节省了用于呼吸的能量。研究表明,女性在15岁,男性在25岁时,肺通气达到峰值,以后如果不加强锻炼,肺通气能力会逐渐下降。所以在青少年阶段,经常参加羽毛球运动锻炼,对今后整个成人期的呼吸功能维持甚至增强有着极为重要的意义。

除此之外,在羽毛球运动的过程中,由于淋巴细胞转化率加快,白细胞的吞噬能力增加,从而增强机体的免疫能力。而且,在运动中,人体机体的各系统和功能得到增强,机体的抵抗能力就会进一步加强。目前,在临床医学上,运动疗法得到大力的提倡,成为许多疾病恢复治疗的最佳选择。

(四)羽毛球运动对消化系统的影响

消化系统包括消化管和消化腺。消化管的主要作用是进行物理性消化。消化腺则主要起着化学性消化的作用。食物在消化管内进行分解的过程为消化。食物经过消化后透过消化管壁进入血液循环的过程,称之为吸收。消化过程是通过神经和体液的调节实现的,而消化的各环节无不受大脑皮层的管理,大脑皮层在消化过程中,同其他系统的活动一样,占有主要的地位。要维持生命,人体除了需要和环境进行气体交换外,还必须不断地从外界吸取营养,以供新陈代谢的需要。消化系统的功能是消化食物、吸收养料、排出糟粕。消化系统是人体新陈代谢正常进行的保证。

羽毛球运动对消化系统具有良好的作用。经常参加羽毛球运动锻炼,体内的代谢活动加强,能量物质大量消耗,这就需要消化器官加强功能,更好地吸取食物的养料,以满足机体的需要。经常进行科学的羽毛球运动也可使大脑皮层等神经系统得到改善,锻炼时情绪愉快,以及锻炼后植物性神经工作能力的加强,消化系统在神经和体液的调节下,使消化器官的物理性消化和化学性消化能力加强。如消化腺分泌的消化液增多、消化管道蠕动加强。因此,促进了对食物更好的消化和吸收。另外,由于运动时对呼吸活动的加强,而需要横膈肌和腹肌的活动范围增大,这种活动的增大对肝脏和胃肠起着按摩作用,有利于消化。只有消化、吸收和排泄等功能加强,才有可能保证体内物质代谢的正常进行。但是,如违背生理活动规律而进行不适当的羽毛球运动锻炼,对消化系统也会产生不良的影响。

消化和吸收,是由中枢神经通过交感神经和副交感神经来管理的。但是,大脑皮层对它有很大影响。譬如,精神抑郁、忧虑或情绪过分紧张、激动的时候,消化液分泌就会减少,肠胃蠕动也不正常。我国医学早在几千年前就开始研究和重视情绪对消化系统的影响了。现代医学也越来越重视这一方面的研究。"思伤脾"就明确指出,抑郁、忧虑等情绪,可使脾胃功能下降,引起消化、吸收功能的紊乱。进行羽毛球运动锻炼时,愉快兴奋的情绪,抑制那种忧虑、抑郁情绪,并在大脑皮层的调节下,可使脾胃功能得到增强。另外,科学的羽毛球运动锻炼能增强腹肌和盆腔肌的力量,使腹腔内的消化器官保持正常位置,并能强化消化道的平滑肌作用。这些就能有效地防止内脏下垂和便秘等疾病的发生。

(五)羽毛球运动对心血管系统的影响

羽毛球运动对参与者心血管系统的健康有着积极影响。主要反映在以下几个方面:

1. 羽毛球运动能够增强参与者心脏的泵血功能

参加有规律的羽毛球运动训练能够使心肌壁增厚,心肌力增加,心脏重量和体积增加,心脏容量和直径增大,从而大大增加心脏的功能储备,非常有利于更大程度地发挥心脏的泵血功能。美国医学专家约瑟·帕司克揭开了"生命在于运动"的秘密。他发现人体内有一种高密度脂蛋白粒子能主动负担起打扫、清理血管的任务,把沉积在血管壁的脂肪和胆固醇去掉。由于体内产生这种粒子的数量很少,不能与脂肪和胆固醇抗衡,天长日久,这些沉积物质就堆积在血管内,将血管逐渐堵塞,影响人的供血供氧。经常参加羽毛球运动的人,体内的高密度脂蛋白粒子浓度明显增高,能自动地在血管内建立起一道防线,不断地消除沉积物质,使血管畅通无阻,同时也使血液循环加快。平常人血流全身4~5周/分钟,而运动时血流全身可以提高到7~9周/分钟。从冠状动脉对心脏本身的供血情况看,运动后冠状动脉的血流量比安静时提高10倍。研究表明,经常进行羽毛球运动的人们,心脏功能得到增强,每搏输出量可增加到 80～100 毫升,是平时的 1 倍;而心脏的频率却减慢,如一般人心跳 70 次/分钟左右。参加羽毛球运动的人们心跳 50～60 次/分钟,这就大大减轻了心脏的负担,延长了心脏的寿命。

2. 羽毛球运动能够增加参与者血液红细胞及血液免疫细胞的数量和活性

羽毛球运动能使总血量增加 25%。通常成年男子每立方毫米血液中含有红细胞 450～550 万个,女子达到 380～460 万个。经常进行羽毛球运动锻炼的人,血液中红细胞增多,可以达到每立方毫米 600～700 万个,这是因为运动能够改善骨髓的造血机能。运动对血液中白细胞的影响较大,白细胞是具有多种免疫功能的细胞类群,主要包括淋巴细胞、单核细胞和自然杀灭细胞(NK 细胞)等。在羽毛球运动后,参与者白细胞数量明显增加。短时间、小强度和长时间、大强度的运动都能让淋巴细胞数量增多。运动后单核细胞会有轻度增加。中低强度的运动对提高 NK 细胞的活性是一种良性刺激,而 NK 细胞是对肿瘤免疫有效果的细胞。但是长时间的剧烈运动就能够抑制其活动。

3. 羽毛球运动能够提高参与者血管功能,改善局部微循环及防治心血管疾病

经常进行羽毛球运动可以让动脉血管壁弹性增强,管径增大,有利于血液的畅流。由于毛细血管开放与增生,能够有效地改善微循环功能;锻炼可以促进新陈代谢,增加脂肪利用,减少积存,增强纤维蛋白溶解酶的活性,防止冠状动脉硬化和血栓形成。因此,经常锻炼的人比一般人高血压发病率低 3 倍,这主要是因为通过肌肉活动对大脑皮层的影响,可以调节血管收缩和舒张的神经中枢活动趋于正常,血压下降,有助于预防心血管系统疾病。

第三节 羽毛球运动的心理健康促进价值

一、心理健康概述

(一)心理健康的内涵

心理健康是人健康不可缺少的部分。《简明不列颠百科全书》解释:"心理健康是指个体心理在本身及环境条件许可范围内所能达到的最佳功能状态,不是指绝对的十全十美状态。"也就是说,心理健康乃是个体自我良好、对环境适应良好的一种状态,是一种积极、丰富而持续的心理状态。

心理健康不是绝对的,也没有一定的标准,是一个比较模糊的概念。生活中心理异常与正常的心理难以截然分开,二者之间并没有明确的界限。心理上的常态与病态只是程度上不同。心理正常的人,很可能会突然性、暂时性地心理异常。特别是在当今社会,心理冲突很常见,心理健康的人也不能避免。但心理健康的人,往往能及时处理心理问题,并让自己恢复常态。

保持乐观愉悦的心情是维护心理健康的良好途径。大量临床事实表明,具有乐观、开朗、心情舒畅等良好心情的人,能促进人体的新陈代谢,增加身体抗病的能力。而有焦虑、忧郁、恐惧等不良心情的人,将使各器官功能受到阻抑,削弱其体质和抗病力。因此,保持良好的心理状态是维护身心健康的有效途径。因而生活中要注意心理调控。心理学家认为,人同时碰上失意和得意的事,得意的事情往往能够减轻失意所造成的痛苦。所以遭到挫败时,可以想一些愉快的事情,以补偿心理上出现的倾斜,从而有效地恢复心理平衡。

(二)心理健康的标准

1. 马斯洛心理健康标准

关于心理健康的标准,诸多心理学家都有着自己的看法。其中,美国心理学家马斯洛提出的 10 条标准得到了较多的认可。他认为,心理健康主要有以下标准:
(1)充分的适应力。
(2)能充分地了解自己并能对自己的能力作恰当估价。
(3)生活目标切合实际。
(4)不脱离周围现实环境。
(5)能保持人格的完整与和谐。
(6)善于从经验中学习。
(7)能保持良好的人际关系。
(8)能适度地宣泄和控制情绪。
(9)在不违背集体利益的前提下,能有限度地发挥个性。
(10)在不违背社会规范的前提下,能适当地满足个人的基本需求。

2. 世界卫生组织心理健康标准

(1)人格完整,自我感觉良好,情绪稳定,且积极情绪多于消极情绪。
(2)自我控制能力较好,能保持心理平衡。
(3)自尊、自信、自爱,有自知之明。
(4)有正常的人际关系,受到别人的欢迎和信任。
(5)在所处的环境中,有充分的安全感。
(6)对未来有明确的生活目标,有理想和事业追求,并踏实进取。

3. 我国心理健康标准

(1)保持健全的人格。
(2)能正确认识自己,并能恰当地评价自己。

(3)能够正视现实,能良好地适应现实环境。

(4)能建立和谐的人际关系。

(5)能协调情绪,保持良好的心境。

(6)热爱生活,献身事业。

因为心理健康没有一定的标准,所以上面三方面的标准有些差别。但尽管标准不尽一致,在人的认知能力正常、情绪稳定、个性健全、人际关系良好、自信心和耐受力充足等方面有着相同的观点。

(三)影响心理健康的因素

心理健康受诸多因素的影响,概括起来主要体现在生物、心理和社会文化三方面。

1. 生物学因素

(1)遗传。

一般人的心理活动是不能遗传的,但人作为整体与遗传因素关系密切。尤其人的体型、气质、神经结构的活动特点、能力、性格等,都受遗传影响。调查统计表明,精神病病人家族中确实有一定的成员患有精神病或某些异常的心理行为表现,其如抽风发作、性情怪僻、精神发育不全、狂躁抑郁等。

(2)病菌、病毒感染。

细菌、病毒等对躯体或神经系统组织结构损害,再加之感染引起高热、病原体毒性代谢产物的蓄积和吸收、电解质平衡失调、缺氧、血管病变等,都可能会招致脑功能或脑器质性病变,从而发生器质性心理障碍或精神异常。

(3)化学物品导致的依赖或中毒。

有一些如医用、工业废品、农药中的毒性化学物质,能影响中枢神经系统,导致意识和精神障碍。特别是吗啡、海洛因、可卡因等,对意识和精神的影响非常大。

(4)严重生理伤病。

一些严重的躯体疾病或生理功能障碍,可能会导致心理障碍或精神失常。如重大伤病,会产生多疑、易怒、暴躁、情绪不稳定和自制力减弱等心理异常现象。还有,颅脑外伤可引起短暂或持续的精神障碍,如意识障碍、言语障碍、人格变化等。

2. 心理学因素

(1)心理冲突。

心理冲突是反映个体在行为活动中存在着两个或两个以上相反或相互排斥的动机时,所产生的一种矛盾心理状态。其常造成动机部分或全部不能得到满足,使动机所指向的目标的实现受到阻碍,也就是遭受挫折。

(2)挫折。

个体因某事件焦虑、紧张、失望、悲哀、沮丧、愤怒等,产生此类不愉快的心理反应,就是受到挫折。一般挫折压力没超过个体承受力,则有一定的积极作用。若是挫折过于强烈,或者个体承受力低,而挫折超过个体耐受能力,就可能引起情绪紊乱,心理失去平衡,产生心理问题。

(3)特殊的人格特征。

人都有独特的人格特征,人格特征与心理疾病的产生、发展和病程的转化有很大的关系。临床心理学研究指出,一些有身心疾病的人有特殊的人格特征,而有一些心理障碍发病前也会具有特殊的人格特征表现。

3. 社会文化因素

(1)传统文化影响。

生活方式、社会风俗、民族文化、宗教信仰等文化因素,与心理问题的发生都有密切关系。

(2)早期教育和家庭环境影响。

对个体早期的发展影响最大的是家庭,个体的自信心、人际交往能力、安全感等多与家庭和早期教育密切相关。研究表明,在单调、贫乏环境中成长的婴儿,其心理发展往往会受到阻碍,并会抑制他们潜能的发展。很多人在成人期表现出能力不足,多与这样的早期环境有关。

儿童早期与父母的关系,及父母对儿童的态度是影响个体心理健康的重要因素。儿童能与父母建立并保持良好关系,对其以后的社会适应和人际关系有积极作用,相反则有消极影响。另外,父母的爱、支持和鼓励容易使个体建立起对初始接触者的信任感和安全感,这往往能保证个体成年后与他人的顺利交往。反之儿童早期缺乏信任感和安全感,会逐渐产生一种孤独、无助的性格,难与人相处,容易产生心理异常。

(3)生活事件与环境变迁。

人们在日常生活中遇到的各种各样的社会生活的变动便是生活事件,其包括升学、结婚、亲人亡故等。重大事件要个体付出很大精力去调整适应事件所带来的变化,从而产生心理应激。生活事件造成的心理压力越强烈持久,对心理的影响也越大、越深远。即使中等程度的压力事件连续发生,影响可能累加,也会产生严重的后果。

二、羽毛球运动与心理健康促进

(一)羽毛球运动能调节运动者的情绪

羽毛球运动能转移不良情绪,使运动者的头脑从消极情绪中解脱出来,同时为保持积极乐观的精神面貌奠定生理基础。羽毛球运动极富趣味性和观赏价值。赛场上攻守频繁转换、对抗交错,无论亲身参与还是场外观看都会得到满足和愉悦。从事羽毛球运动项目,不仅有助于运动者身体的发展,而且能调整其心理状态,减缓心理压力,心情舒畅,从而增强自信心和自豪感。

经常参加羽毛球运动锻炼,可以调节情绪、振奋精神、陶冶情操、增进快乐。这种积极向上的情绪状态可以使参与者自信、自豪、自尊、自强,使消极烦恼等不良情绪得以解除。这对那些精神沮丧、神经衰弱等精神疾病患者来说,具有一定的改善和治疗作用。此外,经常参加羽毛球运动可改变性格孤僻的特点,培养勇敢、顽强、自信、果断的性格。羽毛球运动不仅能使人们情绪稳定、动作灵活、反应敏捷、意志坚强,还能够改善人的个性心理特征。

通过羽毛球运动锻炼及比赛能互相交流、了解同伴、达到相互信任、相互鼓励、增进彼此情感的目的,这也是比赛获胜的基础。所有这些作用对那些情感怪僻、心胸狭窄、郁郁寡欢、不愿与人交往或时冷时热的人来说,不仅能使他们不良的人际关系得到改善,还能使他们认识到自身的价值和树立自信心。

通过羽毛球运动比赛的角色职能,体验成就效应。当技术或战术运用成功或者取得比赛胜利后,个体会以自我欣赏的方式传递其成就信息于大脑,从而产生自我成就的认识和情感体验,产生快乐和幸福感。因此,羽毛球运动参与者能排除忧郁情绪,获得积极向上的情绪体验。

(二)羽毛球运动有助于发展运动者的智力

正常的智力是能够正确感知和认识世界的前提,是心理健康的基础。经常参加羽毛球运动锻炼,不仅能够使人的注意力、记忆力、反应、思维、想象力等得到提高与改善,还能使其情绪稳定,性格开朗,而这些非智力因素对人的智力具有积极的促进作用。实践表明:参加羽毛球运动可以有效地促进血液循环,增强心肺功能,让大脑争取更多的氧气,给大脑的记忆和思维能力提供必要的物质保障,能够提高脑力劳动的效率。羽毛球运动不仅使神经系统的兴奋和抑制过程更加有效,使其对各种刺激的反应能够更加迅速准确,为智力的发展奠定物质基础,而且可以提高人的视觉、听觉、个体感觉、神经和传导速度、神经过程的均衡性和灵活性,从而使得神经系统功能增强。

羽毛球运动比赛已经进入到技术与智慧的渗透结合和较量阶段,在组合多变的竞赛过程中,运动员不仅能够从中汲取文化营养,在提高现代科技意识的同时,更要具有较高的知识与技能,以发展自己在竞赛中的创新能力。因此从事羽毛球运动有助于发展智力。而且许多的实践显示,参加羽毛球运动在一定程度上还能消除疲劳,提高学习和工作效率。疲劳是一种综合性症状,它与人的生理和心理因素有密切的联系。人的随意活动主要是通过大脑皮层来调节的,人在学习过程中,大脑皮层的相关区域处于高度兴奋的状态,但随着学习时间的延长而产生疲劳,导致学习效率出现下降,而参与一定的羽毛球运动会使与文化学习有关的神经中枢得到休息,这就有利于消除脑力劳动所产生的疲劳,从而提高学习的效率。

(三)羽毛球能够培养运动者的情商

羽毛球运动能给运动者各种体验,激发情感。如通过努力学会了某个技术动作,运动者就会产生满意、愉快的情感;运动场上受赞许,便会产生高兴、惬意的情绪;参加激烈比赛会产生紧张的情感,胜利会愉悦,失利会沮丧等。这些都是参加羽毛球运动能够获得的情感体验,从而能够培养运动者的情商。

羽毛球运动可以培养运动者自我调节和控制的能力。随着运动进展,有胜利的喜悦和兴奋,也有失利时的忧郁和着急;落后想赶上去,领先又担心被追上,这些心态变化交错地出现。为了使活动更好地继续,运动者就要及时调整心态,用情感的动力去调节自己的能力,保持动作与情感协调一致,才能发挥出应有的水平。激烈运动中,人的情绪往往难以控制,但羽毛球运动的游戏性往往能促使运动者努力控制好自己的情绪。因此,经常参加羽毛球运动能逐渐提高运动者对情绪的自我调节和控制能力。

人的情商与行为活动密不可分。羽毛球运动过程中,运动者拥有一个较为广阔的空间领域,思维活动与机体活动紧密结合,有利于情商的显示和发展。另外,羽毛球学习内容有多样化的特点,这也为运动者的情商向多元化发展提供了条件。还有就是经常参加羽毛球运动,运动者更易与他人形成亲密的关系,从而提高人际交往能力,这也有利于情商的培养。

(四)羽毛球运动能提高运动者的应激能力

应激是由外界情况的变化所引起的一种情绪状态。现代人由于生活紧张、竞争加剧、压力加大、人际关系复杂,普遍处于应激状态。过度的应激常引起身体不适,还会导致人的免疫功能下降,诱发各种疾病。坚持进行羽毛球运动可以提高参与者的心理应激水平,使其在遇到外界的强烈刺激时,能迅速作出反应,采取果断措施,以健康的心态从容应对。

(五)羽毛球运动促使运动者形成健全的人格

首先,羽毛球运动对运动者人生观、价值观具有一定的影响。如在羽毛球比赛过程中,运动者要辩证思考、公正观察,分析问题遵从事物的客观规律,用自己的智慧、技巧来解决问题,凭自己的实力和人格理念、体育精神战胜困难,取得理想的成绩。所以羽毛球运动能积极引导运动者树立科学的世界观、人生观、价值观。

其次,羽毛球运动对培养运动者凝聚力和正确行为习惯有很好的作用。长期进行羽毛球运动,能使运动者通过共同的价值取向和群体意识而凝聚起来,培养其凝聚力。另外,羽毛球运动是一项健康文明的项目,并且有着自身的运动规则与行为规范。因而运动者在进行羽毛球运动中,要遵守规则,遵守纪律,辨别是非,尊重事实。长此以往,便能养成运动者自觉遵守社会制度的习惯,培养爱憎分明的人格精神。

再次,羽毛球运动对运动者获得成就感有良好的激励作用。运动者通过努力学习和拼搏,一旦完成预先设定目标,或取得一定的进步,就会获得成就感、自豪感,这会使运动者在学习、工作、生活中充满信心。另外,羽毛球运动还具有竞争性的特点,所以能激发运动者的好胜心、上进心,培养他们奋力拼搏、勇往直前的优秀品质。

最后,羽毛球运动能促使运动者形成良好的个性。羽毛球运动中,运动者要学会尊重别人,尊重自己,建立正确的道德观,养成良好的个人行为和道德风尚。另外,通过羽毛球运动还能培养运动者胜不骄败不馁、顽强拼搏、积极进取的精神。

综上所述,羽毛球运动对运动者形成健全的人格具有良好的促进作用。

(六)羽毛球运动有助于提高运动者的心理素质

人们一般对自我身体方面比较关注。与男性相比,女性倾向于高估她们的身高和低估她们的体重。而且,身体肥胖的个体更可能有身体自尊方面的障碍。身体自尊主要包括一个人对自己运动能力、身体吸引力、健康状况以及对自己身体的抵抗力等各方面的评价。身体自尊与整体自我概念和自尊有关。当个体对身体形象不满意时会使其整体自信降低,并产生不安全感和抑郁症状。羽毛球运动锻炼可以对人们有关身体方面的自信产生巨大的影响,从而最终提高自信。参与羽毛球运动竞赛时,在身体完成各种复杂动作的过程中、在与队友的默契配合中、在与对手的竞争拼搏中、在取得胜利的喜悦中、在失利挫折的反思中,能不断增强自信心。

羽毛球运动有助于运动者形成良好的意志品质。意志品质是指一个人的果断性、坚韧性、自制力以及勇敢顽强和主动独立等精神。意志品质既是在克服困难的过程中表现出来的,又是在克服困难的过程中培养起来的。在羽毛球运动锻炼中要不断克服客观困难(如气候环境条件的变化、身体素质与能力的限制或意外等)和主观困难(如紧张、畏惧心理、失意、疲劳等),运动者越能努力克服困难,也就越能培养良好的意志品质。从锻炼中培养起来的坚强意志品质能够迁移到日常的学习、生活和工作中去。现代羽毛球运动水平越来越高,争夺更加激烈,比赛中双方都直接处在强烈对抗之中,场上运动者不仅需要具备良好的技战术素养和身体素质,更需要具备坚强的意志品质。要想在极端复杂困难的条件下坚持与强有力的对手进行顽强的较量并取得比赛的胜利，就必须具备坚强的意志品质。从某种意义上讲，对于羽毛球运动参与者来说，意志品质是头等重要的。因此，参加羽毛球运动不仅能锻炼参与者坚韧不拔、勇敢顽强、吃苦耐劳的意志品质，而且对培养其自觉性、目的性、果断性以及自制力、坚持力和独立工作能力，克服生理惰性等方面均有积极的影响。

羽毛球运动有助于提高运动者的审美意识。观看精彩的羽毛球运动比赛是一种艺术的享受，能够提高人们的审美情趣，陶冶情操。现代羽毛球运动比赛的竞争性不仅极大地增加可观赏性，而且运动者还能通过表现自我和战胜对手获得胜利的喜悦。无论是欣赏比赛还是参与比赛都能让人们从日益紧张的工作中解脱出来，获得一种特有的轻松感和美的享受，从而不断提高人们的审美意识。

羽毛球运动有助于参与者人格精神的塑造。通过羽毛球运动锻炼，能实现参与者的个性的自由发展。羽毛球运动是个体之间技巧、智能的较量和身体的直接对抗。羽毛球运动中的每个环节，都要求个体在充分发挥自身特点和水平的基础上构成最佳实力。羽毛球运动比赛场上情况复杂多变，每一次行动都要求个人作出正确的观察和判断。在羽毛球运动比赛中，运动员正确选择、运用技战术的时机很重要，时机稍纵即逝。个体过多的失误会造成全局的被动。艰难中需要冒险，常态下需要创新，只有个性鲜明、人格独立的人才敢于冒险和创新；只有敢于冒险和创新，才有可能创造出意想不到的成功。

(七)羽毛球运动能够预防和治疗心理疾患

对于一个健康人来说，长期进行羽毛球运动锻炼可以促进心理健康，对于一个患心理疾病的人来说，这种效益会更明显，能有效地治疗心理疾患。在现代社会中，人们面临的挑战很多，心理上存在着许多方面的压力源，主要包括生活本身的压力、竞争的压力、社会责任的压力和整个社会不断加快的节奏所带来的压力，这导致了各种心理疾患的发生。长期进行羽毛球运动锻炼是预防和治疗心理疾患的有效措施。

　　焦虑和抑郁是普通人和精神病患者遇到的最常见的情绪困扰。羽毛球运动是治疗焦虑和抑郁的有效手段。焦虑患者常常无端地感到心烦意乱，惶惶不安，甚至产生恐惧感。它不是由具体事物引起的，患者往往找不到引起焦虑的具体对象和理由。随着焦虑的产生常常伴有心悸、头昏、恶心、手脚冰冷等症状，注意力不集中，正常学习和工作几乎不能进行等。长期坚持或经常性参加羽毛球运动的有氧练习均可以有效地降低焦虑水平，坚持10周以上科学的羽毛球运动锻炼可以有效地降低焦虑。羽毛球运动锻炼降低了心率和血压，减轻了特定应激源对生理的影响，锻炼了人的意志，增强人的心理坚韧性，降低了焦虑反应。抑郁症是一种因长期持续的精神刺激因素的作用下的精神病。一种情绪异常低落或过分忧伤、抑郁的情绪反应。研究表明，有氧锻炼或不强烈的羽毛球运动锻炼有助于降低轻度和中度精神抑郁者的抑郁水平。科学、适当的球类羽毛球运动锻炼甚至比放松练习和其他愉快的活动更能有效地降低抑郁。如果能与心理治疗相结合，比单纯进行羽毛球运动锻炼能起到更加有效的降低抑郁的效果。羽毛球运动锻炼不仅可以降低正常人的抑郁，而且降低精神病患者的抑郁。对于精神抑郁患者，羽毛球运动锻炼既可降低特质性（长期、稳定的）抑郁，也可降低状态性（短期、活动的）抑郁。由此可见，经常参加羽毛球运动，可以有效地缓解心理压力，减轻和治疗心理疾患。

第四章　大众参与羽毛球运动促进健康的现状与对策

羽毛球是大众通过体育锻炼促进健康的重要项目之一,这主要得益于羽毛球运动易于开展、组织便捷、具有乐趣、规则简单等优势。为了能让羽毛球更好地在大众间传播与发展,本章就重点对大众参与羽毛球运动促进健康的现状分析与对策进行研究。

第一节　大众参与羽毛球运动促进健康的现状与影响因素

一、全民健身运动开展的迫切性与重要意义

(一)全民健身运动开展的迫切性

1. 我国人口老龄化问题

按照国际评价老龄化社会的惯例,通常把一个国家 60 岁以上的老龄人口总数达到全国人口总数的 10% 以上(含 10%),或 65 岁以上的老龄人口总数达到全国人口总数 7% 以上(含 7%),就被认为进入了老龄化社会。我国在 20 世纪 90 年代初就暴露出了较严重人口老化的问题,据有关专家预测,在 21 世纪中期,我国将彻底进入典型的老龄化社会。

随着老龄社会的来临,人们自觉或不自觉都会考虑到"老后

的健康保持问题"。据有关资料显示,我国老人 60 岁以后的生活中,75%的时间生存在带有慢性疾病的状态之中。现在老人们迫切需要正确的健身活动指导,需要加强人与人之间沟通和交流的机会,需要新老朋友的关心帮助,需要展示自己生存价值的社会舞台,而健身体育运动则是帮助老年人实现这一愿望的理想媒介。

2. 我国国民体质大幅度下降的问题

关于我国国民体质现状调查,教育、卫生、体育三大部门从各自不同的研究角度曾作过专题研究,都得出了相同的结论:我国国民体质呈现出明显的下降趋势,特别是来自高等院校的大学生的健康状况调查报告揭示的结果,更是令人担忧。

1998 年,山东省在校大学生体质状态调查与 1998 年相比,男生胸围平均下降了 1.2 厘米,女生立体前屈平均下降了 1.8 厘米,50 米跑平均下降了 0.52 秒。大学生体质比 10 年前呈现明显的下降趋势。

1998 年,湖北医科大学公开发表了历经 13 年的研究成果:我国高等院校在校生中视力低下者为 82.65%,比 13 年前上升了 15.09%,并且仍以每年 1.5%的速度增长。

我国成年人的体质状况调查同样不容乐观。

1997 年,我国职工的健康状况调查表明:我国的在职职工中,男职工 40~50 岁的发病率为 16%;50~60 岁的发病率为 26.8%。

1998 年,南京医科大学公布了对全国 8 734 个居民的健康状况调研报告:在我国 20 岁以上的人口中,14.44%的人口患有肥胖症,另有 15.02%的人口体重明显超标,两者相加高达 29.46%。

3. 社会闲暇时间问题

1995 年,我国开始实行每周 5 天工作制制度,将过去法定的每天 8 小时、每周 6 天工作时间缩短为每天 8 小时、每周 5 天的

40 小时工作时间。学校也推行了 5 天授课制度,从而大大增加了在职人员的社会闲暇时间。我国现在在职人员的每年工作时间约为 1 984 小时,比过去减少了 464 小时,加上地方或单位各种在国家法定假日以外的休假制度,实际的工作时间则更少。20 世纪 90 年代末,在五一节、国庆节、春节等重大节日期间实行与双休日联假的办法,延长了节日的度假时间,形成了假期较为集中的"假日黄金周",使人们有了更加充分自由的活动时间。

社会闲暇时间在我国的另一种表现形式是闲暇人口,也就是除正常工作、学习年龄以外的人口,具体包括我国政府机关和企事业单位的退休人口;国家各级行政机关、事业单位压缩减员和一些中小企业因为不能适应市场经济发展需要而倒闭、破产等造成的特殊闲暇人口;非正常社会闲暇人口,主要指农村、城市的"食息"闲暇人口,如广东、福建等沿海地区,出现的一批靠出租土地生存的农村"食息"农民阶层,他们更需要健康的指导,需要通过健康的体育活动"净化"他们的心灵。

(二)全民健身运动开展的重要意义

在我国跨世纪现代化建设的关键时期,为调动社会各界关心、支持、参与群众体育的积极性,提高全民体育意识,普及群众性体育,增强国民体质和提高国民健康水平,建立、健全适应社会主义市场经济的群众体育工作的体质,国家体育总局做出了"全民健身计划"和"奥运争光计划"并重的两大战略决策,并把"全民健身"提到"全社会全民族的事业"的高度来抓。

"全民健身计划"的提出和实施,对提高劳动者的全面素质,建立科学、文明、健康的生活方式,促进竞技体育与群众体育的协调发展,推动社会主义的物质文明和精神文明建设等都将产生积极的作用,同时它还指明了我国体育事业的发展方向,对指导我国群众体育实践,促进体育理论建设,全面提高中华民族乃至全人类的健康水平和整体素质都具有重大意义。

首先,全民健身的健康促进作用对维系社会活力具有重要意义。虽然我国已进入总体小康阶段,但因病致贫,因亚健康引起的工作、学习、家庭问题频频发生。因此,在新形势下,对曾经流行过的"身体是革命的本钱"有必要赋予新的内涵,因为健康的身体不仅关系个人发展、家庭幸福,而且是构建和谐社会的基础。

其次,全民健身的"安全阀"作用对维护社会安定具有重要意义。现代社会竞争激烈、生活紧张,造成精神压力很大,如不及时释放压力,就会产生心理问题,甚至引起社会矛盾。健身活动时,身体的各个器官因得到充分供血及适宜刺激,产生舒适感,加上体育具有的轻松愉快氛围,人们的精神紧张和心理压力会得到较大程度的释放,因此健身运动被称作调节身心健康的"安全阀"。

第三,全民健身的陶冶情操作用对社会主义精神文明建设具有重要意义。体育活动因其有严格的秩序规则和文明礼貌要求,一直被作为重要的社会教育手段。目前,社区精神文明先进评比内容中就有全民健身发展指标。现代生活方式中的休闲体育活动,因其积极向上、健康活泼、修身养性的性质特征,对提高市民修养水平也有积极的作用。

第四,全民健身的互动与合作对改善人与人之间的关系具有重要意义。全民健身活动的主要形式是家庭体育、社区体育、企事业单位体育、学校体育、俱乐部体育等。几乎包含了人们的所有人际关系。由于健身活动时的组织形式有别于正式组织的结构形式,组织氛围比较轻松,人际关系比较平等,情感比较融洽。因此,活动时人们比较容易交流、沟通、合作,对改善亲子关系、邻里关系、同事同学关系都有重要的作用。

二、大众参与羽毛球运动促进健康的现状

针对大众参与羽毛球运动促进健康的现状问题,在经过调查和参考大量数据后得出了以下结论:

(一)年龄结构现状

据统计参加羽毛球运动的人群中 10～20 岁占总人数的 7%;

21~30岁占总人数的28%;31~40岁占总人数的33%;41~50岁占总人数的18%;51~60岁占总人数的9%;60岁以上的占总人数的5%。

通过这些数据可以看出,参加羽毛球健身运动人群年龄跨度非常之大。其中,中青年占最多为61%,其原因更多是中青年人有独立经济能力,喜欢能满足健身、娱乐和社会交往的运动项目。另外,中青年大多为上班族,对久坐办公室的人来说经常参加羽毛球运动这种集有氧和无氧于一身的混合型运动,更能为人带来益处;50岁以上人群占14%,是因为闲暇时间较多,大都有追求健康的愿望。羽毛球是隔网运动项目、运动量可大可小易控制,可根据个人的身体情况自行调节,老年人和体弱者可作为保健康复的方法进行锻炼,预防和治疗老年心血管和神经系统方面的疾病。可见,参加羽毛球健身运动人群的年龄段分布较广,年龄结构比较合理。

(二)性别结构现状

参加羽毛球健身运动人群的男女比例相差并不大。在羽毛球场馆内经常能够看到男女搭档双打甚至男女"性别大战"的场面,室外空地上挥舞球拍的女性更是随处可见。原因在于羽毛球运动可以调动全身各部位参与活动,使心跳强而有力,肺活量加大,耐力增强,坚持锻炼,能达到有氧健身以及减肥的目的。此外,羽毛球运动要求练习者在短时间对瞬息万变的球路做出判断,果断地进行反击,它能提高人体神经系统的灵敏性和协调性,而且动作大方优雅。因此,越来越多的女性倾向于选择羽毛球运动作为健身手段。

(三)收入现状

调查发现羽毛球健身运动人群的收入普遍稳定且较高,其中月收入4 000元以上者占59%。由于羽毛球运动更多时候要在室内环境开展(室外开展会受风力影响),因此场地租金几乎就是羽毛球运动的主要费用支出项目,其中场地租赁费在25～50元/小时不等。此外,羽毛球运动对于球的消耗是非常大的,每支球的价格在3～7元不等,每次羽毛球运动通常需要消耗4～8个球,再加上讲究的球拍、球衣和球鞋则需要更大的投入。虽然支持羽毛球运动的消费相对较高,但更多的人还是更倾向于到羽毛球场馆内进行活动,这与场馆内的设施较齐全(有卫生间、更衣室、浴室等)、气氛好、且不受天气影响,并能以球会友,更主要的是该运动项目技术含量高,运动量容易调节。

(四)文化程度现状

据统计健身人群当中拥有初中文化程度的人占总人数的5%;拥有高中文化程度的占总人数的11%;拥有大专文化程度的占总人数的19%;拥有本科文化程度的占总人数的51%;拥有研究生或以上文化程度的占总人数的14%。

通过这项数据可以了解到,参加羽毛球健身的大部分人员都具有较高的文化水平。其原因在于受过较高教育的人群在在校期间有机会接受更多的学校体育教育,接触多种运动项目,由此便养成一些兴趣爱好和健身习惯。随着全民健身计划的全面实施,以及高校体育教学改革的不断深化,大学生的健身意识逐渐增强,并逐步形成终身体育锻炼的观念。全国大部分高校拥有羽毛球场馆,普遍开设羽毛球选项课,为培养大学生羽毛球运动兴趣以及提高其技、战术水平提供了有利条件。

三、影响大众参与羽毛球运动促进健康的因素

(一)政府支持力度不够

长期以来,官方建设的体育场馆大多设有篮球场地或足球场地,羽毛球场地的公共服务设施极少,这也许与足、篮项目为集体运动,运动场面较为壮观有关,当然这也与经济利益有着莫大关

第四章　大众参与羽毛球运动促进健康的现状与对策

联。然而这在无形当中使得羽毛球场地资源锐减,不能满足广大羽毛球运动参与人员的需求,这或多或少地会给大众参与羽毛球运动健身带来阻碍。

(二)场馆设施不够完善

在走访了一些羽毛球场馆后发现,有 1/3 的场馆环境较差,如木质地板的防滑性能较低、场内顶棚高度较低、光线较暗或由于光源位置不合理影响击球、价格不合理、服务意识薄弱等。多数球馆的管理和服务仅限于较为低端的看场子、收场租,除此之外便不再能提供更加专业的技术指导及相关服务,从而严重影响羽毛球健身活动的开展。

(三)场馆经营理念相对滞后

从访谈中了解到,多数羽毛球馆的营销手段较为单一、宣传意识缺乏,仅局限于消费者口碑、成立俱乐部或举行有限的会员比赛来刺激顾客,很少人懂网络技术。当今是一个网络时代,中青年人每天的生活与网络接触频繁,通过网络媒体宣传自己场馆,让更多的人了解羽毛球运动优势已成为现代经营理念的必然趋势。不过让人可喜的是,现代化的计算机智能场地管理软件的应用提高了场馆经营的效率。若以此为契机,相信未来在羽毛球场馆经营理念和方式方面会有更大的发展。

(四)健身者对该项运动认识程度不够

随着人民物质生活水平的不断提高,人们传统的生活方式得到了改变,"花钱买健康"的健康生活新理念成为一种新的生活理念和生活时尚,体育将成为一种新的社会消费潮流。

在调查中发现,体育健身者在选择运动项目上缺乏科学性和深刻的了解,盲目性较大。就拿羽毛球运动来说,它对促进人的身体、生理、心理和社会价值的积极影响很少被人们所熟知,被知晓的更多的是羽毛球运动的娱乐性。从这点就能看出对羽毛球运动的认识不足,缺乏宣传力度,这在一定程度上影响对该运动的参与。

第二节 大众参与羽毛球运动促进健康的发展对策

我国的羽毛球竞技水平之高是有目共睹的,出色的竞技成绩带动了大众羽毛球运动参与的热情,如一个技术水平较高的羽毛球爱好者可以带动周边许多人加入到运动中,进而形成一股运动之风,有利于羽毛球健身运动的迅速开展。

通过前文的阐述知道了尚存在有许多制约大众羽毛球健身运动发展的因素,其中又以场地拥挤,健身人员技术知识不足,缺乏相关人员指导等问题比较突出。体育场馆是羽毛球健身的重要基础资源,从调查情况看,场馆还远远不能满足需求,造成想打球的人很多,但场地不够的局面。另外目前羽毛球专业指导人员大多采取一对一教球的形式,对有需要的健身爱好者来讲无论是从财力上还是时间上都不能满足需求。针对以上问题,应积极采取相应的改革措施,推动羽毛球健身运动的进一步发展。

一、想方设法提高场馆利用率

尽管我国从宏观角度上看经济发展速度很快,但要在短时期内解决羽毛球场馆不足的问题仍旧稍显不太现实。因此,为了尽快解决羽毛球健身运动发展对于场地的需要,除了规划建设一些新的羽毛球场馆外,还应该更多地考虑利用已有的场馆加以改造和完善的方法满足现阶段大众羽毛球健身的需要。要想达到这一目的就需要动员社会各方面的力量,取得各场馆管理者对羽毛球运动的支持,同时秉承与时俱进的体育场馆经营管理理念,协调好经营与扶持的关系。在有条件的场馆中增加羽毛球场地的数量与开放时间,改善场馆的环境,以适应羽毛球健身运动的发展需要。

此外,学校是体育场馆资源较为集中的场所,合理利用校园体育资源也是解决这一问题的关键。已经有许多学校在这方面做出了尝试,并且收到了不错的效果。学校在保证教学的基础上,应利用晚间、周末和节假日的时间向社会开放,一方面为大众体育健身做出贡献,另一方面也可以为学校创收,可谓是一种双赢的选择。

二、搞好羽毛球文化和健康生活理念的宣传工作

加快基层全民健身计划普及推广速度,建立适应时代要求的新发展理念,突破传统限制,大力宣传羽毛球运动的健身价值,充分体现其娱乐性及锻炼性,带动羽毛球爱好者在空余时间合理安排,通过羽毛球运动增强体质、培养意志、陶冶心理,在普及与提高羽毛球运动的同时,倡导健康生活。

三、充分利用资源优势促进大众参与

随着社会体育水平和物质生活水平的提高,人们传统生活方式的转变,参加体育活动的人数也在迅速增加,体育将成为人们日常生活中一项不可缺少的内容。人们渴望科学健身的要求越强烈,越需要社会提供更多的体育技术服务。羽毛球水平整体相对较高,羽毛球是体校的传统项目,群众基础雄厚,掌握一定的羽毛球基本技术和战术,有较高标准的业务水平,在健身群体中起骨干作用,以满足群众科学健身的不断需求,推进全民健身运动开展。

四、合理适度提供有偿服务

利用羽毛球专项运动员的知识和技能,依托社会力量开展羽毛球业余训练,实行有偿训练服务。支持成立各类羽毛球业余俱

乐部或训练班,并对其进行指导。这一方面解决了羽毛球健身指导人员缺乏的问题,也提高了羽毛球专项运动员自身的教学和实践能力。

五、积极组织各类相关比赛

以业余俱乐部或单位为切入点,积极组织不同群体、不同系统的羽毛球比赛,通过比赛促进羽毛球爱好者提高运动水平。同时,掌握羽毛球竞赛规则和裁判法,使羽毛球爱好者更加深入了解羽毛球运动项目,为更好地参与、提高羽毛球运动水平,提供实践经验。

第五章 羽毛球运动科学练习的理论研究

羽毛球运动教学与训练有其特殊的规律和特点,只有把握好这一规律,才能使教学和训练的效果显著。为此,本章就重点研究羽毛球运动教学与训练的理论,以期使学训环节更加高效。

第一节 羽毛球运动学练的基本原理

一、代谢原理

代谢是人体的基本生理活动,能为人体活动提供最基本的营养物质并带走机体运动代谢废物。人体生命活动的顺利进行离不开代谢,新陈代谢对于维持人体的生命活动而言具有重要的意义,如果新陈代谢过程停止,那么人的生命也就难以维持。

人体的新陈代谢主要包括物质代谢和能量代谢两个部分。在体育运动训练过程中,机体承受负荷需要消耗大量的能量,能量的消耗对应的是能量的补充。运动员在参加运动训练的过程中,人体内的物质和能量代谢过程会较平时得到加强,能量的消耗也会随之增大。从事有效的训练能够提高人体组织细胞内酶系统的适应性,使酶的活性得到提高,从而进行促进人体的物质代谢过程和能量代谢过程,能量物质的恢复更加充分,从而达到比运动前更高的水平,人体各器官系统的功能也得到进一步增强,这是现代运动训练增强人体体质的重要原因。另外,在进行运动训练时,能量的供应是运动者保持充沛的体力和获取良好运动成绩的重要条件。

在人体新陈代谢的过程中,同化作用和异化作用具有非常重要的意义,它们是同时进行且相互依存的,并且在人体发展的不同阶段呈现出不同的特点。在儿童青少年时期,同化作用占据着非常大的优势,人体内物质合成的速度远大于物质分解的速度,从而使得人体不断地生长发育;进入成年时期,人体内的同化作用与异化作用基本上维持在平衡的状态,新陈代谢旺盛,为人体提供充沛的精力;在老年时期,人体内的异化作用占优势,身体衰老加剧,老年人体质不断下降。因此,了解人体运动的这一规律与发展原理,对人们参加科学健身具有重要的帮助。

二、动机原理

动机,是指促使一个人参与活动的心理动因或内部动力,它能够引起人的活动,使活动导向一定的目标,以满足个体的需求。运动者参与羽毛球训练有着不同的动机,有的是出于健身的目的,有的是出于娱乐的目的,而对于运动员而言,其训练的目的则是提高运动成绩。因此,不同的人参加羽毛球训练,其动机都是不同的。动机不同,所产生的训练效果也是不同的,对于专业运动员而言,运动动机的培养更为重要,良好的心理动机对于运动员成绩的取得具有重要的作用。

三、负荷原理

运动者要想实现预先制定的训练目标,必须要在运动训练过程中不断承受和适应训练负荷,通过机体的不断适应来提高机体的运动能力和对外界(运动负荷)的适应能力,进而达到运动者身体健美的目的。尽管体力劳动有一定的负荷,能对锻炼身体有一定的促进作用,但是体力劳动不能代替体育锻炼。很多体力劳动是在某种特定姿势下进行大量重复,可导致局部劳损或职业病,破坏身体健康。因此,在运动训练过程中,必须要重视运动负荷的安排。

在运动训练中,遵循负荷原理应注意以下两方面的内容:

(1)运动训练的开始阶段,为了尽快进入运动状态,通常以增加负荷量使机体的适应过程逐步实现。在专项训练阶段,以提高负荷强度刺激来加深运动者的机体适应过程。

(2)运动员应结合自己的个人特点和所参与的具体运动项目合理安排运动负荷,运动负荷大小因人而异。

四、运动适应原理

一般情况下,运动训练过程中机体对运动内容的适应需要经过以下几个阶段:

(1)刺激阶段。在训练的初期,运动者的机体需要接受来自各方面的各种刺激,只有通过刺激才能获得进一步发展。

(2)应答反应阶段。运动者在运动负荷的刺激下,机体内部各器官和运动系统的功能产生兴奋,并将兴奋传输到机体各个器官中,最后使整个机体都进入运动状态,以实现机体对外界运动负荷的生物应答反应。

(3)暂时适应阶段。经过一段时间的运动训练,运动者就会进入良好的工作状态,在运动过程中的各项生理指标表现出稳定的状态,随着运动训练的继续进行,当机体某应答指标虽不再上升但也能承受外部刺激时,表明机体已经适应了当前的运动刺激。

(4)长久适应阶段。长久适应阶段是使各相应的机能系统和组织器官,在全面增加和系统重复各种外部运动刺激的基础上产生较为明显的身体结构和机能方面的改造。其主要表现为机体运动器官和身体机能的完善与协调。

(5)适应衰竭阶段。当运动者对自己的运动安排不科学合理时,身体某些机能会在运动过程中出现衰竭的情况。

因此,结合个体的运动适应的客观规律和原理,在运动训练的过程中切忌急于求成,要科学合理地加大运动量,运动量不能过大或过小,过大容易造成运动损伤,过小则起不到良好的训练效果。

五、超量恢复原理

超量恢复,又称"超量代偿",是指人体锻炼时所消耗的能量在运动后可恢复甚至超量恢复,且机体水平超过锻炼前水平。

超量恢复原理科学指导下的运动训练过程可以分为三个阶段,即运动时各器官系统工作能力下降阶段、运动后工作能力复原阶段、工作能力超量恢复阶段。在运动训练过程中,健身者体内以能源物质的分解和能量的消耗为主,恢复过程处于次要地位。因此,机体在健身过程中的能源物质的消耗大于恢复,表现为体内能源物质数量随运动时间的延长而减少。而在运动训练结束后的恢复期中,能源物质则从以消耗为主转为以恢复为主。这时,配合合理膳食等补充手段,体内的能源物质的数量逐渐恢复到运动前水平,并可以达到超过运动前水平。

在超量恢复原理指导下,运动训练时应注意以下几点:

(1)运动者在承受一定的生理负担后,机体便会产生一定的运动疲劳,并且在训练后有合理的恢复与休息,避免过度疲劳,否则对机体康复不利。

(2)为了使机体能够较好地保持超量恢复的水平,一定要反复进行超量恢复,做到较好的巩固效果,否则就会下降,这是保持良好健身效果状态的基础。

(3)在不同运动项目中,不同能源物质在运动时的消耗速率和恢复时间是不同的,而不同强度和持续时间对消耗能源物质的要求也不同。为了更好地实现超量恢复,健身者应合理制订健身计划。

(4)大量的研究与实践表明,运动训练中间歇时间的长短在很大程度上影响着体能恢复的效果,从而对于运动者运动能力的提升具有非常重要的影响作用。因此,在健身过程中,要合理安排运动间歇时间。要掌握好两次练习间隔的时间,一般通过测定心率的方法来进行控制,如运动后的心率达到140~170次/分,可以等到心率恢复到100~120次/分时,再进行下一次运动较为合适。

(5)在运动训练期间,注意补充能源物质。如果健身时间长达数小时,则应考虑到肌糖原的恢复。研究表明,在大强度重复多次的间歇运动后,肌糖原在5~24小时内可恢复,并且不受食物中糖含量的影响;持续的大强度运动训练后,机体肌糖原的恢复时间则需要48小时以上,而且还需要配合膳食中的糖补充才能实现。因此,健身者应适当补充糖(一般以600克为宜),并补充一定量的蛋白质。合理补充营养是科学健身的一个重要基础。

第二节 羽毛球运动教学理论与方法

一、羽毛球教学的内容与任务

(一)羽毛球教学的内容

1. 羽毛球理论知识

提高羽毛球教学质量和水平必须要建立在一定的教学理论基础之上,因此羽毛球理论基础知识教学至关重要。

一般来说,羽毛球理论教学内容包括:羽毛球技战术分析,羽毛球教学训练理论、羽毛球竞赛的组织,羽毛球竞赛的规则、羽毛球竞赛的裁判法等。学生通过羽毛球理论内容的学习,能对羽毛球运动有一个基础的认识,能为下一步羽毛球技战术的学习和运用奠定良好的理论基础。为了能够顺利将羽毛球理论知识传授给学生,教师在这部分内容的教学中要给予足够的重视,而不能仅仅是一语带过,特别是不能对技战术的运用方法和时机缩略讲解。总体而言,在羽毛球教学的过程中,教师要非常重视理论知识的灌输。

2. 羽毛球基本技术

技术是羽毛球教学中最为重要的内容。其中,羽毛球技术规格、动作方法、动作要领等都是最为重要的内容。在羽毛球教学的过程中,教师要格外注重夯实学生的基本功,不可为了追求进度而违背教学规律盲目冒进。教师在进行羽毛球基本技术动作的教学时,应注意技术讲解的精确性和示范动作的规范性,以便为学生树立正确的羽毛球技术动作定型打好坚实的基础。

3. 羽毛球基本战术

羽毛球战术的种类非常丰富且富于变化,经过长期的发展,各种先进的羽毛球战术不断涌现。在羽毛球教学实践中,单打战术和双打战术以及混双战术是羽毛球基本战术教学的主要内容。在羽毛球战术教学中,教师应注意以下基本要求:首先,教师应通过合理有效的教学方法使学生对人与球移动的路线、攻击点、运用时机及其变化等内容有正确的了解和认识;其次,教师还要有意识地培养学生的战术意识,提高其战术运用的能力和水平。

(二)羽毛球教学的任务

羽毛球教学任务,是指通过羽毛球教学活动后预期能够实现的教学效果。一般来说,羽毛球教学任务主要有以下几个方面:

1. 促进学生身心健康发展

促进学生身体素质的发展是羽毛球教学一个非常重要的任务。通过羽毛球教学,不仅能够促进学生身体的正常发育、增强

第五章 羽毛球运动科学练习的理论研究

体质,全面提高学生的力量、速度、耐力、灵敏性等身体素质的全面发展,而且还能促进学生的身心两方面发展。只有具备了身心健康的良好素质后,才能谈得上对其他学习、生活等活动的付出。因此,增强学生的身体素质要摆在重要的位置。

2. 提高学生的羽毛球知识与技能

羽毛球技术多样,战术复杂,需要学生坚持长期的学习才能掌握。羽毛球课程教学主要包括羽毛球理论、羽毛球技术和羽毛球战术三方面的内容。因此,羽毛球教学一个非常重要的任务就是要使学生能很好地掌握羽毛球基础知识、羽毛球技术和羽毛球战术,提高运动技能。其中,羽毛球理论也是不能被忽视的内容,过往的羽毛球教学中经常出现对这部分内容的忽视,最终造成的结果就是学生在练习过程中只能简单的模仿教师的动作,而并不是真正明白这样做的目的是什么,这对日后学生在羽毛球运动方面的提高设置了很大的阻碍。羽毛球技能主要包括羽毛球技、战术两个方面,这是羽毛球教学的核心内容。

3. 培养学生的集体精神和意志品质

羽毛球是一项隔网对抗性项目。由于羽毛球运动具有激烈的对抗性、竞争性,这就要求参与羽毛球运动的人要具有顽强的意志品质,并且在羽毛球双打比赛中还要具有良好的协作意识。而在教学中,教师也要有意识地培养学生这种协作能力,这也是羽毛球教学的任务之一。另外,加强对学生良好意志品质的培养也是羽毛球教学的重要任务。通过羽毛球教学培养学生的意志品质主要表现在以下两个方面:首先,通过羽毛球教学和竞赛过程能够较好地使学生形成自己的世界观、人生观以及价值观。其次,羽毛球课程教学的教育过程是一个能够较好地完成人才的培养的教育过程。因此,在羽毛球教学过程中,教师要重视对学生集体主义精神和良好的意志品质的培养。

4. 激发学生的创新意识和创新能力

羽毛球是一项非常具有活动和变化性的运动项目,每场比赛都是不一样的。因此,这就需要在教学中培养学生的创新意识和创造能力。

学生在学习和运用羽毛球技战术时,必须具备一定的运动能力并做到能在比赛中灵活的应用。这就要求学生具有一定的创新意识和创新能力,以期能在复杂多变的羽毛球训练和比赛环境中合理运用,而不是墨守成规,只有这样才有可能取得理想的比赛成绩。

二、羽毛球教学的基本原则

教学原则是对教学规律和所学内容本身规律的总结和概括。在羽毛球教学中,一定要遵循教学的基本原则以保证教学活动的顺利进行。

(一)一般教学原则

1. 直观性原则

直观性原则是指在教学过程中,教师通过学生观察所学事物或教师语言的形象描述,利用学生的感官和已有的知识或经验,通过各种简单的途径引导学生形成所学事物、过程的清晰表象,丰富他们的感性知识,使学生对羽毛球技术战术的动作表象和感觉进行了解和认识,并将这些内容与积极的思维相结合,使学生能够正确理解书本知识和发展认识能力,进而使学生更好地掌握羽毛球技术、战术和技能。

羽毛球的直观性教学原则主要包括动作示范、沙盘演示、图片、电影、录像等。教师在指导学生时,应注意明确教学目的,选择合适的教学方法,以充分激发学生学习的积极性和创造性。

第五章 羽毛球运动科学练习的理论研究

2. 系统性原则

系统性原则,是指在羽毛球教学过程中,教师按照学科的逻辑系统和学生的认知规律组织教学活动,即在由简单到复杂、由低级到高级、由单一向综合发展等规律的指导下,使学生循序渐进地掌握羽毛球的技战术知识,提高羽毛球技战术水平。

在具体的羽毛球教学中,教师应结合教学实际和学生的身体特点、能力合理安排运动负荷,在进行羽毛球的知识、技能教学时,要由简入繁、由浅入深、由表及里地组织教学活动,以使学生逐步掌握理论知识和运动技能。

3. 主动性原则

主动性原则是指在教学过程中,教师通过采取各种有效措施和手段充分调动、启发学生的学习主动性,引导学生自主学习,刻苦练习,勇于探索,增强他们对羽毛球理论、技术、战术等内容的学习的主动性,以取得最佳的学习效果。

在羽毛球教学实践中,学生是学习的主体,教师是教学过程中的引导者。因此,在羽毛球教学中,激发学生学习的内部动力,贯彻主动性原则是十分有必要的。这有利于培养学生的观察问题、分析问题和解决问题的能力,同时也有利于教学质量的提高。

4. 积极性原则

积极性原则是指学生在学习过程中通过自身兴趣和学习内容一致而达到的一种自觉积极完成学习目标的状态。在羽毛球教学中,要想提高教学的质量和效果,激发学生学习的积极性至关重要。因为,兴趣是学生学习动机的重要心理部分,只有学生对羽毛球产生兴趣才能积极主动地去学习,从而提高学习质量和水平。

在羽毛球教学实践中,教师可以充分利用提问、对比、联想等各种教学手段以激发学生的思维。教师在组织教学活动时应首先使学生明确学习目的,使学生建立正确的学习羽毛球运动的意识,从而充分调动学生学习的主动性和积极性,为提高教学质量打下良好的基础。

(二)专项教学原则

1. 技术动作与实战对抗相结合的原则

羽毛球属于一项隔网对抗性运动,非常注重实战能力的对抗。在羽毛球教学实践中,教师要引导学生将技术动作与实战对抗紧密结合起来,这样不仅有利于学生建立起对抗的概念和技术实效的概念,还有利于学生将技术视为固定程序的身体操作,这主要是基于以下两方面的原因,一方面,从认知策略的方角度上来说,羽毛球技术动作的学习与实战运用相结合发展,符合开放性运动技能教学;另一方面,羽毛球技能形成与发展的普遍规律就是在不断地适应和实战中进行学习。因此,教师在教学过程中要将学生技术动作的学习与其实战能力的培养充分结合起来进行,这样才能有效提高学生的运动水平。

2. 技术个体化和区别对待的原则

不同的学生存在着一定的差别,这主要体现在学生基本知识、行为习惯、身体素质、运动水平、理解能力、智力水平等方面。因此,在具体的学习过程中,学生"技术的规范化"的个体表现的差异性较大。这就要求教师在羽毛球教学中,应在规范化的基础上遵循羽毛球技术的个体化原则,允许学生之间存在技术动作上的细微差别,使学生通过反复科学的练习,最终形成符合自身条件的动作。在羽毛球教学实践中,教师还应结合学生的特点和具体实际合理选择教学方法,要做到因材施教,循序渐进。

3. 专门性知觉优先发展的原则

学生羽毛球运动的学习是一个长期的过程,在整个羽毛球教学实践中,要优先发展学生的手指、手腕对球的控制能力,这能帮助学生更加直观的认识与了解羽毛球运动。为了确保技术动作的正确掌握,教师可在羽毛球教学过程中采用大量的熟悉"球性"的练习,以帮助学生优先发展其专门性知觉,为基本技术的学习奠定良好的基础。

4. 多样性与综合性原则

羽毛球运动具有项目的集体性、技能的综合性、战术的应变性、比赛的对抗性等特点,因此在教学的过程中还应遵循多样性与综合性教学的原则。贯彻以上多方面的内容,可以将羽毛球的价值最大化发挥出来,从而有效提高羽毛球教学质量。

5. 少而精与实效性原则

贯彻少而精与实效性原则是指教师在羽毛球教学中应该抓住主要矛盾的教学,组织教法尽量简单易行,不断提高教学的艺术性和实效性。在羽毛球教学实践中,教师在遵循少而精与实效性原则时应做到以下几点:首先,教师要抓好羽毛球基本功和主要技术的教学,突出教学重点,使学生在掌握好羽毛球运动基本技术的基础上提高运用羽毛球技术的能力。其次,教学过程中应以练为主,精讲多练。也就是说教师的讲解应尽量简明扼要,尽量让学生多进行实践练习。最后,设置教学目标,讲求教学效果。教学中要有明确的教学目标,且应将教学目标具体到每个学期、每个单元、每次课中。另外,教师还应重视对教学效果的检查和评估,及时改进教学方法,提高教学质量。

三、羽毛球教学的基本方法

教学方法是指教学过程中,教师向学生传授知识技能时所采用的技术手段。羽毛球教学方法种类较多,下面主要探讨几种常见教学方法。

(一)语言教学法

教师在教学过程中运用各种形式的语言指导学生进行学生和练习的方法就是语言教学法。语言教学法是教师通过语言传递教学信息使学生接受的一种教学方法。语言教学法不仅能同时、直接、快速地向许多学生传递和教学内容相关的信息,还能启发学生的思维、激发学生学习锻炼的积极性、促进学生形成正确的认知、引导学生形成正确的运动技能、培养学生分析问题与解决问题的能力。

羽毛球教学中,教师运用语言教学法的具体方式包括以下几种:

1. 讲解法

讲解法,是指在教学过程中教师为了使学生通过"听"来感知教学内容,采用简练准确的语言来对相关教学内容进行分析的方法。它主要包括技术动作的方法和要领、战术配合的方法和要求以及运用过程中的注意事项等。在羽毛球教学实践中,教师运用讲解法应注意以下几点:

(1)讲解要明确。教师在讲解之前要有明确的目的。在羽毛球教学过程中,教师的讲解必须根据教学目标、教学内容、学生特点等来具体地选择讲解内容、讲解方式、讲解速度以及讲解语气等,在讲解过程中要抓住重点与难点,做到有目的性、有针对性。

(2)讲解要正确。所谓的"正确"包括两方面含义,一是教师的讲解不能脱离学生的知识范围和结构,应在学生的接受能力范围之内,即教师讲解的广度和方式要符合学生的体育基础和已有的知识经验,利于学生接受;二是教师的讲解内容要符合科学技术原理,而不能是不规范的内容。

(3)讲解要生动。生动的讲解有助于帮助学生在头脑中建立正确的动作定型。肢体语言的加入是对语言讲解的一个非常好的补充,简单的语言并不能让学生深刻地认识技术动作。因此,

第五章 羽毛球运动科学练习的理论研究

教师必须善于借助于学生已经接触过的事物或已经学过的运动技术与教学内容产生联系,以便于学生更好地理解动作。

(4)讲解要有启发性。运用对比、类比、提问等方式进行的启发性教学手段有利于学生积极思维,使学生举一反三,触类旁通,积极动员学生加入到学习之中。

(5)讲解注意时机与效果。在具体的羽毛球教学实践中,不论是学生面对教师还是背对教师,教师都要注意讲解的时机,以学生能有效掌握知识与技能为基本原则。

2. 指示法

指示法,是指教师运用简明语言组织指导学生进行活动的语言方式。

在羽毛球教学实践中,教师不仅要在教学准备阶段,即在布置场地、收拾器材时会用到,还应在学生练习中未能意识到的、关键的动作时用简洁的语言提示出来、给出指示,帮助学生完成教学任务的学习。教师在讲解的过程中要注意语言的准确性和简洁性。

3. 口令法

口令法,是指教师用一定的形式、顺序、内容,以命令的方式指导学生进行活动的语言。

在羽毛球教学实践中,教师的口令应准确、清晰、洪亮、及时,并注意根据人数、学生特点等做出合理的运用。

4. 口头汇报和口头评价

口头汇报,是指教师要求学生根据教学目标和自身的体验,简明扼要地说明其见解的语言方式。在羽毛球教学实践中,教师应认真研究提问的内容、方式、时机,并在教学前做好充分的准备。

口头评价,是指教师在教学过程中以教学标准对学生的学习态度、行为表现、练习情况等以口头方式进行评价的方法。在羽毛球具体教学实践中,教师要合理利用评价的手段和方式,主要以正面鼓励评价为主,运用否定性评价时,要注意分寸与口气,一切以激发和调动学生学习的积极性为准。

(二)直观教学法

直观教学法是指在教学中通过实际的演示或外力帮助,借助学生的各种感官来直接感知动作的教学方法。在羽毛球教学中,常用的直观教学法有以下几种:

1. 示范法

示范法是指在羽毛球教学实践中,教师通过演示具体的动作,使学生了解动作形象、结构、要领的方法。教师在运用直观教学法时,要注意以下几点:

(1)示范要明确。

教师在教学过程中,在做动作示范时要有明确的目的,动作示范的位置、方向、次数、速度等要符合学生的能力和教学水平。

(2)示范要得当。

示范动作要在体现出具体教学内容特点的基础上做到优美、熟练、轻快,不使学生望而生畏。另外,示范应有利于保护学生自尊和提高学生的学习兴趣。

(3)合理选择示范方向与位置。

教师进行动作示范时应根据动作性质、场地器材布局、学生队形、要求观察的部位、安全要求、卫生要求等选择好示范的位置与方向,尽量避免学生面对大风的方向。

(4)示范应与讲解相结合。

在羽毛球教学中,体育教师应根据具体情况合理选择示范与讲解法,如可以先讲解后示范、先示范后讲解、先讲解后示范再讲解、先示范后讲解再示范、边讲解边示范等。

第五章 羽毛球运动科学练习的理论研究

2. 演示法

演示法是指教师在教学过程中适时地示范技术动作和战术配合方法,并通过投影、幻灯、挂图、录像等电化媒体手段,使学生直观感知具体教学内容的方法。教师在运用演示教学法时要明确演示的目的,合理把握演示的时机和节奏。

3. 助力与阻力教学法

助力与阻力教学法是指教师在羽毛球教学过程中借助外力使学生通过触觉和肌肉的本体感觉体验正确动作的教学方法,包括动作的用力时机、用力大小、用力方向、动作时空特征等。该教学法能有效帮助学生掌握正确的动作技术。

4. 定向与领先教学法

定向教学法是指教师根据具体的教学内容、对象特点,利用具体的静态视觉标准给学生指示的教学方法。在羽毛球教学实践中,教师可以利用标志物、标志线、标志点等给学生指示动作的具体方向、幅度、轨迹、用力点等。

领先教学法是指教师根据具体的教学内容、对象特点,利用具体的动态视觉信号给学生指示的教学方法。在羽毛球教学实践中,教师可以利用动态的、越前的视觉信号给学生施加相应的刺激与激励,帮助学生顺利完整正确的技术动作。

(三)指导发现教学法

指导发现教学法,是让学生在经历了通过教师有意识设计、指导的实验、观察、分析、假设和论证后发现规律和建立概念的一种教学方法。因此,指导发现法包括教师的"教"和学生的"学"两个方面。这种教学法特别适合运用在羽毛球战术的学习、羽毛球进攻与防守关系的认识和羽毛球技术要点等内容中。在运用指导发现教学法时,可以采取以下步骤:

(1)学生通过在课前预习教师所要教授的教学内容时,发现一些解决不了的问题,并且将其带到课堂中去。

(2)教师以指导语的方式改造所授羽毛球教材内容,从而达到使学生自行解决学习中遇到的困难和问题,并且将一些相关的观察结果和分析的直观感知材料提供给学生,帮助学生进行学习。

(3)学生通过教师的教学指导来寻找课前所发现的问题的具体解答方案,并采用分析和归纳的方法解决问题。

(四)纠错法

纠错法,是指教师对学生在教学过程中出现的错误及时进行纠正的方法。在羽毛球教学实践中,学生在技战术方面的学习出现错误是非常正常的现象。对于富有经验的教师而言,学生所出的错误刚好能够成为一种有利于他们对相关内容加深印象的好方法。常用的纠错法有诱导法和条件限制法两种。教师在实施纠错法时应注意在纠正学生的错误前先找出产生错误的原因,做到有针对性地指导学生学习。

(五)案例教学法

案例教学法,是指教师在教学中通过列举具体的案例帮助学生更清晰、更深刻地认识教学内容的教学方法。这种教学法在羽毛球专修课的教学中被广泛采用,特别是在羽毛球战术配合教学、羽毛球竞赛组织编排、羽毛球规则与裁判方法的教学过程中应用最广。它的最大优势就是直观,用符合教学要求的案例来说明问题,针对性极强。

教师在运用案例教学法进行教学时,需要按照以下步骤进行:

(1)在备课阶段,应按照教学内容的不同选择有针对性地典型案例作为教学核心。案例的选择要符合学生的学习基础和学习能力,符合当前的教学实际。

(2)教师在教学过程中对已经选择好的教学案例进行深入分析,使学生尽快建立起相关概念。

(3)教师在组织教学时应注重调动学生的积极性,活跃课堂气氛,激发学生学习的兴趣,提高教学质量。

(六)多媒体教学法

近些年来,多媒体教学法得到了迅速的普及和应用,这种教学方法主要是指在体育教学中通过让学生观看幻灯、投影、视频等进行教学的方法。教师在教学过程中应注意根据具体的教学目标选择适宜的幻灯、投影、视频等的播放内容,如果将其与讲解示范练习等教学方法有机结合起来,将会收到更好的教学效果。

羽毛球运动特点要求运动员要在快速的时间内做出最正确的反应和选择最正确的战术。因此,在练习中就务必需要通过多媒体手段来解析高速运动中的羽毛球技战术奥秘,这种方式在当前羽毛球教学中得到了广泛的应用。

(七)程序教学法

程序教学法,是以认知规律和技能形成的规律为主要依据,将羽毛球技战术教学内容分解成为若干个相互联系的小步子,使之成为便于学习的逻辑序列,并在教学过程中,建立起有针对性的、适宜的评价信息反馈系统的教学方法。

在羽毛球教学中,程序教学法得到了广泛的应用,在应用此教学方法时采用以下步骤进行:

(1)在教学初期,学生先以小步子的方式进行学习,学习结束后,教师对学生的学习情况进行及时、客观的评价。

(2)根据教学评价结果,教师及时将学生的学习效果反馈给学生。通过第一步的学习,如果学生达到了该阶段的教学目标,那么就按照正常进度进行下一步学习;如果学生没有达到既定的教学目标,那么就返回到第一步重新进行学习,并根据实际情况加以调整。

(八)合作学习教学法

在羽毛球教学中,离不开教师与学生、学生与学生的相互配合,只有合作教学才能获得预期的教学效果。为了取得理想的教学效果,教师在教学过程中应采取多样化的教学受到和活动组织方式,以便于使学生能够在轻松的教学环境中更好地掌握羽毛球教学的内容,使学习成为学生之间的一种合作活动,并让学生能够按时完成学习任务的同时,喜欢和享受学习环境和人际关系。合作学习教学法就是在教学中充分调动教、学双方积极性和主动性的教学方法。

在运用合作学习教学法时,要注意以下两点:

(1)在教学初期,让学生自愿分成人数不等的若干个小组、结成"伙伴对子"。

(2)在教学过程中,教师以小组为单位进行教学,通过充分发挥小组内的技术骨干的带头作用,指导小组成员互帮互助,从而完成教学目标和任务。

(九)游戏教学法

游戏教学法,是指在教学中,教师利用组织游戏的方法使学生通过这种方式充分发挥主动性和创造性来完成预定教学任务的教学方法。这种教学法的应用比较广泛,下到初学羽毛球的业余选手,上到职业运动队的专业选手都可以使用。

1. 游戏教学法的特点

(1)游戏教学法可以使教师根据形象或象征性的内容来组织教学活动,学生在教学实践中可以根据不断变化的条件完成各种身体活动,从而实现教学目的。

(2)游戏教学法有利于提高学生活动的广泛性和独立性,有利于提高学生的自我控制能力,有利于发挥学生的主动性、积极性和创造性。

(3)游戏教学法可以在学生个体之间、学生学习小组之间模拟紧张的关系,从而在体育课堂上形成一种"冲突",让学生在教学活动中表现出合作或竞争的关系,从而培养学生的集体合作意识与精神。

2. 游戏教学法的注意事项

(1)教师在选择游戏项目时要遵循不能脱离羽毛球教学的本质这一宗旨,要制定一定的游戏规则,按规则进行游戏。

(2)教师应在教学过程中要求全体学生必须遵守游戏规则,同时,注重积极鼓励学生发挥个体的主动性和创造性。

(3)教师应认真做好游戏的评判工作,公开、公平、公正地评价游戏的结果,客观地评价每个学生在游戏中的表现。

(4)游戏教学法中安排的游戏内容要注意对其负荷量的控制。由于学生个人的选择性与独立性较大,因此教师在利用游戏教学法时要做好合理的安排。

(十)竞赛教学法

竞赛教学法,是指教师在组织教学活动时,创造接近于实际比赛的条件来组织学生学习技战术的教学方法。

竞赛教学法几乎在所有羽毛球教学活动中都可以使用。羽毛球属于一种隔网对抗性项目,竞赛对抗比较激烈、竞争性强,它本身就是一项激烈的对抗项目,平时的所学所练都是为了能够在球场上获得胜利。竞赛教学法刚好模拟了实战,以便让学生将平时所学在实际中获得应用,并同时在竞赛过程中发现自身技战术方面的问题,日后逐渐完善改正。

教师在运用竞赛教学法组织教学时,能使学生在教学过程中承受很大的运动负荷,这有利于最大限度地促进学生机体功能能力的发挥、有利于培养学生不畏艰难、积极向上、敢于拼搏等良好的意志品质。在教学实践中,教师运用竞赛教学法应注意以下几点:

（1）教师应结合教学任务和教学对象特点明确运用竞赛教学法的目的。教师在体育教学课中运用竞赛教学法时，不论是教学内容的确定、竞赛方式的选择，还是竞赛结果的证实等，都要服务于既定的教学目标。

（2）教师在组织教学的过程中应注意对学生进行合理的配对和分组。无论是个人比赛，还是小组比赛，都要注意双方实力的均衡配比，要保证竞赛的公平性和公正性。

（3）在比赛结束之后，教师应对学生在比赛中的表现予以客观的评价，指出学生的不足，并指出改进的方向和方法。

（4）在羽毛球教学中，竞赛教学法运用有一定的前提，即应在学生较为熟练地掌握了动作技术后才能组织竞赛。

第三节 羽毛球运动训练理论与方法

一、羽毛球训练的思想与目标

（一）羽毛球训练的思想

羽毛球训练思想是要以科学发展观为指导，坚持以人为本、体教结合的发展思路不动摇，促进我国羽毛球后备人才的发展。一般来说，羽毛球训练思想强调要以科学、合理为根本要求进行运动员青少年人才的选拔、训练和管理，要遵循青少年生长发育的基本规律和羽毛球运动员的成才规律，循序渐进，注重规范，夯实运动员专项技术基础，在全面发展的基础上注重发掘运动员本身特长，为国家和社会培养德、智、体、美全面发展的高质量羽毛球运动员后备人才。这对羽毛球训练机构提出了较高的要求。在训练管理的过程中，训练机构的领导、管理人员和教练员也要不断研究羽毛球专业知识，无论是管理、科研，还是训练，都要积

第五章 羽毛球运动科学练习的理论研究

极吸收国内外优秀经验,促使羽毛球训练获得不断发展。

(二)羽毛球训练的目标

羽毛球训练目标的制定一定要科学、合理,根据运动员对羽毛球运动技术水平掌握的程度主要分为启蒙、基础和提高三个阶段。

1. 启蒙阶段

在启蒙阶段,要根据羽毛球后备人才培养的要求,本着循序渐进、全面发展的宗旨,在羽毛球训练中逐渐加入专项训练内容,凡是涉及技术动作方面的训练务必要规范动作,为青少年运动员的可持续发展和日后的运动生涯打好扎实的基础。在启蒙阶段训练的过程中,还需要注意以下几个方面内容:

(1)在制定羽毛球训练计划时,训练的内容除了包括技术、身体部分外,还要有心理素质的训练。因此,这个阶段需要对青少年进行一般性心理训练与技术训练教学和身体训练结合的训练。

(2)要严格遵循人体生理、心理发展特点,遵循科学的训练原则,合理地组织训练与教学,训练的过程中要注意循序渐进,避免伤害性事故的发生。

(3)教练员在执行本阶段的训练教学过程中,应拓宽视野,注重训练教学理念的更新,积极采用现代训练教学技术方法和手段。

2. 基础阶段

在基础阶段,羽毛球训练要本着循序渐进、合理教学的宗旨,运用多种教学方法,培养学生全面掌握和提高该阶段所规定的基本技术、战术和身体素质,为将来进一步进阶到最高水平做好充分的准备。

在这一阶段,训练过程中需要注意以下几个方面的内容:

(1)此阶段训练年限一般为3～5年,实施过程中教练要根据每个队员的不同情况对其分阶段训练,坚持循序渐进的原则。

(2)根据个体差异确定合理的训练目标。在这个训练阶段,应按照该阶段训练教学的目标,针对每个运动员的具体情况,合理确定个人培养目标,因材施教。

(3)训练内容除了包括技术、身体部分的训练教学内容外,也要安排一些心理训练和理论知识教学的内容。心理状态对竞技运动比赛的影响非常巨大,失衡的心态可能导致即便是实力比对手强很多,也会无法尽情发挥最终输掉比赛。考虑到本阶段心理训练的许多内容是在技术、战术、身体素质的训练教学过程中完成的,通常还会安排心理训练的内容与技术练习、战术练习、身体训练等结合进行的训练,如设计比分为"18∶18"的关键分比赛,或在练习时在场地内播放观众噪音等。

(4)在此阶段中,教练员还要非常注重训练理念的更新,改良传统训练方法,提升训练质量。

3. 提高阶段

在这一训练阶段,教练员要本着"从难、从严、从实战出发"和理论联系实际的原则,通过现代训练教学技术的应用,全面提高和发展运动员羽毛球基本技术、战术和身体素质。

在此阶段,运动员参加训练需要注意以下几个方面的问题:

(1)要将符合羽毛球优秀运动员的要求为目标导向,培养具有一定创新意识和实践应用能力的可持续发展的优秀羽毛球后备人才。

(2)教练员在执行本阶段的训练过程中,应拓宽视野,注重训练理念的更新,积极采用现代训练手段与方法。

(3)有计划地参加各类羽毛球竞赛,提高队员的实战运用能力和心理素质。要想成为优秀的运动员,必须要有足够充裕的比赛作保证。任何训练的最终目的都是要在比赛中得到体现,因此,在提高阶段就应该逐步增加运动的比赛机会,提高运动员比赛的经验。

(4)加强运动员的素质教育,培养综合能力。综合能力的发展有助于青少年运动员更好地认识与理解运动的本质。因此,在平时的羽毛球训练中教练员多采用启发式教学方法,以培养学生的综合素质与能力。

二、羽毛球训练的原则

(一)自觉积极性原则

羽毛球技能训练的效果在很大程度上取决于训练者的自觉积极性。这是因为任何的心理训练手段的运用和实施,都不可能脱离人的主观态度而起作用,被动地接受训练或在教练员的强制或命令下接受训练,则会失去内部动力,极易产生厌烦和对立情绪,就难以取得预期的训练效果。

(二)重复性原则

在羽毛球训练中,重复性训练的运用可以使运动员的羽毛球技战术水平获得显著提高。重复性训练的依据是运动技能形成规律,机理是机体的应激性适应。训练是一个循序渐进的过程,运动技能由浅入深,由简单到复杂,由量变到质变,依靠的就是不断的训练刺激。这种刺激非单一刺激、简单刺激,而是多点刺激、复合刺激,以保证比赛中的应激性适应、动态性适应和选择性适应。

在羽毛球训练中,运动员应结合自己的身体特点和运动能力,遵循重复性原则,通过多组的间歇训练,多回合、多重复、快转换的小型比赛,加大技术在对抗、移动条件下的重复,对本体产生多点的复合刺激,这种刺激更加强烈有效,能有效加强神经肌肉的联系,强化训练痕迹的效应,从而适应比赛的复杂变化,这对于比赛成绩的提高具有重要的意义。

(三)系统性原则

系统性原则,是指在长期的训练过程中应围绕一个总体目标的要求,将各阶段的训练任务、内容、指标等系统衔接起来,并通过长期的训练逐步达到总体目标的要求。

在羽毛球训练中,系统性原则是训练者应遵循的重要原则之一。由于羽毛球技能训练技术较多,战术复杂,需要长时间磨炼才能掌握,因而训练者需要在长期系统训练中才能获得显著的进步。在羽毛球技能训练中,贯彻系统性原则需要注意以下几个方面:

(1)认真研究羽毛球技能训练的发展趋势,确立好羽毛球技能训练的总体目标。

(2)根据羽毛球比赛的规律和运动技能形成规律,制定出切实可行的训练计划,使各阶段、各周期、各次训练课的任务、内容、指标系统的紧密衔接好。

(3)坚持长期地不间断的训练,保持训练的连续性,注意科学安排运动量和运动强度。

(四)适宜负荷原则

在羽毛球训练中,运动员应遵循适宜负荷的基本原则。适宜负荷原则是通过训练时间、动作次数、运动密度、强度和完成动作的质量好坏等因素进行控制。在训练中控制好适宜的负荷也能更好地体现教练员的训练水平。

在运动训练中,贯彻适宜负荷原则应遵循以下几点:

(1)在训练中要按照队员的训练水平确定适宜的运动负荷,采用循序渐进的方法增加运动量。

(2)采用大、中、小相结合的负荷周期,合理安排和调控运动量。

(3)正确处理好动作数量与质量、密度与强度、训练与休息的关系。保证运动员机体能得到充分的恢复和超量恢复,合理安排训练时间。

(五)全面性原则

心理训练必须与运动员的专项训练进行有机结合,把心理训练的内容巧妙的贯彻到专项训练中去,使专项训练中始终全面渗透着心理训练的内容;心理训练的内容必须包括运动员所有的心理因素,诸如运动员的各种心理过程、个性心理特征和心理状态等都应该得到教育和训练;一般心理训练和心理调节必须有机地结合起来。因为一般心理训练与心理调节训练不是各自孤立的,而是相互依赖、互为条件的。

(六)周期性原则

周期性原则是根据竞技状态形成的基本规律,按照比赛要求、本地气候特点和训练者羽毛球技能训练的安排,将训练的时间划分为不同的周期组织训练。每一个周期不是前一个周期简单地重复,它是在前一个周期训练基础上,进一步巩固和提高队员全面的竞技能力,使全队技战术水平逐个周期不断提高。一般训练周期可划分为准备期、竞赛期和休整期。

在羽毛球训练中,贯彻周期性原则应注意以下几点:

(1)每一个周期结束时都要进行认真细致地总结,找出过程中出现的问题与不足,为制定下一周期的训练目标、任务、内容、指标与要求提供依据。

(2)在划分训练周期时,准备期可尽量安排在每学期初,时间可长些,以便进行基础训练为竞赛期做好充分准备。

(3)竞赛期的安排应该以对比赛的适应为目的,以提高全队的整体技战术水平为主,要保证每一名运动员都积极主动地参与到训练中去。

(七)趣味性原则

兴趣既是运动员进行羽毛球技能训练的诱因,也是坚持训练的动力。良好的兴趣可诱发机体内驱力,比赛能激发积极的情绪体验,每一次击球都能够使之兴奋,胜利能使之欢呼。坚持趣味性原则,教练员就须提高执教艺术,注意营造生动活泼的氛围,善于创造沟通互动的环境,通过安排趣味性游戏、竞争性练习、小型比赛等练习,能充分激发运动员的训练兴趣,提高训练的质量和效果。

三、羽毛球训练的方法

（一）变换训练法

变换训练法,是指在变化的条件下进行反复练习的方法,如变换动作的形式、变换运动量、变换动作的要求、变换动作组合、变换训练的环境、变换训练器材等。

变换训练法可以以变换内容作为依据来分类,其主要分类方式有三种：负荷变换训练方法、内容变换训练方法和形式变换训练方法(表5-1)。

表5-1 变换训练法的分类及其特点

类型	特点
负荷变换训练法	降低负荷强度,有利于学习和掌握羽毛球技能训练的技术；提高负荷强度,可使机体适应比赛的需要。
内容变换训练法	练习内容的动作结构可为变异组合,也可为固定组合；练习的负荷性质负荷专项特点；练习内容顺序的变换,符合比赛的规律；练习动作的用力程度复合专项的要求。
形式变换训练法	通过变换训练环境、训练气氛、训练路径、训练时间和练习形式等进行训练。此方法能使各种技术更好的串联和衔接起来,激发起较高的训练情绪,提高训练质量。

第五章　羽毛球运动科学练习的理论研究

(二)重复训练法

所谓重复训练法,是指不改变动作结构和运动量,在相对固定的条件下,重复练习某一动作或某一战术的方法。重复训练法依据单次练习时间的长短进行分类,可分为三种类型:短时间重复训练方法、中时间重复训练方法和长时间重复训练方法(表5-2)。

表 5-2　重复性训练法的分类及其特点

类型	特点
短时间重复训练法	一次持续练习的负荷时间短(约为30秒内),负荷强度大,动作速度快,间歇时间充分,单一动作或组合动作的各个环节前后稳定。
中时间重复训练法	一次练习的负荷时间应较长(30秒～2分钟),负荷强度较大,表现为其心率在180次/分钟以上,同时负荷强度与负荷时间呈现负相关性,单一练习动作的各个环节或组合技术的基本结构前后稳定。
长时间重复训练法	一次练习负荷时间约为2～5分钟,负荷强度与负荷时间呈现负相关性;无氧和有氧混合功能性质明显。一次练习完毕后,间歇时间充分。

(三)间歇训练法

间歇训练法,是指重复练习之间按严格规定的间歇时间休息后再进行练习的一种训练方法。随着羽毛球技能训练水平的提高,运动员可以逐步提高训练要求。各种练习间歇时间的长短,主要取决于训练的目的、强度、运动员的训练水平及其身体状况。

间歇训练法的基本类型主要包括三种,即高强性间歇训练方法、强化性间歇训练方法和发展性间歇训练方法(表5-3)。

表 5-3 间歇性训练法的分类及其特点

类型	特点
高强性间歇法	一次练习的负荷时间在 40 秒之内;负荷强度大,心率坐在 190 次/分钟左右;间歇时间极不充分,以心率降至 120 次/分钟为开始下一次练习的确定依据。
强化性间歇法	一次练习的负荷时间略长于该项比赛时间(约为 100～300 秒),负荷强度通常会略低于主项比赛强度的 10%～5%,心率控制在 170～180 次/分钟左右即可,以心率降至 120 次/分钟为开始下一次练习的依据。
发展性间歇法	一次练习的负荷时间较长,负荷时间基本上在 5 分钟以上。负荷强度控制在平均心率为 160 次/分钟左右,以心率降至 120 次/分钟为下一次练习的确定依据。

(四)循环训练法

循环训练法,是指根据训练的具体任务,按照预先设计的带有一定顺序的练习站,运用循环练习的方式周而复始循环往复地进行练习的一种训练方法。

循环训练法依据各组练习之间间歇的负荷特征进行分类,其主要分为三种类型:重复循环训练、间歇循环训练和持续循环训练方法(表 5-4)。

表 5-4 循环训练法的分类及其特点

类型	特点
重复循环训练法	按照间歇训练法的要求,每站之间和每一循环之间的间歇时间严格控制,在机体未完全恢复的状态就进行下一站或下一遍循环练习。每站负荷强度较大时,则每站的重复练习次数和循环的遍数可以使具体情况而减少。这种方案可以用于发展力量耐力、速度力量和速度耐力。

第五章　羽毛球运动科学练习的理论研究

续表

类型	特点
间歇循环训练法	按照重复训练法的要求,每站练习的负荷强度较大,站与站和每一循环之间的间歇时间较长,在机体恢复的状态下,再开始下一站和下一遍循环。这种方案主要用于发展最大力量和速度耐力。
持续循环训练法	按照持续训练法的要求,用较长时间,站与站和每一循环之间不安排间歇,连续进行联系。每站练习的负荷量可以较多,而且强度不大。这种方案主要用于发展一般耐力和力量素质。

(五)竞赛训练法

所谓竞赛训练法,是指组织具有竞争性的、有胜负结果的、以最大强度完成练习的一种训练方法,包括教学比赛、适应性比赛、检查性比等。竞赛训练法的目的在于调动运动员训练的积极性,提高其在技术、战术、身体训练水平以及实战能力等方面的水平,并有效发展其心理素质和检查训练的手段与方法。

比赛根据不同的竞赛性质可以进行分类。常见的分类方法主要有四种:教学性竞赛方法、模拟性竞赛方法、检查性竞赛方法和适应性竞赛方法(表 5-5)。

表 5-5　竞赛训练法的分类及其特点

类型	特点
教学性竞赛法	可采用部分竞赛规则进行局部配合的训练,能激发运动员的训练激情、提高羽毛球技能训练的负荷强度,使运动员的心理压力减小,正常发挥技术水平。
模拟性竞赛法	竞赛环境类似真实竞赛环境,按照竞赛规则严格进行,增强运动员对心理压力的承受性,检验教练员训练指导思想的正确性,提高对真实竞赛状况的预见性。

续表

类型	特点
检查性竞赛法	可采用正式竞赛规则的全部或部分进行竞赛,运动员心理压力较大,此方法能帮助教练员检查训练质量,从而对训练计划进行调整。
适应性竞赛法	在重大竞赛前,在真实的竞赛环境之下,按照竞赛的规则,与真实的对手进行竞赛,及时发现影响重大赛事成绩的关键问题,使运动员的最佳竞技状态在重大竞赛中表现出来。

(六)模拟训练法

所谓模拟训练法,是指用一种模型去模拟另一系统,并借助模型,通过训练实践进行方案比较的一种"逐次逼近"最佳化的训练方法。模拟训练法主要适用于比赛前的训练。

(七)综合训练法

综合训练法,是指将变换训练法、重复训练法、循环训练法等多种训练法结合起来综合加以运用的训练方法。此外,综合训练法还可以在一组训练中安排各种技术训练、力量训练、灵敏训练等多种内容的训练。在羽毛球训练中,综合训练法能综合以上各种训练方法的优点,得到了广泛的应用,深受教练员的喜爱。这种训练方法不仅能调整运动员的训练状态,还能充分调动运动员训练的积极性,从而有利于获得理想的训练效果。

第六章　羽毛球运动体能与心理的科学训练方法

羽毛球是一项对运动员的体能和心理调适能力有较高要求的运动,这两项能力是打好羽毛球的基础。本章就重点针对这些基础能力的训练方法进行研究。

第一节　羽毛球运动体能训练的方法

一、羽毛球基础与专项力量素质训练

(一)羽毛球基础力量素质训练

适应羽毛球运动的基础力量素质训练主要适合于羽毛球运动初学者。

1. 上肢基础力量素质训练

(1)哑铃操。

哑铃操是羽毛球运动体能训练初学者发展力量素质的一种有效手段。可以根据不同的训练负荷选择不同重量的哑铃。重量大,负荷次数少,完成动作的速度慢;重量小,负荷次数多,完成动作的速度较快。具体训练方法如下:

①哑铃头上推举。
②哑铃胸前推举。
③哑铃体前平举。
④哑铃体侧平举。
⑤哑铃体侧提收。

⑥哑铃臂屈伸。

⑦哑铃扩胸。

⑧哑铃仰卧推举：背上部和臀部触及凳面，两手屈臂在两侧握住哑铃，两拳相对，哑铃与肘关节在同一垂线上。长凳与地面夹角在 25°～30°时发展上胸部肌肉力量；长凳与地面在负 15°～20°时发展下胸部肌肉力量；长凳与地面平行时锻炼整个胸部肌肉力量。

(2)杠铃训练。

可选用 15～20 千克的杠铃，利用杠铃发展上下肢动作协调能力和爆发力量。具体训练方法如下：

①提铃抓举。

②前臂体前屈伸。

③前后分腿跳挺举。

(3)杠上训练。

①单杠引体向上：两手正(反)握单杠，握距同肩宽，两脚离地，两臂伸直，身体悬垂。引体发力使身体向上拉至头过杠面，随后身体慢慢垂下来还原。要求用背肌和臂肌收缩发力，引体不要借助身体摆动和屈蹬腿的力量，多次重复训练能发展胸大肌、背阔肌、大圆肌及肘关节屈肌群力量。

②双杠直臂静力支撑。

③双杠屈臂撑。

(4)俯卧撑。

①手掌撑：俯身向前，手掌撑地，手指向前，两臂伸直，两手撑距同肩宽，两腿向后伸直，两脚并拢，脚尖着地。两臂屈肘向下至背低于肘关节，接着两臂撑起伸直还原姿势。练习时，身体保持平直，不能塌腰成"凹"形，也不可拱臂成"凸"形。该训练能发展三角肌的前部、胸大肌以及肱三头肌等上肢力量。

②手指撑，连续做俯卧撑动作。

③两臂宽撑(掌撑或指撑)，连续做俯卧撑动作。

④两臂宽撑，两手握砖连续做俯卧撑动作。

⑤一腿抬起,另一腿着地,连续做俯撑动作。
⑥两脚放在横木上,连续做俯卧撑动作。

2. 下肢基础力量素质训练

(1)跳跃训练。

发展下肢力量一般采用各种姿势的跳跃练习方法。可借助沙衣或沙袋增加负荷。具体训练方法如下:

①蹲走。

②全蹲向上跳。

③收腹跳。

④纵跳摸高。

⑤单腿蹬跳高凳或台阶。

⑥双脚跳越障碍物。

(2)杠铃负重训练。

利用杠铃来发展下肢肌肉群的绝对力量和爆发力量。具体训练方法如下:

①半蹲起跳(注意脚弓的蹬地爆发力)练习。

②全蹲起。

③提踵练习。

④肩负杠铃四分之一屈膝蹲跳。

⑤静力半蹲。

⑥弓箭步跨步练习。

⑦双脚或单脚前后左右蹬跳。

(3)游戏训练。

①推小车练习:俯卧撑地,两腿由同伴抬起当作小车的扶把,以两手支撑身体向前爬行。

②大象走:模仿大象四肢着地的动作,以同侧手脚同时迈第一步,再换异侧手脚同时迈第二步。

③爬走:俯卧,除手脚着地外,身体的其他部分不触地,快速向前爬行。

3. 躯干基础力量素质训练

(1)杠铃负重训练。

仰卧或俯卧在两条凳子上,身体中部悬空,把一定重量(根据个人情况而定)的物体放在身体的悬空部位,保持此姿势支撑数分钟。该训练主要用于发展躯干部位的腰腹、背肌的力量。

(2)箱(垫)上训练。

①俯卧起:俯卧在横跳箱(垫)上,脚后跟钩住肋木,颈背部放一沙袋等重物做屈体后仰。

②仰卧起:仰卧在横跳箱(垫)上,脚背钩住肋木,手持重物或是徒手做仰卧起坐。

③侧卧起:侧卧在横跳箱(垫)上,脚踝钩住肋木,手持重物或是徒手做侧卧起。

(二)羽毛球专项力量素质训练

羽毛球专项力量素质训练主要以发展速度力量和耐力力量素质为主,目的在于保证运动员在长时间的比赛中能够完成各种技术动作和正常发挥各种战术。

羽毛球专项力量素质的训练要以动力性练习为主。训练中注意掌握好练习密度和重量的关系。一般的,负荷重量大,单位时间内练习次数少,速度频率慢,休息时间间隔短;负荷重量小,单位时间内练习次数多,速度频率快,练习强度大,休息时间间隔长。如练习重点是发展爆发速度力量,则总次数不可太多,单位时间内动作速度要快;如练习重点是发展耐力力量,则要尽力保持一定的动作速度,坚持一定的重复数量。

在进行羽毛球专项力量素质练习时,应该适当穿插一些跑跳、灵敏、柔韧性和协调性的训练,以保证获得最佳的专项力量素质训练效果。

1. 上肢专项力量素质训练

(1)哑铃训练。
①哑铃前臂头后举。
②哑铃两臂上下"8"字绕肩。
③哑铃体前手腕绕"8"字。
④哑铃体前前臂挥"8"字。
⑤哑铃前臂屈伸。
⑥哑铃手腕屈伸。
以上六个动作依次循环完成为1组,每次练习4～6组。

(2)拉橡皮筋训练。
将粗橡皮筋的一头拴牢在固定物上,另一头用持拍手以握拍方式握住。具体训练方法如下:
①肩上前臂屈伸(类似做高远球击球动作)。
②体侧肩上前臂前后摆动(类似做封网击球动作)。
③体前前臂屈伸(类似做挑球动作)。
④体前上臂展屈(类似做杀球下压动作)。
⑤手腕屈伸(类似做击球发力动作)。
⑥正、反手前臂快速挥臂(类似做中场抽击球动作)。
⑦反手挥臂(类似做反手击高远球或杀球)。

(3)实心球投掷训练。
面对墙壁8～10米站立,持拍手持小实心球,以与羽毛球后场击球相似的动作投掷小实心球。投掷时发力的顺序是上肢通过上臂带动前臂,最后运用手腕、手指的力量将球投出。该训练主要是发展手指、手腕的爆发力量。

(4)挥拍训练。
用网球拍负荷(也可用装满沙子的饮料瓶代替)交替做与羽毛球击球动作相似的练习,发展上肢击球力量。握持方式应与实战时握拍方式相同。
①手腕环绕训练。持拍手持网球拍放于体前固定位置,分别

以腕或以肘为轴心,用手指或手腕交替做环绕挥动练习。

②手腕屈伸训练。持拍手持网球拍,直臂举至肩上方,前臂和肘部均不移动,仅以手腕快速做前后屈伸练习。要求训练时,肘部如出现弯曲和移动现象,则效果不好。

③前臂屈伸训练。持拍手持网球拍,屈臂举至肩上方,上臂固定不动,以手肘为轴心,做前臂、手腕前后快速屈伸练习。要求当手臂伸至肩上方最高点时,手腕要配合做内旋的击球动作。

④前臂前后快速挥臂。持拍手持网球拍,置于体侧肩以上部位,以肩为轴心,快速做前臂前后摆臂练习。

⑤体侧正、反手抽球动作挥拍。持拍手持网球拍,在体侧做正、反手抽球击球挥拍动作练习。

⑥后场击高球或杀球动作挥拍:持拍手持网球拍做高球或杀球击球动作的挥拍练习。该训练可做原地击球挥拍动作练习,也可以结合后场转体起跳击球做挥拍动作的练习,要求挥拍有一定数量并保持一定的速度。

⑦反手高手击球动作挥拍。持拍手持网球拍,置于体侧左肩上方,做反手高手击球动作挥拍练习。

2. 下肢专项力量素质训练

(1)跳跃训练。
①下肢在负重条件下做全蹲向上起跳。
②下肢在负重条件下做收腹双腿跳。
③下肢在负重条件下做单、双脚向前后左右跳。
④下肢在负重条件下做单、双脚全力向上纵跳。
⑤下肢在负重条件下做弓箭步前后交叉腿跳。
⑥下肢在负重条件下做弓箭步左右两侧并腿转髋跳。
⑦下肢在负重条件下做单、双脚蹬台阶跳跃。
⑧下肢在负重条件下做左右体前交叉跳跃转髋。

(2)跳绳训练。
①单、双脚跳绳:根据个人实际情况,练习时间可以是15分

钟、20分钟、30分钟或1小时不等。练习中可利用沙衣或沙袋适当增加负荷，以发展踝关节的力量。

②双摇双脚跳：较长时间的双摇双脚跳练习可以发展上肢手腕和下肢的速度力量与耐力力量。练习负荷可采用80次、100次和120次不等×6组或连续完成总数600～800次。

(3)杠铃训练。

①持杠铃前脚掌蹬跳。

②持杠铃左右脚蹬高。

③持杠铃交叉弓箭步跳。

④持杠铃原地左右蹬跨弓箭步。

3. 躯干专项力量素质训练

(1)持实心球训练。

①抛掷实心球：两人一组，相距10米，面对站立。做双手或单手肩上抛掷球练习。要求运用类似鞭打的动作将球抛出，抛得越远越好。

②持实心球躯干前后屈仰：两人一组，相距1.5米左右，背对背站立。持实心球以前屈后仰动作，一人上接，一人下传做传接球练习。

③持实心球左右转体练习：两人一组，相距1米左右，背对背站立。两人持实心球做相反方向（即一人向左、一人向右）的转体传接球练习。要求转体时双脚不移动，仅上体快速左右转动，速度越快越好。

(2)负荷沙袋踢腿训练。

①左右脚正踢腿：前踢腿向上踢时尽量有快速爆发力，另一支撑腿踝部要配合前踢腿做提踵动作。

②左右脚侧踢腿：侧踢腿向上踢的同时，髋部要配合做侧转，另一支撑腿配合侧踢腿做提踵动作。

③左右脚后踢腿：后踢腿向后踢的同时，上体后仰。

④腰部前俯后仰：两腿与肩同宽侧靠肋木站立，非持拍手扶

住肋木,腰部做前俯后仰练习。身体后仰时,持拍手尽量摸足跟部;身体前俯时,持拍手由后仰动作配合击球动作向前上方用力挥动,带动腰部以类似后场击球做大弧度的仰挺收腹动作。

二、羽毛球基础与专项速度素质训练

(一)羽毛球基础速度素质训练

适应羽毛球运动的基础速度素质训练适合于羽毛球运动体能训练的初学者。

1. 反应速度训练

(1)视听训练。

①听口令转身起跑训练:背向起跑线,听到口令后立即转身起动向前冲刺跑。可以采用蹲踞式、坐式或站立式等各种起跑姿势。

②看手势起跑训练:背向起跑线,看到手势后立即起动向前冲刺跑。

③视听信号变速冲跑训练:慢跑中听到或看到信号后立即向规定的方向冲刺跑,再次得到信号后恢复慢跑,第三次得到信号后又开始冲刺跑,反复进行。

(2)游戏训练。

①老鹰捉小鸡:指定一人为"老母鸡"张开双臂,保护身后一列若干人扮成的"小鸡",后者双手扶住前者腰部。"老鹰"试图用手拍到队列最后面的一只"小鸡"。被拍到的"小鸡"充当"新老鹰",原来的"老鹰"充当"新老母鸡",原来的"老母鸡"充当"新老母鸡"身后的"小鸡",循环练习。

②两人拍击:两人一组,面向开立,听到开始口令后,设法拍击对方背部,同时防止对方击中自己。在规定时间内(每次1分钟左右),拍击对手多者胜。

③贴人游戏：两人一组前后面向圈内站立围成一圆圈，左右间隔2米。两人在圈外沿圈跑动追逐，被追者可跑至某两人的前面站立，则后面的第三者即逃跑，追者即改追这第三者，如被追上为失败。

④躲杆游戏：若干人围圈面向圈内站立，圈内1至2人，站在圆心附近手持小树枝或小竹竿（竿长超过圈半径）。持竿者将竹竿绕过站圈人脚下划圆，竿经谁脚下谁即起跳，不让竿打上脚，被打到者即失败，进圈换持竿者，反复进行。

2. 动作速度训练

(1) 快速跑跳台阶。

①1级台阶快速小密步上下往返跑。

②2～3级台阶交叉蹬跨步跑。

③1级台阶双脚或单脚快速跳。

④跨步跳：双脚交替起跳和落地。注意摆动腿大腿与地面平行、步长大于正常跑进，跳起高度不要太高、脚落地时不要前伸小腿，采用主动扒地方式快速落地。

⑤连续蛙跳：双脚重复起跳和落地。起跳和腾空动作与立定跳远相同。注意身体向前上方跳起，动作连贯。

⑥单腿跳：单脚重复起跳和落地。注意上体保持正直，跳起高度不要太高，起跳腿在身体腾空中前摆，大腿与地面平行，脚落地时不要前伸小腿，采用主动扒地方式快速落地。

(2) 下坡冲跑。

选择平坦、倾斜度在3°～7°范围之内的坡，进行短距离下坡冲跑练习，强迫步频转换速度。

(3) 快速超越障碍物。

①单腿过栏架跑：以约1米间距摆放8～10个约30～40厘米高的栏架。在栏架一端支撑腿直膝跑进，摆动腿从栏架上越过。要求栏架外侧支撑腿伸直，摆动腿栏架上的快速高抬和折叠。

②双腿过栏架跑：以约1米间距摆放8～10个约30～40厘

米高的栏架。在栏架上做高抬腿跑,在每一个栏间距内双脚落地,要求采用同一条攻栏摆动腿,摆动腿高抬,翘起脚尖。

3. 移动速度训练

(1)直线冲跑。

①10米冲刺跑:训练从静止到迅速加速的能力。

②30米加速跑:训练起动跑后速度持续加速的能力。

③60米途中跑:训练达到最快速度保持一定距离的能力。

④100米冲刺跑:训练途中跑获得的速度不仅不能下降,反而要尽可能地有所加快的能力。

⑤200米、400米中距离跑:训练速度耐力。

(2)往返冲跑。

①10米前后冲跑:从起点快速跑至终点,又由终点快速后退跑至起点,反复练习。

②10米左右侧向并步跑:右脚在前、左脚在后并步侧向跑至终点。然后再以左脚在前、右脚在后并步侧向跑回起点。练习时可用直立姿势跑或半蹲姿势跑,要求以最快速度完成。

③来回跑:采用5米、8米、10米或15米不等的距离进行数次来回冲跑练习。要求接近终点时不能降低速度,应保持最快的速度立即转身折返跑;冲跑距离不宜过长,往返次数不宜过多。

(3)接力跑。

①分若干组,每组人数相等。听到口令后各组的第一位选手向终点冲跑,跑至终点迅速绕过标志往回跑,跑回起跑线迅速拍击下一位同伴,同伴以同样的方式冲跑。最先跑完一轮的小组获胜。

②分两组,每组6人,在地上画两条相距2米的平行线。两组成员间隔一定距离,沿画线站成纵队。听到起跑令后,站在最后的选手持球以蛇形方式依次绕过队友跑到队前,再立即把球抛给本组的最后一名选手,该选手接到球后做同样的蛇形跑。率先完成传球并在跑的过程中没有触及本组队友的小组获胜。

(二)羽毛球专项速度素质训练

羽毛球运动专项速度素质训练是羽毛球运动专项身体素质训练的核心。羽毛球运动技战术风格要求运动员必须具备较高的速度素质水平。羽毛球专项速度素质训练主要是围绕提高运动所需要的反应速度、挥臂速度、起动加速度、变向移动速度、前后场配合的连贯速度等进行的。

1. 专项反应速度训练

(1)听或看信号做起动步法练习。
(2)听或看手势信号进行快速全场移动步法练习。
(3)听或看手势信号进行全场各种分解和连贯步法练习。
(4)看手势进行各种向前后左右的并步、垫步步法练习。
(5)听口令击球挥拍动作练习。听1、2、3、4等数字口令,训练者按照预先约定姿势做击球挥拍动作练习。

2. 专项动作速度训练

(1)多球训练。
①快速封网练习:站前发球线附近准备,陪练者站场地另一侧快速持续地发平射球,练习者快速持续数次移动在网前封击。
②多球扑球练习:在网前位置准备,陪练者站在场地另一侧用多球快速向练习者抛近网小球,练习者做正、反手姿势快速扑球练习。
③多球前场快速接吊杀球练习:在中场位置以防守站位准备,陪练者站在同侧场地前场位置用杀球和吊球线路向练习者抛球,练习者连续做被动接吊杀球练习。
④多球双打快速接近身杀球练习:站在场地中部,陪练者站场地另一侧用拍快速从前场向练习者近身位置拍击球,练习者用正、反手姿势快速防守反击。
⑤多球双打快速平抽快挡练习:在中场位置以防守反攻站位

准备,陪练者站场地另一侧用拍从中场快速持续向练习者扣球,然后双方连续平抽快挡,球失误后,迅速扣下一个球,持续、反复练习。

(2)跳绳训练。

①单足快速变速跳:采用1分钟快、1分钟慢的小密频步、高抬腿、前后大小交叉步等专项步法做快速变速跳绳练习。

②1分钟快速双摇跳:在1分钟内以最快速度完成双足双摇跳。

(3)击球训练。

①封网击球:距墙1米左右,面对墙壁站立,在头前上方以封网动作,前臂手腕发力向墙壁连续快速击球。

②接杀球击球:面对墙壁站立,用接杀挑球或平抽球动作快速向墙壁连续击打体前腰部上下位置的球。

(4)挥臂训练。

①肩上手腕前屈后伸快速持续挥拍:持拍手臂贴耳置于肩上,上臂和前臂伸直不动,仅靠手指控制握拍,手腕以前屈后伸的动作做快速持续的挥拍。

②前臂屈伸快速挥拍:持拍手臂贴耳置于肩上,上臂不动,以肘为轴,仅以前臂后倒前伸击球的动作做快速持续的挥拍。

③前臂体侧前后摆动挥拍:持拍手置于与肩齐平的高度,手肘微屈而前后摆动,用类似抽打陀螺的动作做快速的摆臂练习。

④手腕快速绕8字挥拍:持拍手在体前,以肘为轴,手指放松握拍,仅用手腕沿8字形线路快速持续做挥拍练习。

⑤快速抽球挥拍:根据预定的信号或节拍,做各种正、反手快速持续抽球挥拍动作练习。

⑥快速连续杀球:上下肢协调配合,用完整杀球动作快速持续进行挥拍练习。

(5)快速频步训练。

①原地快、慢变速高频率小密步踏步练习。

②原地快、慢变速向前、向后屈腿踢练习。

③原地快、慢变速向前小垫步接向后蹬转练习。

④原地快、慢变速高抬腿练习:站在原地进行快速高抬腿。

要求大腿摆到与胸部平行的姿势,以最高频率完成抬腿动作,足尖钩起。每组练习15~30次。

⑤原地左右变速转髋练习:双臂侧平举,双脚左右开立,以前脚掌支撑身体,身体快速侧向移动。右脚通过左脚前方向身体左侧移动落地,还原至开始姿势。右脚通过左脚后方向身体左侧移动落地,恢复开始姿势,重复练习。要求身体始终朝向同一方向,尽量用骨盆和下肢快速完成动作。

⑥原地快、慢变速体前左右交叉步练习:双臂侧平举,双脚左右开立以前脚掌支撑身体,身体快速侧向移动。右脚通过左脚前方向身体左侧移动落地,还原至开始姿势,重复练习。要求身体侧对、双脚始终朝向移动方向,尽量用骨盆和下肢快速完成动作,并加大动作速度或幅度。

3. 专项移动速度训练

(1)直线进退跑练习。
(2)左右两侧跑练习。
(3)低重心四角跑练习。
(4)杀球上网步法练习:快速连续完成后场左右移动跳跃步杀球击球动作,然后再迅速接上网步法。
(5)场地四角跑练习:沿半块球场的长方形边线快速冲跑,在转角处快速变换方向,继续跑进。

三、羽毛球基础与专项耐力素质训练

(一)羽毛球基础耐力素质训练

适应羽毛球运动的基础耐力素质训练主要适合于羽毛球运动体能训练的初学者。

(1)400米、800米快速跑步:保持一定速度,发展速度耐力。
(2)1 000~5 000米不等长距离跑步:基础耐久能力训练。要求跑的负荷量尽量多些,运动一小时以上,心率控制在 150 次/分钟左右。

(3)2 000 米、3 000 米或 5 000 米以上的长距离变速跑:采用快慢交替的训练方式,进行变速跑步练习。要求负荷强度要由低到高,心率控制在 130～150 次/分钟、170～180 次/分钟左右,训练时间在半小时以上。

(4)越野长跑:在郊外进行长跑练习。心率控制在 150～170 次/分钟左右,训练时间在 1.5～2 小时。

(5)800 米、1 500 米、2 000 米障碍、3 000 米障碍跑等。要求训练负荷量较小,负荷强度较大,心率在 170～180 次/分钟。在身体尚未完全恢复的情况下进行下一次练习,心率在 120～140 次/分钟之间。训练时间半小时以上。

(6)2×4×100 米的双向跑:跑次恢复间歇 30 秒。

(7)6×200 米的海浪地形跑:要求 3 分钟的被动恢复。

(8)4×200 米的跐步跳:要求高抬腿,3 分钟的被动恢复。

(9)6×50 米的阻力游泳练习(牵引重物)或 8×500 米的阻力的划船练习和牵引重物练习。

(二)羽毛球专项耐力素质训练

(1)冲刺跑加移动步法训练:200 米、300 米或 400 米全力冲跑后,立刻进行 45 秒或 1 分钟全场移动步法练习,完成两项内容为一组,组与组之间可间歇 3 分钟。练习 2、3 或 5 组。

(2)跳绳训练:可以进行长时间的单、双脚跳绳训练。

(3)多球速度耐力训练:多球后场定点连续击高吊杀、被动接吊杀、全场杀球上网练习,多球双打后场左右连续杀球练习,多球全场封杀球或全场跑动练习。

(4)单打持续全场进攻防守训练:运用 5～6 个球,一人专门负责捡球,不间断地反复发球,使练习者没有间歇,在规定时间内保持高速度反复移动击球。

四、羽毛球基础与专项柔韧素质训练

(一)羽毛球基础柔韧素质训练

适应羽毛球运动的基础柔韧素质训练主要适合于羽毛球运动体能训练的初学者。

(1)屈体训练:两脚左右分开,与肩同宽,两臂以稍比肩宽的距离斜上举,上身尽量前屈,两手先在左膝后面击掌,再换在右膝后击掌,反复进行。

(2)振臂训练:直立,上体挺直,两臂前平举,尽力向后振,恢复准备姿势后再振,反复进行。

(3)伸展训练:两脚左右分开,与肩同宽,两臂在胸前掌心向下做水平屈肘,上体左转,两臂同时向两侧伸开,振臂拉长韧带,再向右侧做同样的动作,反复进行。

(4)转腰训练:两脚左右开立,与肩同宽,两手扶后脑,上体反复向左、右两侧做转体动作,先向右转,再向左转,反复进行。

(5)触摸脚尖:两足左右开立,比肩稍宽,两臂自然下垂。上体前屈,以左手指尖触摸右脚尖处,再以右手指尖触摸左脚尖处。

(6)正面压腿:在一个台子前站立,一条腿伸膝放在台子上,另一条腿支撑地面。呼气,双腿膝关节伸直,髋关节正对台子。上体前倾贴近台子上大腿上部。反复进行。要求伸展腿膝部和背部保持伸直,肘关节上提,动作幅度尽量大,动作保持 10 秒左右。还可以进行体侧屈压腿、仰卧转压腿的变化练习。

(7)向后拉肩:站立或坐立,在背后双手合掌,手指向下,吸气,转动手腕使手指向上。向上移动双手直最大限度,并后拉肘部。反复进行。要求动作幅度尽量大,动作保持 10 秒左右。还可以进行背向压肩、向内拉肩、单臂开门拉肩的变化练习。

(8)跪立背弓:跪立,脚尖向后。双手扶在臀上部,形成背弓,臀部肌肉收缩送髋。呼气,加大背弓,头后仰,逐渐把双手滑向脚跟。反复进行。要求动作幅度尽量大,动作保持10秒左右。

(9)跳跃练习:两脚左右开立,与肩同宽,两臂侧平举,跳跃两次,然后两脚并拢,两手在头顶上拍两下,再跳跃两次。

(10)木棒操:两手握住木棒举在头上。上体快速前屈,使木棒几乎触及地面。站直后把木棒水平抛向头上,用两手接住。反复练习3~4次。也可以采用其他方法变化练习。

(二)羽毛球专项柔韧素质训练

1. 上肢各关节韧带伸展性训练

(1)前拉头:站立或坐立,双手在头后交叉。呼气,向胸部方向拉头部,下颌接触胸部。要求双肩下压,动作幅度尽量大,动作保持10秒左右。

(2)侧拉头:站立或坐立,左臂在背后屈肘,右臂从背后抓住左臂肘关节。左臂肘关节向右拉过身体中线。呼气,将右耳贴到右肩上。要求动作幅度尽量大,动作保持10秒左右。

(3)绕肩:两手举到头顶,以直臂或屈臂进行前绕臂,再向后绕臂,快速向前、向后绕肩。也可以持拍做肩部大绕环练习。

(4)助力转肩:一只臂屈肘90°侧举,固定肘关节,向后推手腕。换臂重复练习。要求动作幅度尽量大,动作保持10秒左右。

(5)压腕:站立,双臂胸前屈肘,一只手的手掌根部顶在另一只手的四指末端。用一只手的手掌根部用力压另一手的四指末端。换手重复练习。要求动作幅度尽量大,动作保持10秒左右。还可以进行向内旋腕或跪撑正、反压腕的变化练习。

2. 下肢各关节韧带伸展性训练

(1)俯撑拉伸:从俯卧撑姿势开始,双手向双脚靠近,升高髋部与地面形成三角形。缓慢下压脚跟到地面,双脚轮流练习。要求双臂和背部伸直,并成一线。动作幅度尽量大,动作保持10秒左右。

(2)单脚跪拉:跪下脚趾向后,坐在脚跟上,双手在地面支撑。一只脚平放地面缓慢前移,呼气,膝关节下压并向脚趾前面移动。双腿轮流练习。要求动作幅度尽量大,动作保持10秒左右。

(3)踢腿练习:快速进行正向、侧向和后向踢腿。

3. 腰部伸展性训练

(1)绕环:两腿与肩同宽直立,向左前、右前、左后、右后、左侧、右侧做伸仰接球练习。

(2)转腰:两人一组,背向站立,相距1米左右,持实心球做左右转体传接球练习。也可用头顶被动击球动作做腰部快速后伸前屈练习。

(3)站立体侧屈:双脚左右开立,双手交叉举过头顶向上伸臂。呼气,一侧耳朵贴在肩上,体侧屈至最大限度。向身体另一侧重复练习。要求动作幅度尽量大,动作保持10秒左右。

(4)仰卧团身:仰卧,屈膝,双脚滑向臀部。双手扶在膝关节下部。呼气,双手向胸部和肩部牵拉双膝,提起髋部。重复练习。要求动作幅度尽量大,动作保持10秒左右。

(5)体前屈蹲起。双脚并拢俯身下蹲,双手手指向前,放在脚两侧地面,躯干紧贴大腿上部,最大限度伸膝。重复练习。要求动作幅度尽量大,动作保持10秒左右。

五、羽毛球基础与专项灵敏素质训练

(一)羽毛球基础灵敏素质训练

适应羽毛球运动的基础灵敏素质训练主要适合于羽毛球运动体能训练的初学者。

1. 抛接羽毛球练习

(1)将球向上抛,即刻下蹲双手触地,再迅速站起用手接住球。

(2)两臂前平举,右手把球从左臂下面向上抛起,再接住,连续做数次后,再换左手做同样的练习,反复进行。

(3)两臂侧平举,右手将球经过头顶向左侧方向轻轻抛出,左手接住球后,以同样方法回给右手,反复进行。

(4)右手把球向上抛起,同时原地起跳向左转体360°,然后接住球。再换左手做同样的动作,方向相反,反复进行。

(5)单脚站立,同侧手把球从身后经肩上方抛向身前,再接住球,然后放下提起的脚。换另边做同样的抛球接球练习,反复进行。

(6)两脚左右开立,上体前屈,一手持球经胯下把球从背后抛向身前,然后身体快速站直把球接住,反复进行。

(7)在地上画一条1米左右的直线,两头各放一个球,选手持球站在线的中间向上抛起后,迅速弯腰拾起地上左右两侧的球,再接住落下的球,反复进行。

(8)在地上画一个直径3米的圆圈,沿圆圈顺时针方向边跑边持拍颠击羽毛球,再换方向逆时针做颠球跑。要求双脚要踏在线上,同时用球拍控制好球,不让球落地。

2. 灵敏游戏练习

(1)持球过杆:在长20米的直线上插上10根杆,持拍向上抬球,同时沿曲线绕杆进行接力跑。

(2)踢球过人:甲乙二人相距6米对面站立,丙站在甲乙中间,甲乙二人力争将球踢过丙并由对方接住球,丙尽力截击踢过来的球。

(3)沙包击人:在一个长约8米、宽约4米的场地内设守方选手,攻方选手站在场地纵向的两端,掷小沙包击打守方选手。如守方选手身体的任何部位被沙包击中,则被罚下,直到守方全部选手被罚下场为止。攻守双方交换角色继续练习。

(4)圈内截球:数人围成一圈,圈内进一人或二人。圈外的人在圆圈空间范围内将球来回传递,圈内练习者设法截击球,触到球为截击成功,被截住球的传球者换进圈内,与圈内截击球者交换角色后继续练习。

(5)带球曲径跑。在地上画两条相距30～40厘米、长20～30米的蛇行曲线。用脚踢足球,沿着曲折小径前进。

(6)过人游戏:在地上画一条6～10米横线,两端做明显的标志,线两边各站一人。一方进攻,一方防守。进攻者设法越过横线而不被对方触着身体;防守者则尽量不让对方越过横线,伸开双臂拦阻对方。数次后,攻守双方交换角色继续练习。

(二)羽毛球专项灵敏素质训练

1. 上肢灵敏素质训练

(1)手腕前臂灵敏素质训练。
①快速左右前后一步腾空接球练习。
②快速用手接各种变向前半场小球练习。
③快速用手接上下左右和前后位置来球的练习。
④左、右手轮流模仿挥拍击球动作。
⑤两臂同时在体侧做交叉大绕环。
⑥两臂同时在体前从身体一侧绕向另一侧画"8"字。
⑦手腕画"8"字:可两手持拍于身体两侧,手腕转动画"8"字;也可两手持拍于体前,手腕翻动绕"8"字,球拍挥动至腕上方时肘部下沉,球拍挥动至腕下部时肘抬起。

(2)手指灵敏素质训练。
①捻动拍柄:手持拍柄,用手指捻动拍柄做左右上下转换拍柄位置的练习。换手练习,反复进行。
②抛接球拍:手持球拍,将球拍向前后左右和向上抛起,再用手迅速接住,反复进行。

(3)下肢灵敏素质训练。

①小步跑练习。

②高抬腿跑练习。

③后蹬跑练习。

④后踢腿跑练习。

⑤双脚向后跳练习。

⑥体前交叉转髋练习。

⑦前后交叉步侧向移动跑练习。

⑧左右侧身并步跳练习。

⑨左右向前、左右向后垫步跑练习。

(4)髋部灵活性训练。

①转体练习:以左脚为轴,右脚向前、向后做快速蹬步转体练习。

②收腹跳练习:双脚全力向上纵跳的同时,双腿向胸前屈收,完成屈腿收腹动作,连续跳跃,反复进行。

③原地转髋跳练习:髋部向左、右连续转动。向右转时右腿外旋、左腿内旋,两脚尖方向均向右,身体面向前,上体保持平衡,仅下肢转动。然后反方向做。左右两侧反复进行。

④半蹲向前后左右转体垫步移动练习,要求在短距离内视信号快速变换方向。

⑤前后交叉起跳转体练习,即连续后场起跳击球练习。

⑥高抬腿交叉转髋练习:高抬腿姿势,当腿抬至体前最高点后迅速向左或右转体,左右腿交替持续完成高抬腿交叉转髋动作。

⑦小密步垫步前后蹬转练习:右脚向前移动半步,左脚紧跟其后迅速垫一小步靠向右脚,以左脚为轴心,右脚向后蹬地转体,左脚退回小半步,右脚再向前移动半步(开始重复第二次),反复进行。

第二节 羽毛球运动心理训练的方法

一、羽毛球运动员的比赛心理训练

(一)赛前心理准备

1. 端正比赛态度

态度决定一切,羽毛球运动员在参加比赛时也是如此。只有正确和良好的态度才能促使运动员认真对待比赛,发挥出应有的水平。因此,教练在比赛前通常要找运动员谈话,了解他们的心理状况,如果是团队比赛还可以进行赛前动员或小组讨论。这些活动都是为了引导运动员建立良好的心态,正确看待自己与对手,同时让他们放下比赛胜负的包袱,排除杂念。

2. 树立正确的比赛心理定向

所谓的比赛心理定向,是指运动员在比赛前后更加注重过程还是结果的思维活动指向或定势。在赛前,运动员的比赛心理定向基本都是以自我为中心的,如关注自身的技战术、比赛中遇到困难的解决方案等,这些考虑的因素都在个人的控制之下,属于一种正确的心理定向。而不正确的心理定向则是过于关注个体无法控制的因素,如场下的客队观众是否会给自己喝倒彩、场地灯光晃眼等。

因此,为保证运动员树立正确的比赛心理定向,首先就要确定哪些因素属于自己能够控制的,哪些因素是客观的,不以自己的意识为转移的。把握好自己能控制的,放弃掉自己控制不了的,以此来实现节省身心能量的目的。

3. 设置恰当的运动比赛目标

每个运动员参赛都有一个比赛目标,这是他们参加比赛的预期。不同性质的比赛也带来不同的比赛目标,它可以是获得某个名次,战胜某位运动员,拿到什么级别的奖金,实现某种技战术的成功运用,或是单纯经历比赛的历练等。然而无论比赛目标为何,制定目标都要以运动员的实际能力为依据,需要将目标制定得富有挑战性一些,但也要注意不能过高。另外,为了明确获知是否达成了目标,对这个目标的设置还要注意评定的清晰性和可评测性。

4. 增强运动员的自信心

自信是运动员对实现比赛目标所具有的确信程度。对于一名运动员来说,强大的自信来自于较多比赛成功的经验,是运动员对自身能力的肯定,是对期望要求与技、战术水平自我估计之间差异的正确平衡。

对于建立自信和增强自信来说,其关键就在于运动员对困难产生和解决的理解程度。当遇到问题或困难时,首先感到的不是畏惧和躲避,而是坚信以自己的见识和能力可以找到方法解决,这是建立自信的基础,而当真的通过自身努力解决了困难后,就进入到了一种自我超越的状态中,久而久之,自信心自然产生。

(二)赛中心理调节

心理调节,是指对运动员的临场心理或行为表现采用多种干预方法使之朝积极方向变化的过程。随着比赛的进行,运动员总会显现出不同的心理状态,如在比分领先时可能出现大意和保守的想法;在僵持过程中容易畏首畏尾,顾虑较多;在落后过程时容易产生消极心理等。对于赛中的心理调节主要由运动员自身来完成,为此,他们就有必要掌握相关调节方法,其中运用较多的有呼吸调节法、闭目调节法、思维阻断调节法等。这些调节方法的作用归根结底来说是如下几个。

1. 保持情绪稳定

在比赛中，运动员的情绪可能会受到众多因素的影响，内在原因多为自身的心理问题，如怯懦、恐惧等，外部原因在于客观环境，如裁判判罚不利、场地略滑、灯光晃眼之类。羽毛球比赛的规则规定教练员不能在比赛中的任何时间给运动员做场外指导，这就使运动员在情绪不稳的时候只能自己解决问题，做好自我调整情绪的工作。

2. 保持清醒认识

羽毛球比赛的形式千变万化，只有始终保持清醒认识的运动员才能在各种局面下把握有利节奏。这就需要运动员在赛前准备过程中首先做到"知己知彼"，即对对手的技战术特点和打法风格有一个基本的认识，对比赛中可能出现的困难也做足准备，这是运动员在比赛中稳定发挥的基础。其次对待突然出现的不在预料之中的情况要保持处乱不惊的心态，继续头脑清醒地思考问题出现的由来、解决的方法和正确的第一步行动。只要保持清醒的认识，无论遇到怎样的情况都能找出对策。

3. 坚定比赛信念

坚定比赛信念是运动员体能和心理能力得到最彻底发挥的基础，当然这还依赖于运动员自身所具有的顽强意志品质。羽毛球比赛对运动员的全面素质都有所要求，双方运动员比拼的除了技战术外，还有体能、心理、意志和处理困难的能力。比赛中回合多、球速快、对抗激烈，这些都经常会使运动员感到精疲力竭，甚至对绝对下风的局面感到绝望，此时的胜利者往往是那些比赛信念更加坚定的人，特别是在比赛僵持的阶段，哪一方放松警惕、懈怠大意，哪一方就会输掉比赛。只有相信自己，冷静地进行分析、调整、寻找突破点才有可能被胜利垂青。

(三)赛后心理调整

1. 正确看待比赛结果

羽毛球比赛的规则决定了每场比赛都会分出胜负,如此就使得不同的结果更容易影响运动员的心理状况。如果获胜了,运动员的心理调整方向主要为抑制过度的兴奋和由此产生的盲目自信;如果失利了,调整方向应该为抑制过度失落和由此产生的消极心理。对这些由比赛结果带来的不同心理问题的调整方式可以是谈话或咨询。对于胜利者的调整应首先鼓励其出色表现,然后也要找出其比赛中的不足以及日后继续努力的方向;对于失利者的调整应首先给予安慰,然后要指出运动员在比赛中可取的方面以及日后需要加强的地方。总之,这些方法的核心都是引导运动员正确看待比赛的结果,不被结果太多左右了心态。

2. 学会放松

比赛过后运动员的身体都会感到不同程度的疲劳,此时学会放松是非常重要的,这是为了能让身体体能尽快恢复到正常水平,以更好地回到生活中,抑或为下一次训练和比赛做好准备。此外,放松身体实际上也是一种心理调整的方法。常用的放松方法有物理疗法、饮食疗法和睡眠等,但对心理的放松更为有效的方式为语言诱导、听音乐以及参加其他娱乐活动等。

3. 正确认识人际关系

比赛结果会改变运动员的心理状态,因此连带着也会改变他所处的人际关系。具体来说,这种微妙的心理状态对人际关系的影响主要来源于运动员自身及其周围的人因比赛结果的不同而发生的人际关系重新评价行为,如果运动员在一次重要的赛事中获胜,那么运动员就会自信心爆棚,如果控制不住这种心态,可能会演变为骄傲自满,失去对自己的准确定位,有些飘飘然的感觉,在实际当中就可能敢顶撞教练或不服管理,周边人也可能觉得他不像过去那样好接触;如果比赛失败,运动员可能会招来非议,无法面对人前人后的指指点点,如此进一步加大了自己承受的压力。但无论如何,这些都需要运动员勇敢面对,始终正确认识自我,不妄自尊大,也不妄自菲薄。因此,比赛后正确认识人际关系也是运动员赛后心理调节的重要内容。

二、羽毛球运动员的专项心理训练

(一)运动表象训练

运动表象训练是一种非常重要的心理训练方式。它的核心方法是在赛前让运动员想象出他们即将要在赛场上使用的技术的全过程,不仅如此,还要让他们想象赛场周围环境,以从心理上达到适应的目的,顺利完成比赛。对于羽毛球运动员来说,他们运动表象的建立来自于日常技战术训练所获悉的运动技能和参加比赛后对比赛场景的见识,再加上一些必要的情绪控制法等,这些日常接触的训练都可以在运动员的大脑中被"调取"出来形成再现的影像。下面对羽毛球运动员开展的运动表象训练方法进行详细说明。

(1)在头脑中反复想象比赛环境。在这一方法中,想象的主要对象是与比赛相关的一切外部环境,以此来克服运动员可能存在的对比赛环境的不适感和紧张感,从而在一定程度上提高运动员对比赛的适应力。

(2)在大脑中构建技战术的实施。在准备使用某项技战术前,运动员要现在大脑中构想一下这个技战术的全过程,以及对方可能的应对方法,用这种方式来调动运动员相应的神经和肌肉产生微弱的活动。

(3)回忆比赛过程。由于运动员在比赛中注意力高度集中,有时还非常紧张,致使运动员会忘记比赛中的许多过程,这些过程中有很多是非常值得总结和参考的。因此，回忆比赛过程也是运动表象训练中的一个重要方式。

(二)注意力训练

注意力属于一种非常基础的心理技能。对于从事体育运动的运动员来说，只有在比赛中保持高度集中的注意力，才能及时洞察比赛中的各种细节和对运动行为做出快速反应，可以想象一个注意力不集中、心不在焉的选手的战斗力一定会大打折扣的。从这点来看，注意力的集中程度也可以作为评价运动员投入训练和比赛程度的标志。每个人都或多或少拥有一些"杂念"，而一旦训练或比赛开始，将这些杂念和不良情绪抛之脑后就是运动员的一种心理调节能力。

羽毛球运动心理训练中的注意力集中训练是以提高运动员心理活动集中指向于完成羽毛球技、战术动作的能力为主要目的。这种训练的最大意义在于把运动员的注意力正确引导向当前要完成的技战术上，而不是单纯地指向运动结果。单纯引导向运动结果是一种片面的认识，而且容易让运动员背上心理包袱。

注意力训练的具体方法主要有下列几种：

(1)听看信号做动作：教练员可通过口令或发出视觉信号指示运动员对信息做出回应。例如，规定听到的信息后做出与之相反的动作，如抬左手，运动员应抬右手等。

(2)视物法：视物法顾名思义是通过观察物体的形式来培养注意力。运动员观察某种物体，时间为几秒，然后闭目描述物体的形象。如此过程可以反复几次，在每次的视物过程中都力求要看得更细致。

(3)看表法：看表法的方法非常简单，就是注视表的秒针移动。练习频率为每次盯住 4 分钟，每分钟间隔 10 秒，每天练习两次。然后随着练习的深入每次都缩短间隔时间，最终以能够连续注视秒针移动 5 分钟为获得良好训练效果。

(4)发球练习：按一定顺序集中注意完成发球动作，动作顺序为:观察对方接发球站位→决定发球的显露和落点→深呼吸一次→做好发球准备姿势→发球。

(5)接发球练习:按一定顺序集中注意观察对方的发球动作,然后接发球。观察的规定顺序为:对方的发球站位→对方发球的准备姿势→对方抛球和挥拍的动作→来球的线路与弧线→选择适当的技术接发球。

(6)按规定注意顺序进行默念练习:该练习的目的是使运动员形成正确的动作定型,提高运动员在实战中遇到何种情况都可排除干扰的能力,并按既定的心理活动定势做出正确的反应。

(7)筛选复杂的运动情境刺激,提取与羽毛球技战术有关的线索,作为运动实践中心理活动指向的对象进行注意集中训练。

(三)意志力训练

羽毛球运动的特点和运动强度决定了参与其中的运动员需要具备足够的意志力才能完成艰苦的训练任务和比赛。影响运动员意志力的因素主要涉及是否拥有足够的运动动机、正确的运动目标、积极向上的情绪、足够高的技战术能力等。因此,对运动员进行必要的意志力训练就显得格外重要,其核心方式在于端正运动员参与运动的动机,提高他们信任自己的实力以克服各种困难的信心与决心。此外,也不能忽视对运动员思想品德方面的教育,合理引导他们的人生观、价值观,激发斗志,增加以培养正确比赛目的为目标的教育。

具体来说,针对羽毛球运动员的意志力训练方式主要有以下几种。

(1)适应性训练:选择在运动员遇到困难等类似消极状况下开展训练,以使运动员在这种心理状态下逐渐适应和改良心态。常见的困境出现在训练中运动员做某项技术动作不准确时,也出现在比赛中局面处于下风且输球后。适应性训练有很多地方与模拟训练法相类似,但不同点在于意志力的适应性训练更侧重对心理层面的训练而非对运动所处的客观环境的适应性训练。

（2）"反向"训练：安排与运动员意愿相反的训练计划，如让运动员在受空调吹出的气流影响较大的场地中训练；在恶劣天气条件下安排室外训练；在灯光晃眼的一侧训练；大运动量训练等。这种总与运动员心理舒适区相悖的训练安排会增加他们对不适感的适应性，这其实就是对他们意志力的一种锻炼方法。

（3）情绪情感教育：就运动员的意志力水平来说，良好的情绪情感无疑对其有较大的促进作用。包括运动员在内的人，当保有积极的心态和良好的情绪时才更能激发自身的潜力，身心都处于较为出色的状态下，此时的运动员才能把正常水平发挥出来，甚至是超水平发挥。鉴于此，经常对运动员进行情绪情感教育也是提升他们意志力水平的方法之一。这种情绪情感的提升无疑是引导运动员更加深入地认识羽毛球运动，明确训练的意义和比赛的目的。特别是在枯燥乏味的训练中采用有效方法调动他们的情绪情感，发挥情绪情感的积极动力作用，这对于提高他们战胜困难具有精神上的促进作用。

（四）应激控制训练

应激，是个体感知到环境要求与自身能力存在一定差异后产生的身心反应。要想出现应激，就需要外部环境刺激、个体的认知和身心唤醒反应三要素。外部环境刺激也被称为应激源，对于运动员来说，应激源出现在训练和比赛场中，它是与训练和比赛息息相关的内外部环境，如对手、教练员、裁判员、观众、比赛比分和结果等。运动员个体会对这些环境进行认知和评价，并产生看待问题的态度，再到唤醒身心的认知过程。

对于应激来说，可以根据其是否产生消极思维活动或出现唤醒变化作为划分的依据，如此就出现了两种形式，一个为环境刺激→唤醒→消极思维→应激，另一个为环境刺激→消极思维→唤醒→应激。这两种形式的应激使得针对羽毛球运动的应激控制训练就构成了如下三种方法：

第六章 羽毛球运动体能与心理的科学训练方法

(1)环境应激控制训练:该训练方法还可以分为三种主要形式。第一种,即最大化减少计划之外的事件的发生,这样做的目的在于能够让运动员更加安心于训练和比赛相关的事宜,心思不被此外的事情打乱。第二种,即降低外界的评价,这样做的目的在于避免运动员由于接收到了外界对自己的评价信息从而产生了思想干扰,使他们坚信自己正在进行的训练或比赛的意念,在很大程度上消除紧张情绪。第三种,即回避法,最直接的方式就是进行封闭训练,使运动员暂时避开外界的影响,集中精力准备比赛。

(2)身体应激控制训练:该训练的目的在于使运动员能够充分信任和发挥自身技能,并使之与训练或比赛紧密结合,这种训练有利于在应激时降低身体的唤醒水平。经常使用的身体应急控制训练的方法有呼吸放松法、表现放松法、渐进放松法、自我暗示放松法等。过程中要格外注重构建运动员大脑和躯体之间的联系,这是身体应急控制训练的核心点,为此,这项训练必须要长期坚持才能收到效果。

(3)认知应激控制训练:该训练以"思维决定情绪"为基本原理展开,其转变的重点对象就是运动员的消极思维和消极评价等。这种消极思维和评价经常表现为运动员认为自己与对手的水平高低标准与对关键球的处理是否出错完全相关,因为对手处理关键球的能力更好就武断地认为对手比自己水平高。实际上这是一种片面的、不客观的认知。而这种对认知应激控制的训练就在于厘清运动员的思维,使其能够更加客观地看待对手和自我的能力。

具体的训练过程可根据如下环节进行:选择运动员经常出现问题的情境,如让运动员回忆并思考之前一个球的处理方式的选择→讲述在这个球的处理前的想法并分析存在何种消极认知→与运动员共同分析从哪个角度转变这个消极信念更为有效→找寻代替消极想法的积极想法→制定类似情况的积极暗示语或暗示行为→鼓励和提示运动员在日后相同情境出现的情况下使用认知应激控制训练中的成果。

三、羽毛球运动员的不良心理调节

羽毛球比赛中局面的变化是多样的,运动员面对不同的形势需要调整适当的心理状态予以应对,但心理状态的调整不会永远顺利,有时经常会遇到调解不畅的情况,于是自卑、焦虑、暴躁等不良心理就产生了。运动员不良心理的产生会给他们的正常发挥带来干扰,因此,需要及时进行干预并调节。下面重点对几种不良心理的调节方法进行指导。

(一)活动调节法

活动调节法是以转变活动内容从而调整心理的一种调节方法。活动调节法主要运用于心情焦虑或是情绪低落的运动员的心理调节。

对于专业运动员来说,长期从事一项体育运动或多或少都会产生一些厌烦感,因此,适当在日常训练中安排一些与羽毛球运动无关的活动项目作为准备活动或放松活动的内容,是一种较为理想的心理调节方法。运动员参加"新"的活动有助于提升他们大脑的兴奋水平,新活动带来的新意可以改善他们的情绪状态,进而调整他们由焦虑引发的多种心理不适,同时也能减少他们接受或产生的过多消极信息。

(二)肌肉控制法

肌肉控制法,是指让肌肉通过特定的步骤放松,从而使运动员心理逐渐平稳的调节方法。

羽毛球比赛中运动员经常会感到肌肉发紧和僵硬,这种情况也会使心理变得紧张,进而阻碍正常水平的发挥。肌肉控制法在比赛当中就可以使用,时机多为规则规定的擦汗间隙,或是每局之间的休息时间。例如,当运动员由于紧张而产生多种不良心理后,就可以尝试紧握双拳,然后再放松的方式来放松精神,缓解焦虑。

(三)呼吸调节法

呼吸调节法顾名思义就是以改变呼吸节奏作为心理调节方式的方法。一般来说,使用的呼吸调节法都是深呼吸的方式,这是一种对紧张心理的缓解非常有效的放松方法。之所以呼吸调节法对运动员的不良心理可以起到良好的调节作用,主要原因在于羽毛球运动本身就是一项有氧运动,运动员在运动过程中时刻都要依赖呼吸获得所需氧气。这样一来,呼吸节奏的改变就改变了原先身体摄氧的稳态,进而由生理对心理带来影响,用以调节不良的心理状态。这个方法在比赛的前、中、后三个阶段内都能使用,并且效果较为理想。此外,这种方法还可以在训练中起到保证体能合理发挥和赛后消除身心疲劳的作用。

(四)音乐调解法

音乐对人的心理具有调节功效这点早已获得了普遍认可,因此,对运动员的不良心理的调节方法中一定包括音乐法。

音乐的风格较为多样,选择什么风格的音乐作为运动员心理调节的段落需要参考运动员的意见,如有些运动员偏爱安静舒缓的钢琴曲,认为这种音乐带来的感觉更令其感到舒适;有些运动员则喜欢激烈、节奏感强的音乐,认为这种音乐可以使自己充分释放自我,从而获得放松感。

(五)自我暗示法

自我暗示,是一种充分调动人的潜意识来调节心理的方法。自我暗示在心理调整中的运用范围较为广泛,对这种方法的使用可以达到较好的自我肯定与自我激发效果。自我暗示法的应用核心在于运用适当的激发潜意识的引导语,不断通过他人或运动员本人来重复灌输这类语言,从而绕过人的主观意识与最纯粹的本我进行交流。所使用的引导语应该是积极的、正面的、直观的,如"我的能力没有问题""这一分我可以拿下来""我乐于应对艰难的比赛"等。

第七章 羽毛球运动技术科学练习指导

羽毛球运动技术是支撑运动项目的重要组成部分，只有运动者掌握足够的技术，才能更好地参与这项运动，从中获得乐趣。羽毛球的球体并非圆形，这是其与其他球类运动项目的最大不同，因此在技术上和运动原理上都有着鲜明特色。本章就重点对羽毛球运动技术的原理进行分析，以及对技术学练实践进行指导。

第一节 羽毛球运动技术原理

一、羽毛球常用术语

(1) 正拍：用掌心一边的拍面击球称为正拍。
(2) 反拍：用手背一边的拍面击球称为反拍。
(3) 上手球：击球点在击球者肩部以上。
(4) 下手球：击球点在击球者肩部以下。
(5) 头顶球：击球者用正拍拍面击打反手区的上手球，称为头顶球。
(6) 前场：前发球线附近至球网（图7-1）。
(7) 中场：前、后场区之间的区域（图7-1）。
(8) 后场：从端线至场内约1米处（图7-1）。
(9) 左、右场区：以发球区的中线为界，分为左、右两个场区（图7-1）。

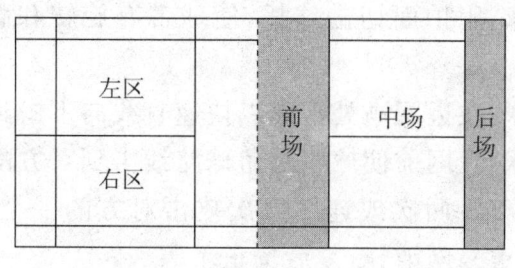

图 7-1

(10) 平高球：从场地一边的后场，以较低的弧度击到对方后场。

(11) 高远球：从场地一边的后场，以高弧度击到对方场地后场（图 7-2）。

(12) 平快球：从场地一边的后场，以较平的弧度击到对方后场（图 7-2）。

(13) 扣杀球：从场地一边的中、后场使球快速向下直线飞行到对方场区（图 7-2）。

(14) 吊球：从场地一边的后场，把球以向下飞行的弧线击到对方近网场区（图 7-2）。

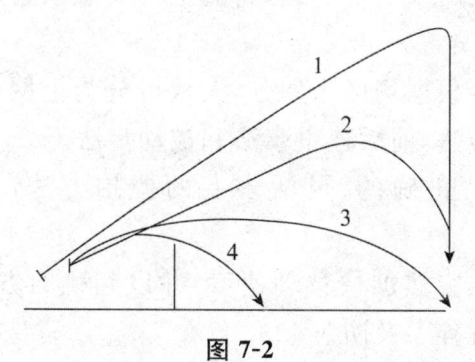

图 7-2
1—高远球；2—平快球；3—扣杀球；4—吊球

(15) 推球：在靠近网的三分之一上部，使球以低平的弧线击到对方后场区。

(16) 挑高球：把球从前场或中场在低于球网处，向上以较高的弧度击到对方后场。

(17) 放网前球：使球从本方网前击到对方近网区。

(18)搓球:用拍面切击球托,使球带有旋转和翻滚飞行过网称作搓球。

(19)扑球:在近网高处把球以快速直线向下击到对方场区。

(20)勾球:在网前使球以对角球路线击到对方网前。

(21)重复球:两次或连续数次攻击对方的一个场区或一点,如重复后场、重复网前、重复后场正手等。

(22)组合技术:用两个或三个技术名称组合来表示某一击球在场上的位置和击出球的形式,如正手杀球、后场正手杀头顶高球、反手扑球、正手推对角、中场正手平抽等。

(23)下压:把前场高于网顶和后场高空下落的来球,用杀、吊、扑等技术还击,使对方处于防守的地位。

(24)追身球:趁对方立足未稳时,把球对准对方身体进行突击。

(25)杀上网:杀球后迅速向前移动,封住前场,以扑、搓、勾、推等技术连续进攻。

(26)假动作:所做的身体动作和挥拍动作与实际上击出的球在时间、方向或路线上不一致,它能把真实意图暂时隐蔽起来,造成对方判断错误。

(27)步法:根据场区来划分,大致可分为上网球步法,后退步法,两侧移动步法,前后连贯步法和被动步法。

(28)握拍:正确的、灵活多变的握拍方法,是击球手法的基础。

(29)突击:突然加快移动速度,并以起跳的方法拦截来球进行扣杀,使对方猝不及防。

二、持拍手与非持拍手

(一)持拍手

持拍手,是指在羽毛球运动进行中握住球拍并使用各种技术的手。

第七章 羽毛球运动技术科学练习指导

根据持拍手在比赛中运用技术的手法的区别,可以细分为正手技术、反手技术、正手击球和反手击球等技术术语。其中,正手技术,是指握拍手同侧的技术,反手技术是指握拍手异侧的技术,如右手握拍的运动员,在击右侧球时所用的技术就称为正手技术,并由此派生出正手发球技术、正手击球技术等技术名称。其余正反手技术的名称以此类推。

(二)非持拍手

非持拍手,是指在羽毛球运动进行中没有握球拍的手。

非持拍手并非无用,它在运动进行中的主要功能为发球时的持球、抛球,以及在击球过程中保持身体平衡。

三、拍形角度与拍面方向

(一)拍形角度

拍形角度,是指球拍面与地面所成的角度。拍形角度可分为拍面向下、拍面稍前倾、拍面前倾、拍面垂直、拍面后仰、拍面稍后仰、拍面向上七种。

(二)拍面方向

拍面方向,是指球拍拍面朝向的位置。拍面方向可分为拍面朝左、拍面朝右、拍面朝前三种。一般在技术教学环节中会经常出现关于拍面方向的描述。

拍形角度和拍面方向控制的好坏对击球质量的影响是非常大的,因此,我们必须在每一次击球中认真调整好拍形和拍面,击打出符合要求的球。

四、击球点

击球点是运动员击球时球拍与球相接触那一点的空间位置。

击球点包括三个方面的内容：球拍和球的接触点距地面的高度；接触点距身体的前后距离；距身体的左右距离。

对击球点的选择是否合适将直接影响着运动员击球的力量、速度、弧线、落点，最终会影响运动员击球的准确性和命中率。

选择合适的击球点应做到判断要准和移动到位（步法要快）两个关键要点。只有做到了这两点才能保证调整到最合适的位置上击球。

另外值得一提的是，击球点的选择还与步法移动有关。在实际教学与训练中，初学者或爱好者最常犯的一个普遍性错误就是"用手找球"，这样找寻击球点的局限性较大，往往不能收到很好的效果。而正确的理念应该是"用脚找球"，即通过快速的步法使身体在最短的时间内移动到最佳的击球位置，此后再通过手臂的控制达到找准击球点的目的。

五、击球的基本线路

击球线路是指球被运动员击出后在空中运行的轨迹和场地之间的关系。羽毛球运动员击球线路有很多，这里主要将羽毛球的基本线路可分为以下五条，即左方直线、中路直线、右方直线、右方斜线（右方对角线）、左方斜线（左方对角线）。

此外，根据击球运动员站的不同位置（左、中、右），每个位置又可分别击出直线、中路、斜线，因此又可派生出九条线路来。

总之，羽毛球的击球线路之多无法描述，但基本线路就几条，只要掌握了其规律，对学练者进行训练和比赛都大有益处。

六、球的弧线

在重力的影响下，任何飞在空中的物体都会受到一个向下的力的吸引，由此便产生了羽毛球的飞行弧线。

羽毛球被运动员击出后，在飞往对方场区的过程中总是呈弧线运行的。即使是强有力的杀球也不例外。对于球弧线的研究主要是为了更好地掌握羽毛球飞行的规律,并准确判断来球,控制回球的运行,从而获得主动权。

球的弧线主要包括以下几个方面的内容:

(1)弧线的长度。弧线的长度是指球运行的实际轨迹的长度。

(2)弧线的曲度。弧线的曲度是指弧线的弯曲程度。

(3)打出距离。打出距离是指弧线投影在地面上的直线距离。

(4)羽毛球飞行的方向。

羽毛球弧线的特点是球刚被击出时弧线曲度小,越往后弧线曲度越大,最后甚至成为自由落体垂直下落。这是由羽毛球的制作材料、本身的特殊结构、形状与空气的阻力共同产生的后果。

羽毛球的各种不同技术对弧线有不同的要求,因此我们在制造弧线时一定要考虑这一重要因素。例如,中后场的击高远球与中后场的吊网前球,这两种技术对这两条弧线的要求就不一样。高远球要求弧线曲度大,弧线长,打出距离远,球飞行的方向是底线高远球。

七、球的落点

球被击出后的第一次落地,即被称为"球的落点"。

一般来讲,将球击至对方半场后球的落点可以简化为几个区域,如将球击到对方场区的前场、中场、后场,而前场、中场、后场又均可分为左区、中区、右区三个部分。由此为了方便教学和训练,通常会把羽毛球的半场场地划分为九个击球落点区,如此分区主要为了方便运动员在训练中养成落点意识,并且能够在比赛中有意识地进行落点控制。

研究球的落点是羽毛球运动的一个重要内容,是"快、狠、准、活"技术风格的要求。只有具备能随心所欲地将球击到不同落点区的能力和随心所欲地变化击球落点的能力,才能在羽毛球运动中获得主动权,取得好成绩。

第二节 羽毛球运动技术教学指导

一、羽毛球握拍技术

羽毛球运动需要运动员手握器材(羽毛球球拍),并以手握器材还击球的方式进行的,因此握拍法一般就成为羽毛球初学者首先要掌握的基本技术。

羽毛球技术中的握拍法和指法是很多的,但是基本的握拍法只有两种,就是正手握拍法和反手握拍法。

(一)正手握拍法

握拍时先用左手拿住球拍杆,使拍面与地面垂直,然后张开右手,使虎口对着拍柄内侧小棱边,拇指和食指贴在拍柄的两个宽面上,食指和中指稍分开,中指、无名指和小指并拢握住拍柄。握拍时掌心稍空出(图 7-3)。

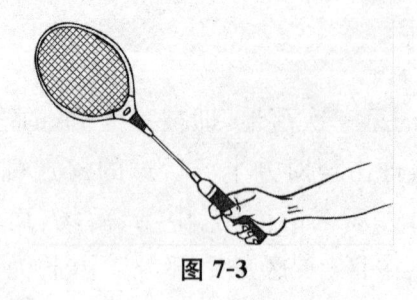

图 7-3

(二)反手握拍法

1. 传统法

在正手握拍的基础上,用大拇指和食指将拍柄稍向外转,将

第七章　羽毛球运动技术科学练习指导

大拇指伸直用其第一指节内侧自然顶贴在拍柄内侧的宽面上,食指收回,与拇指同(或略)高,四指并拢握住拍柄。手心与拍柄之间留出空隙,有利于击球发力(图 7-4)。

图 7-4

2. 现代法

将大拇指第一指节内侧自然贴在拍柄的窄棱面上,握拍手心与拍柄保持一定间隙。这种握拍法能充分发挥各手指的力量和灵活性,击球时技术动作小,爆发力强,球速加快,同时能运用手指力量来控制球,使球的落点更佳。反手发球、身体左侧的击肩下球和肩上球等一般采用反手握拍法(图 7-5)。

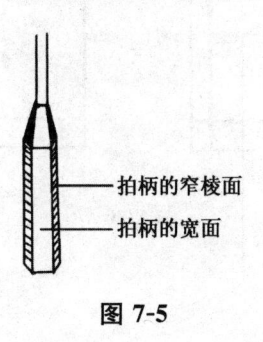

图 7-5

二、步法技术

步法大致分为三大类:一是上网步法,二是后场步法,三是中场步法。在实践中常运用跨步、垫步、蹬步、并步、交叉步、腾跳步等综合步法。

(一)上网步法

根据上网时脚步移动方法的区别,上网步法可分为跨步(又称交叉步)上网、垫步上网和蹬跳步上网。不论正手或反手,根据来球远近,上网步法可采用三步、两步或一步上网击球。

1. 跨步(交叉步)上网

站位于球场中心稍靠后,两脚左右开立。右脚略前,上体稍前倾,两眼注视对方击球。当对方吊网前球时,在对方击球瞬间,脚跟提起轻跳并迅速调整重心至后脚以协助快速起动。左脚迈一小步,用脚掌内侧起蹬,右脚向前跨大步,以脚跟和脚掌外侧着地滑步缓冲,脚尖外斜,右脚屈膝成弓箭步,左脚随即向前挪动,以协助右脚回蹬。击球后用并步或交叉步退回中心位置,如果对方来球较近,可用左脚蹬地随即右脚跨一大步上网(图7-6)。

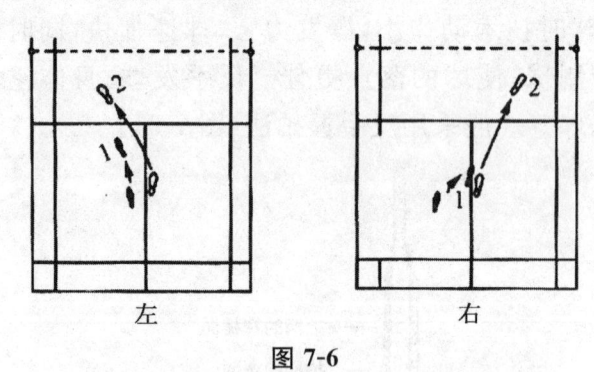

左 　　　　　　　　右

图 7-6

2. 垫步上网

准备姿势同跨步上网。右脚先迈一小步,左脚随即垫一小步靠近右脚跟(或后交叉迈小步),并用脚掌内侧起蹬,接着右脚迅速向前跨大步上网(着地后要求同跨步上网)。击球后用并步或交叉步退回中心位置。

垫步上网是我国羽毛球运动员常用的上网步法,它蹬力强,速度快,在被动时有利于迅速调整重心,快速接应来球(图7-7)。

左　　　　　　　　　右

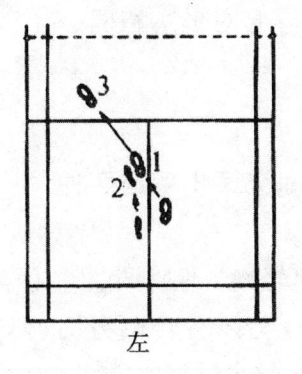

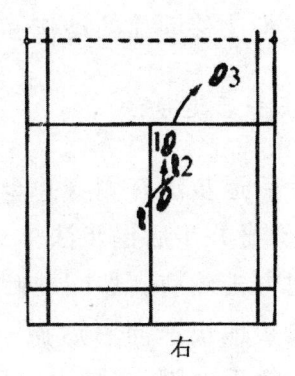

图 7-7

3. 蹬跳步上网

蹬跳步上网是为了提早击球,争取击球点在网顶上空,以起到突击的作用,一般常用于上网扑球。在做好扑球思想准备的基础上,并判定对方发或放网前球时,右脚稍向前,脚一点地便起蹬,侧身扑向网前(或左脚蹬地扑向网前),当球飞至网顶即行扑击,在触球的同时右脚先着地,左脚随身体惯性在右脚后着地,并立即退回中心位置(图 7-8)。

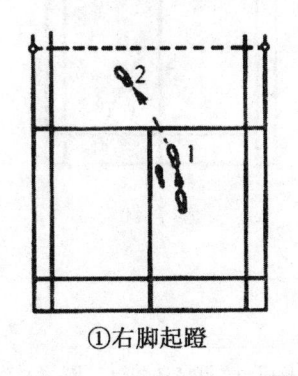

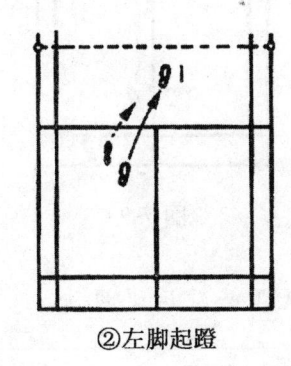

①右脚起蹬　　　　②左脚起蹬

图 7-8

(二)后退步法

后退步法有向右后场区后退和向左后场区后退两种。向右后场区后退步法一般是正手击球的后退步法,向左后场区后退步法分为交叉步后退头顶击球步法和反手击球后退步法等。

后退步法移动前的动作和站位与上网步法相同。

1. 正手后退步法

正手后退步法有侧身并步后退和交叉步后退两种。
(1)侧身并步后退步法。

在对方击球前刹那间,脚跟提起轻跳,迅速调整重心至右脚。接着右脚蹬地快速向右后撤一小步,上体右转侧身对网,紧接着左脚并步靠近右脚,右脚再向后移至来球位置。在移动中做好手部动作准备,待来球在右肩上方下落时作正手底线原地击球或跳起击球。击球后并步或小步跑回中心位置(图7-9)。

(2)交叉步后退步法。

站位与准备姿势同侧身并步后退步法。右脚撤后一小步后,左脚从体后交叉后退一步,右脚再后移至来球位置(图7-10)。

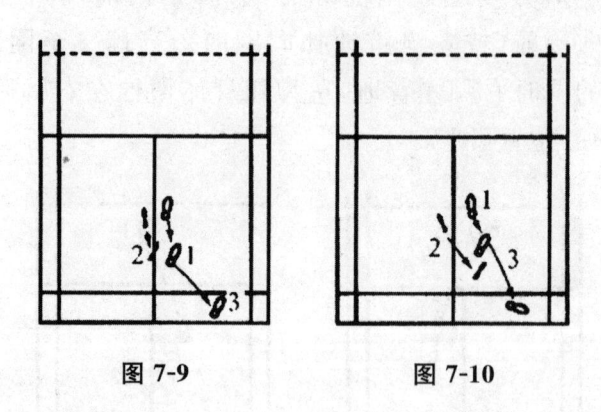

图 7-9　　　　　　图 7-10

2. 交叉步头顶后退步法

与正手后退步法大致相同,只是右脚蹬地后撤向左后方,上体转动幅度较正手后退大,且稍有后仰并倒向左后场区。左脚向左侧后交叉后退一步,右脚移至来球位置作头顶原地击球或跳起击球(图7-11)。

图 7-11

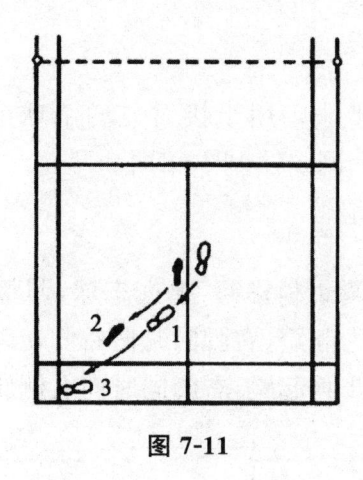

3. 反手后退步法

调整重心后,右脚后撤一步,接着上体左转,左脚随即向左后退一步,右脚再跨出一步,背对网,作底线反手击球。反手后退步法应根据来球距离的远近调整步法。

如离来球较近,可采用两步后退步法,上体向左后转,左脚同时后撤一步,右脚再向左后跨一步,作底线反手击球,如距来球较远,则采用三步或五步后退步法,右脚先垫一步,而后左脚向后方跨一步,再按右、左、右向后退。但无论是几步,反手击球后退步法最后一步应右脚在后,重心在右脚上(图 7-12)。

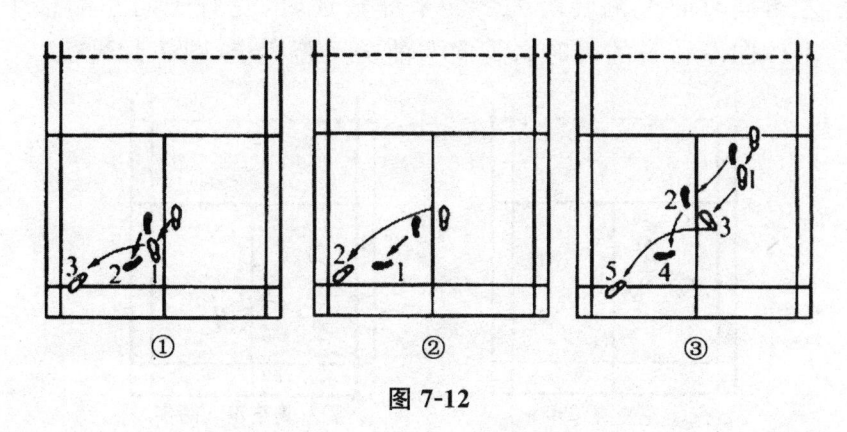

图 7-12

(三)两侧移动步法

中场两侧移动步法多用于接对方的杀球或半场低平球。其站位和准备姿势与上网步法基本相同。

1. 向右侧移动步法

两脚左右开立,脚跟稍提起,根据来球,调整重心,上体稍倒向左侧,左脚掌内侧用力起蹬,右脚同时向右侧转跨大步,如距来球较远,左脚向右垫一小步再起蹬,右脚同时向右侧转跨大步(图7-13)。

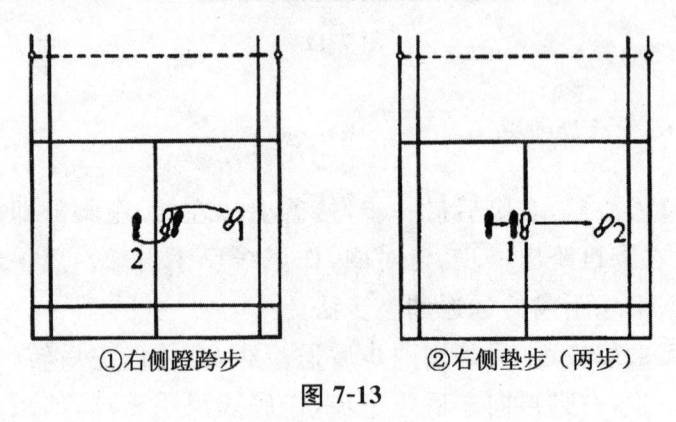

①右侧蹬跨步　　　②右侧垫步(两步)

图 7-13

2. 向左侧移动步法

根据来球,调整重心,上体稍倒向右侧,右脚掌内侧用力起蹬,左脚同时向左侧转跨大步。来球较远时,左脚先向左侧移半步,上体向左转身的同时右脚向左前交叉跨大步(图7-14)。

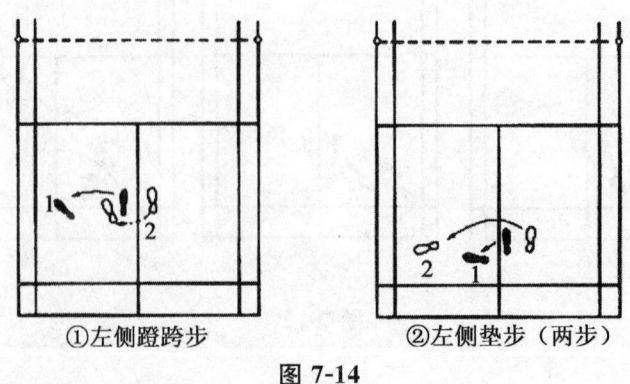

①左侧蹬跨步　　　②左侧垫步(两步)

图 7-14

三、发球与接发球技术

（一）羽毛球发球技术

发球是组织进攻的第一步，依据发球的姿势，发球分为正手发球和反手发球。采取正手发球还是反手发球，主要是依据自己的习惯或战术的需要来选择。一般情况下，单打中多采用正手发球，而在双打中常用反手发球。

1. 正手发球

发球站位：单打发球在中线附近，站在离前发球线1米左右。双打发球站位可靠近前发球线。

准备姿势：身体左肩侧对球网，左脚在前，右脚在后，重心在右脚上。右手持拍向右后侧举起，肘部放松微屈，左手拇指、食指和中指夹住球，举在胸腹间。发球时，身体重心由右脚移至左脚。此发球站位和准备姿势适用于各种正手发球动作。

正手发球可以用来发任何一种飞行弧线的球，在单、双打中都普遍采用。

（1）正手发后场高远球。

发球时，左手持球，自然弯曲置于胸前，右手持拍向右后上方摆起，身体重心前移，右脚跟提起，身体放松。左手放球使其下落，在右臂向前上方挥动的同时，右脚蹬地，腰腹向正前方转动。使下落的球与拍面在身体右侧前下方的交叉点碰触，球触拍面的中上部。击球瞬间，握紧球拍，闪动手腕，向前上方鞭打击球，在击球的同时，手臂随击球后的惯性自然往左肩上方挥起，身体重心也由右脚移至左脚。击球后，重心下沉，微屈双膝，随时准备回击对方的来球（图7-15）。

1　　　2　　　3　　　4　　　5　　　6　　　7

图 7-15

(2)正手发后场平快球。

站位稍靠后(以防对手迅速回球到本方后场),击球时要充分利用前臂带动手腕的爆发力快速向前方击球,使球从对方肩稍高处越过,迅速插入对方反手后场或空当处。击球后,收拍到胸前回动至中心位置。

(3)正手发后场平高球。

站位与准备姿势以及引拍时的轨迹都与发高远球基本相同,只是在发平高球的瞬间前臂加速带动手腕发力,拍面稍向前上方推进,动作幅度小于发高远球。发球后,应迅速准备回击。

(4)正手发网前球。

正手发网前球时站位稍靠前。握拍尽量放松,上臂动作要小,重心在左脚上,右脚跟提起。击球时,由前臂带动手腕使拍面从右向左斜切击球,控制用力,使球刚好贴网而过,落在对方前发球线附近。击球后,还原成准备姿势(图 7-16)。

1　　　2　　　3　　　4　　　5

图 7-16

2. 反手发球

发球站位：站在前发球线后 10～50 厘米及发球区中线的附近，也可以站在前发球线及场地边线附近。

准备姿势：面向球网，两脚前后站立（左脚或右脚在前均可），上体稍前倾，身体重心在前脚上。右手反握拍，左手拇指和食指捏住球的两三根羽毛，球托朝下，球体与拍面平行或球托对准拍面放在拍面前方。

(1) 反手发平球。

反手发平球时，球拍的挥动方向与反手发网前球一样，只要在击球的瞬间，手腕抖动，突然发力，拍面要有"反压"动作。

(2) 反手发网前球。

反手发网前球时，小臂带动手腕发力，球拍由后向前推送，拍面呈切削式击球，使球过网后急速下落在对方场区的前发球线附近（图 7-17）。

图 7-17

(二) 羽毛球接发球技术

接发球是还击对方发过来的球，它和发球一样，都是羽毛球运动最基本的技术，在比赛中同样起着重要作用。

1. 单打接发球站位与准备姿势

站位：单打接发球站位应距前发球线约 1.5 米。在左发球区接发球,一般选择有效发球区域中心位置站位,能照顾到前后左右发来的各种落点球;在右发球区接发球,选择有效发球区域中心稍靠近中线的位置站位。

准备姿势:左脚在前,全脚掌着地。右脚在后,前脚掌触地。双膝稍微弯曲,身体重心在左脚上。右手持拍自然举放在胸前,左手自然屈肘于左侧,保持身体平衡,两眼注视前方,判断对方的发球方向准备接发球(图 7-18)。

图 7-18

2. 接发来球

球路与变化直接关系到接发球技战术的运用,因此接发球与发球一样在比赛中有着同样重要的作用。在单打比赛中多采用发高远球或平高球,可以用吊球、杀球或平高球还击。当对方发平快球时,可采用平高球、平推球、劈吊、劈杀还击,以快制快,掌握主动。也可用高远球还击,充分做好再次还击的准备。

对方发网前球时,可用平高球、挑高球、放网前球、平推球还击,有机会还可以用扑球还击。发球抢攻是最常用的战术,要及早发现对方的意图,避强就弱,准确及时的应用放网和平推球还击,落点尽量远离对方的站位,限制对方进攻。遇到对方连续发球抢攻时,接发球一定要沉着,冷静,控制住球,尽可能减少让对方抢攻的机会。

四、羽毛球击球技术

(一)前场击球技术

在羽毛球比赛中,前场击球技术对于比赛的控制作用是非常巨大的,同时,前场击球也是攻防转换的关键环节。熟练的网前技术往往可使本方从被动转为主动,并有利于控制和调动对方。

1. 放网前球

(1)正手放网前球。

侧身对右边网前,右脚向右侧前方大跨一步成弓步。正手握拍,球拍向右前上方斜举。击球时,右臂自然后伸,手腕稍后伸,小臂稍外旋,手腕由后伸至稍内收转动,右手轻松握拍,食指和拇指夹住球拍,在手腕和手指的控制下,轻击球托底部将球轻送过网。击球后,还原成下次击球前的准备姿势(图 7-19)。

图 7-19

(2)反手放网前球。

击球前动作方法与正手放网相同,不同的是先向左前场转体,右肩对网,反手握拍,反拍迎球。击球时,前臂前伸、外旋,手腕内收至外展,轻击球托底部把球轻送过网,击球后,还原成准备姿势。

2. 搓球

运用快速上网步法,争取高的击球点,将网前位置的来球,以斜拍面"搓""切"等动作击球,使球在摩擦力的作用下旋转飞行,同样落至对方的网前,这种球称为搓球。

(1)正手搓球。

击球前动作同放网前球。击球时,在球拍举至最高点前臂稍外旋,手腕由后伸至稍内收形成网前击球前期动作一致。击球时,加快挥拍速度,体现"搓切"的动作,击球的右下底部,使球翻滚过网。击球后还原成准备姿势(图7-20)。

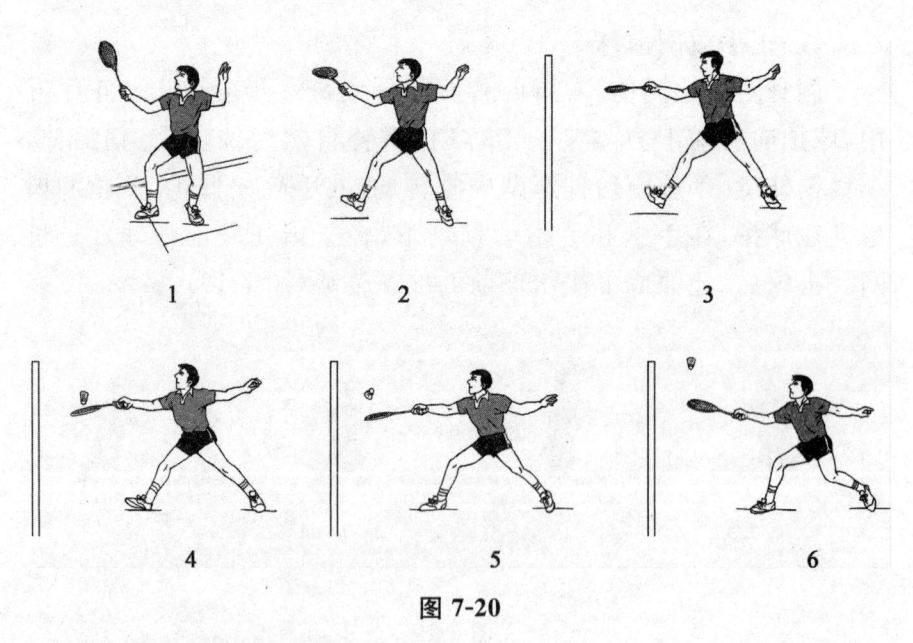

图 7-20

(2)反手搓球。

移动到位,反手握拍,前臂稍上举,手腕前屈至网高处,形成手背高于拍面。搓球时,主要是用小臂的外旋和手腕内收并外展的合力,搓击球托的右后侧底部,使球侧旋滚动过网,击球后退原成准备姿势(图7-21)。

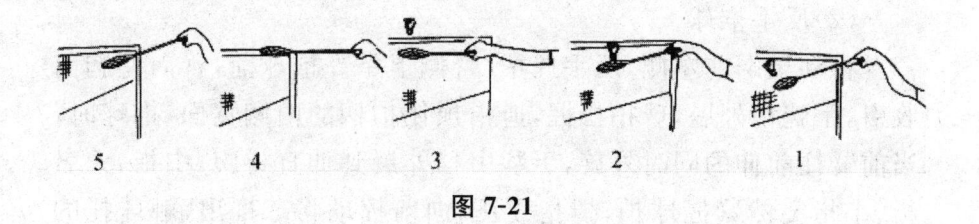

第七章 羽毛球运动技术科学练习指导

图 7-21

3. 推球

推球技术击球点高,动作小,发力距离短,速度快,且落点变化多,是前场击球技术中进攻底线的一种很有威力的球,在单、双打中都较常用。网前推球有正手、反手两种击球方法。

(1) 正手推球。

移动到位,球拍向右侧平举。推球前,前臂稍外旋,手腕后伸同时球拍也稍往后摆,拍面对准来球。这时小指与无名指稍松开,使拍柄离开手掌,这样能充分发挥手指的力量。推球时,拍面尽力后仰,手腕由后伸直并且闪腕,食指向前压下,小指、无名指突然握紧拍柄,球拍快速地由右经前向左挥动(图 7-22)。推球后,在回动过程中回收球拍于胸前。

图 7-22

(2)反手推球。

移动至网前左侧,反手握拍,臂侧上举。推球前,臂向左胸前收引,手腕稍外展,球拍松握,拇指顶住拍柄的内侧宽面,推球时,当前臂往前伸的同时外旋,手腕由稍外展到伸直抖腕,中指、无名指、小指突然紧握球拍,拇指顶压,向前挥动将球推出,触球托的后部。击球后,身体还原至准备姿势。

4. 勾对角线球

勾球是把在本方右(左)边的网前球击到对方左(右)边网前去的技术动作。勾球分正手和反手两种。

(1)正手勾球。

移动至右网前,球拍随上臂向右前方斜平举,同时前臂稍有外旋,手腕稍后伸,右手握拍将拍柄稍向外捻动,使拇指指腹贴在拍柄的内侧宽面,食指的第二指节贴在拍柄的外侧宽面上,掌心空出。击球时,靠前臂稍有内旋,并往左拉收,手腕由微伸至内收抖腕,手腕要控制好拍面角度,击球托的右侧下部,使球沿着网的对角飞行至对方网前角落,击球后还原成准备姿势(图7-23)。

图 7-23

第七章 羽毛球运动技术科学练习指导

（2）反手勾球。

移动至左网前，反手握拍，上臂前伸拍子平举。击球时，拍面正对来球，肘部突然下沉，上臂稍外旋，手腕后伸闪腕，拇指与中指向右转动拍柄，其他手指突然握紧拍柄，拨击球托的左侧下部，使球飞越过网至对角处，击球后，球拍往右侧前回收至准备姿势。

5. 扑球

当对方回击的球过网的弧线较高时，抢高点将球向对方场区下方扑压过去的球称为网前扑球，也可以被看作是近网前区域内的一种杀球，它是前场进攻直接得分的一种重要手段。

（1）正手扑球。

左脚先蹬地随后右脚发力蹬跃，使身体向球网右侧腾空跃起，球拍正对来球。同时前臂前伸稍外旋，腕关节后伸，放松握拍。击球时，前臂带动手腕和手指快速抖动发力，如球离网带上沿较近，可采用手腕从右向左将球压下的"滑动"式扑球方法，避免球拍触网犯规（图 7-24）。击球后，要控制身体重心，球拍随惯性回收，做好准备姿势。

图 7-24

(2)反手扑球。

右脚跨至左前蹬跳上网,身体稍右侧前倾,反手握拍上举至左前上方。击球时,手臂伸直并外旋,拇指顶压拍柄上端,假如来球靠近网带上沿,可将手腕外展由左向右拉切击球,以防触网。击球后,落地缓冲,回收球拍于体前。

(二)中场击球技术

1. 中场平抽球

(1)正手平抽球。

移动到位,最后一步右脚向右侧跨出,侧身对网,上体向右侧倾,重心在右脚上,右臂侧上摆,前臂稍外旋,击球时主要靠前臂带动腕部由下往右侧平地抽压,抖动挥拍。击球后,右脚蹬地,身体重心置于两脚之间(图7-25)。

图 7-25

(2)反手平抽球。

移动到位,最后一步左脚向左侧方跨一步,重心落于左脚,后脚脚跟提起,右臂屈肘,肘部稍上抬,小臂内旋,手腕内屈,引拍至左肩后。击球时,右脚蹬地,髋关节向右转动,臂在挥拍时外旋,手腕内屈到伸直抖动。挥拍击球托的后下部,击球后,球拍回收至胸前,身体重心置于两脚之间。

2. 半蹲快打

两脚平行站立或右脚稍前站立于中场,成半蹲姿势,右手持

第七章　羽毛球运动技术科学练习指导

拍上举，击球时前臂向前带动手腕抖动爆发式力量击球，拍面稍下压。并要随时跟进争取在身前较高部位将球平击入对方场区。击球托的后部，击球后，随惯性回收成准备姿势(图 7-26)。

①半蹲正面击球　②半蹲左侧击球　③半蹲头顶击球

图 7-26

（三）后场击球技术

后场击球技术包括击高球、吊球和杀球，属于高手击球技术。它一般在后场用来主动进攻或调动、控制对方，所以也称为主动进攻技术。在羽毛球比赛中，后场区域是双方必争之地，后场击球技术在整个羽毛球技术中极为重要的部分。

1. 后场击高远球

后场高远球是将对方击至本方后场端线附近的球回击得又高又远，落至对方端线附近的一种球。它包括后场正手、头顶和反手三种击法。

（1）正手击高远球。

准确判断来球的方向和落点，迅速移动到位，使下落的球处于右肩的前上方，同时，侧身左肩对网，重心在右脚上，右臂屈肘自然举拍于右肩上方，左手自然高举，眼睛看球，待球下落到合理的击球高度时，右脚蹬地转髋，同时右臂以肩关节为轴，向前转动成肘关节朝前并高于肩部，拍头向下。球拍贴背与地面垂直，放松握拍。然后在蹬地、转体收腹的协调用力下，大臂带动小臂向前上方甩腕，在手臂伸直的最高点上击球，击球时重心向上。击球后，手臂顺惯性将球拍挥至腋下并收拍至体前。同时重心顺势向前,右脚自然向前跨出成准备姿势(图 7-27)。

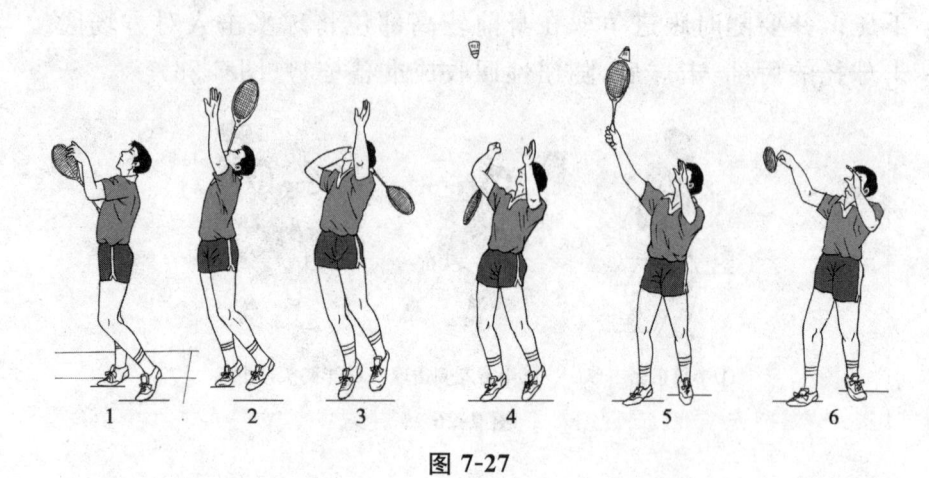

图 7-27

(2)反手击高远球。

当球飞向左场区的底线附近,击球者无法移动到位用正手击球时所采用反手击高远球。判断来球的方向和落点,迅速移动到位,右脚前交叉跨到左侧底线附近,背对网,重心移至右脚上,使球处于右肩的前上方。肘部上抬略高于肩,拍面朝上。击球时,以肘关节为支点,前臂带动手腕,通过手腕的抖动和拇指的侧压,自下而上地甩臂将球击出。同时左脚支撑右脚蹬跨回收,使整个击球动作协调而又自然反弹。击球后,顺势转体面向球网,迅速返回中心位置,准备还击(图 7-28)。

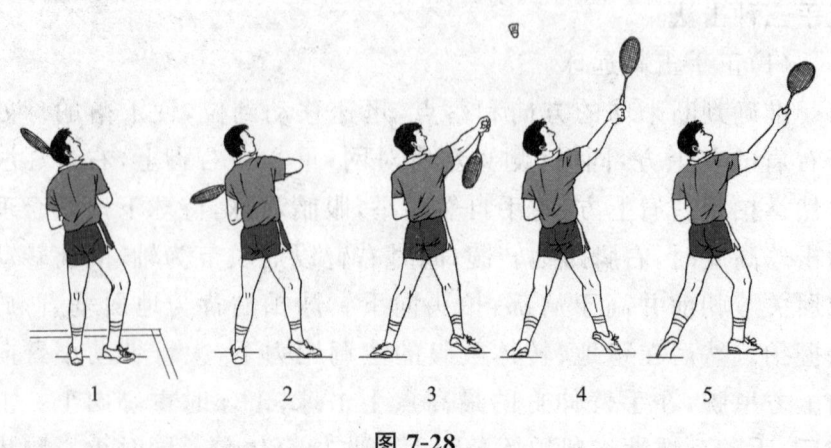

图 7-28

第七章 羽毛球运动技术科学练习指导

(3) 头顶击高远球。

击球点在头顶上方的部位。头顶高远球的动作要领与正手高远球基本相同,只是击球点偏左肩上方或偏左后的位置。击球前,身体侧身向左倾斜稍后仰,球拍绕过头顶后,从左上方向前加速摆动。击球时,小臂内旋带动手腕突然发力形成鞭打将球出击。落地时,左腿向左后方摆动,顺着惯性向中心位置回动(图 7-29)。

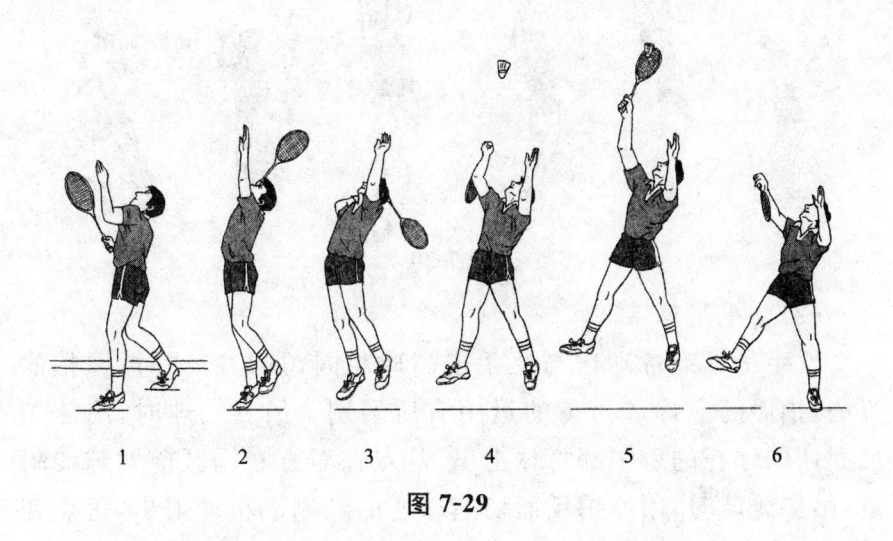

图 7-29

2. 后场平高球

动作要领与后场正手、头顶和反手击高远球技术的动作要领基本相同,不同之处是引拍、击球动作较高远球小而快,击球的瞬间应运用前臂内旋带动手腕的充分闪动,快速发力以比击高远球仰角稍小一些的正拍面将球击出。要求发力击球的时间更短,爆发力更强,突然性更大。

3. 吊球

吊球是从后场将球回击到对方网前区域(前发球线附近与球网之间)紧靠边线两角的近网小球,球的飞行弧度以球过网后迅速下落为宜。

(1)正手吊球。

击球准备和前期动作同正手高球。只是击球时拍面稍向内倾斜,手腕作快速切削下压动作,击球托的后部和侧后部。若吊斜线球时,则球拍切削球托右侧并向左下方发力;若吊直线球,则拍面正对前方向下方切削(图 7-30)。

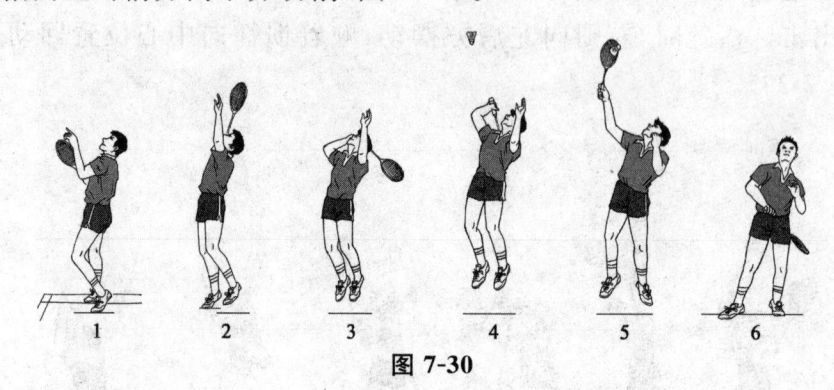

图 7-30

(2)反手吊球。

反手吊球准备动作与反手击高球相同,只是击球时,握拍的方法,拍面的掌握和力量的运用有所区别。吊直线球时,用球拍反面切削球托的后中部将球击出,落点在对方右场区前发球线附近,吊斜线球时,用球拍反面切削球托的左侧部将球击出,落点在对方左场区前发球线附近(图 7-31)。

4. 杀球

杀球是在后场或中场争取尽量高的击球点,并全力将球由高点向下地往中后场区扣压下去的一种技术。杀球时击球力量最大,速度最快,在比赛中通常是进攻直接得分的重要手段。

(1)后场正手杀球。

准备姿势和动作要领与正手击高球基本相同,不同的是击球点的位置和最后用力的方向。首先移动到位,侧身屈膝重心下降,准备起跳。起跳时,右肩上提,球拍上举,起跳后,右上臂经有后上摆,身体后仰成反弓形在空中收腹用力,前臂全速往前上挥动,手腕充分后伸。击球时,前臂内旋,手腕快速闪动发力杀球。击球后,迅速回收球拍向中心位置回动(图 7-32)。

第七章 羽毛球运动技术科学练习指导

图 7-31

图 7-32

(2)后场头顶杀球。

动作要领和准备姿势与头顶击高远球基本相同,只是头顶杀球起跳步子更大些,起跳后身体后仰的幅度也更大些。击球时,要集中全力向直线或对角方向下压。为了在空中保持身体的平衡,两腿在空中分开得也较大。击球后,顺着惯性回到中心位置。

第三节 羽毛球运动技术训练指导

一、握拍训练

在羽毛球技术的内容中就已经对握拍的重要性进行了阐述。那么,对于羽毛球握拍的训练主要可以通过以下几种训练方法来进行。

(1)持拍练习:持拍做相互交换变换握拍动作,反复练习,体会握拍技术动作。

(2)对镜练习:对照镜子做挥拍动作,要求挥拍动作连贯,动作放松,击球点尽量高。

(3)挥拍练习:徒手做正手击球或反手击球的挥拍动作,做好相应的正手握拍动作与反手握拍动作的转换。

(4)持拍击球练习:用正手或反手握拍法持拍于身前,拍面对准球托底部,反复练习向上击球。

(5)击球对打练习:两人一组,相互合作做后场击高球正手挥拍动作、发球挥拍动作、挥网球拍动作。

二、步法训练

(一)分解步法训练

羽毛球基本步法的分解练习法是指把羽毛球场上的综合步

法分解成单一运动方向的步法进行训练的练习。训练方法具体如下。

(1)正、反手上网步法练习。

(2)正、反手接杀步法练习。

(3)正手后退击球步法练习。

(4)头顶后退击球步法练习。

(5)杀上前(前后场连贯步法)练习。

(6)后场反拍击球步法练习。

(二)结合击球动作的步法训练

1. 固定移动路线的步法练习

固定移动路线的步法练习主要是在固定的移动路线上,熟悉各个单个步法的跑动路线。

训练方法:从中心位置开始,先后退至正手底线,然后回中心,再上右网前,再回中心位置,如此循环练习。

2. 不固定移动路线的步法练习

当原地的步法练习掌握娴熟后就可以进行加大难度的不固定方向的移动练习了。在进行不固定移动路线法练习时,要注意避免机械性的步法练习,更多的应该采用一些无规律的重复跑动,这样才能与实战结合起来。

训练方法:一人指挥,运动员跟着指挥者的手势进行全场综合步法练习。

3. 回击多球步法练习

多球训练的高密度、高强度和多变化的特点对于运动员步法的练习也是非常有利的。回击多球步法练习法更多的是会与手上技术一并练习,如此会更加贴近实战,这样获得的实际效果好。

训练方法:陪练者将多球先后发往运动员的前后左右场区,

迫使运动员运用各自步法移动去迎击来球。

(三)综合训练

综合训练,是指把两个或两个以上的单一基本技术(包括手法和步法)结合起来进行练习。该方法的特点是通过一定的套路配合,把手法与步法、进攻与防守等技术在前场和后场有机地结合在一起,从而提高基本技术在比赛中的实效性。这种练习方法对于初学者的技术进阶起到非常关键的作用。

在一开始的综合练习中,为了便于掌握可以将移动路线和击球落点固定,当掌握娴熟后再过渡到不固定移动路线和击球落点的练习。

综合训练具体方法有以下几种:

1. 攻守综合练习

训练方法:利用场地的半边,甲方以高远球、平高球、杀球或吊球来进攻乙方,乙方则主要以高远球和挡球、放网前球来防守。这样,乙方为甲方提供了进攻的机会,而乙方这时也可以练习防守。

2. 吊球上网练习

训练方法:一人固定在网前放网前球和挑高球,另一人先后退底线吊网前球,再移动上网放网前球再后退,如此反复练习。还可以左右变化路线等。

3. 杀球上网练习

训练方法:甲方发球,乙方后退杀球,甲方接杀球放网前球,乙方上网挑高球,甲方后退回高远球,乙方再杀球,如此反复练习。以后再增加路线上的变化,如左右场区等。

4. 二打一练习

训练方法:一边场地由两人同时进攻或同时防守,另一边场地由一个人进攻或防守。这样可以提高一个人的进攻和防守的能力。

三、发球与接发球技术训练

(一)发球技术训练

1. 正手发网前球训练

在进行发网前球训练时,发球的站位是首先需要考虑的,站位的选择应根据比赛的实际需要,如单打被动时的站位应同于发高球时的站位;双打比赛时的站位则应适当靠前。

发网前球特别需要对球的弧线的控制,尽量使发出的球贴网而过,即球的运行弧线的最高点为过网点,球在过网后就应开始下降;二是需要将球的落点放在对方前发球线稍后的位置,且左右要有变化。为了使练习更具真实性,在练发网前球时还可安排另外一名运动员进行扑球训练,这样既可以提高发球方的发球质量,也可以提高练球效率。具体的发网前小球的练习方法如下。

(1)轻击球练习。

轻击球练习能帮助练习者逐步体会发近网球的发力动作,降低球的飞行弧线。

训练方法:在正手发高远球的动作基础上,减小挥拍的动作幅度,主要靠前臂和手腕带动挥拍,击球力量减弱,球击出后,控制拍子的继续挥动。

训练要求:击球时,握拍仍保持放松,利用手腕和手指的力量击球。不要用拍子的正面击球,而是让拍面从右向左斜切击球,使球刚好越网而过。

(2)限高、限远发球练习。

进行限高、限远的发球练习能使运动员掌握正确的发网前球技术,提高发球的质量。

训练方法:在球网上方 30 厘米处拉一条标志线,在对方前发球线后 50~60 厘米处也放一条标志线,要求练习者将球发在指定的范围内。

训练要求:用符合规则要求的技术动作发球;尽量降低球的飞行弧线,使球贴网而过并落在对方发球区内。

2. 反手发网前球训练

(1)反手发球练习。

进行反手发球练习的主要目的是使练习者掌握正确的动作和发力方法,提高发球质量。

训练方法:在前发球线后 10~15 厘米及中线附近,面向球网,两脚前后开立(右脚或左脚在前均可),上体稍前倾,身体重心在前脚上。右手臂屈肘,用反手握拍,将拍头向下,手腕稍前屈,拍面在身体左侧腰下。左手拇指与食指、中指捏住球的二三根羽毛,球托朝下,球体或球托在球拍前对准拍面,用前臂带动手腕朝前推送或横切。

训练要求:左手持球要捏住羽毛,而不是球托,不要抛球,待球拍快击中球时自然放手;击球时保持拍面垂直或横切球托;在不"过腰"的基础上,尽量提高击球点,降低球的弧线。

(2)限高、限远发球练习。

同正手网前限高、限远发球练习。

3. 发高远球训练

发高远球训练要求练习者首先掌握正确的发球动作,既要力求将球发得高、发得远(对方底线附近),同时还要注意左、右落点的变化,既要能发到对方场区的底线与边线交界附近,又要能发到底线与中线交界附近。以正手发高远球为例,常见训练方法如下。

(1)徒手挥拍练习。

徒手挥拍是练习者发高远球的基础训练,目的是让练习者熟悉挥拍轨迹,掌握正确的发球动作;体会手臂的内旋和手腕的屈

第七章　羽毛球运动技术科学练习指导

伸,掌握正确的发力动作;掌握动作节奏,调节肌肉的紧张度,提高动作协调性。

训练方法:练习者左肩侧对前方,两脚分开,与肩同宽,左脚在前,脚尖向前,右脚在后,脚尖稍向右侧,重心放在右脚上。准备发球时,右手持拍向右后侧举起,肘部微屈,左手虚拟持球,举在腹部右前方。训练时,左手先放球,在左手放开球时,右手上臂带动前臂,自右后方随转体向左前方挥拍,重心同时前移;当球拍挥至右前下方球的下落处时,前臂由下向前上方挥动并急速内旋,带动手腕由伸展至微屈,闪动手腕,握紧球拍击球;击球后持拍臂随动作惯性自然向左上方挥动。

训练要求:采用正手握拍动作,准备姿势要做好;训练过程中要注意动作节奏,掌握发力的时间,注意前臂的旋转发力;训练时可先分解训练,再完整训练。

(2)完整发球练习。

完整发球练习能使练习者正确掌握正手发高远球动作技术,并逐步控制发球的落点。

训练方法:站在发球线后约1米处,发球场区中线附近,运用正确的正手发高远球动作,向对角线场区发球。

训练要求:掌握正确的发球动作;在发好球的基础上,提高发球质量,控制球的落点。

(3)击固定球练习。

击固定球练习有助于练习者形成良好的转体、重心前移、挥拍动作,体会击球点的位置;体会正确的前臂旋内、手腕屈伸的发力动作。

训练方法:将一只羽毛球用绳子吊起来,球的高度离地面30～40厘米,练习者站在球的左后方,保持练习者的球拍在右前下方可击中球。练习者用正确的发球动作挥拍,击球后继续做随挥动作。

训练要求:练习者用余光看球,自然挥拍,不要故意击球;手臂自然伸直,不要提肩、曲肘;注意击中球时的拍面方向。

4. 发平高球、平球训练

发平高球、平球训练时，练习者除了要注意球落点的变化，还应使其发球的动作与发高远球动作保持一致，仅在最后用力时再变化。

(二)接发球技术训练

1. 反应和起动训练

反应和起动训练是练习者在场上有效接发球的基础训练，能有效提高其反应速度和快速起动、移动的能力。

训练方法：练习者成原地准备姿势，在听到教师用语言发出的或看到教师用手势做出的信号后，立即起动冲刺、后退或左、右移动。

训练要求：注意力集中，准备姿势正确，重心落在前脚掌上，听到或看到信号后，迅速作出反应(重心移动)，并快速移动。

2. 步法移动训练

该训练的目的是使练习者掌握正确的步法移动技术、提高合理运用步法的能力、提高快速移动的能力。

训练方法：练习者站在场地中央，根据教师的手势信号，做前、后、左、右的步法移动。

训练要求：熟练掌握各种基本移动步法(可采用单一步法和多种步法)；移动到位(可在场地上作出标志)；移动中保持重心平稳，注意变向时的重心转移。

3. 接抛球训练

训练方法：练习者做好准备姿势，教师用手将球抛至球场的4个角，要求练习者向球的方向做步法移动，可以先近后远，要求用手击球，也可以加上一些假动作，提高练习者的反应能力。

训练要求:起动要快,步法运用合理,尽量用2~3步移动到位;要求碰到球以后,快速地回到中心位置,再接下一个球。

(三)发球与接发球技术综合训练

发球与接发球技术是密不可分的,二者相互影响相互补充,综合发球与接发球的训练方法主要有以下几种。

(1)徒手模仿正、反手发球动作练习。

(2)两人一组进行多球练习,做发球(发网前球)与接发球练习。交换进行。

(3)两人一组进行多球练习,发球者正手发后场高远球、平高球、平快球,接发球者可根据情况,回击平高球或吊球。

(4)两人一组进行多球练习,发球者正手发网前结合发后场各种球。接发球者,根据来球,回击各种球。

(5)反手发球与接发球多球训练,两人一组,一人反手发网前球,另一人接球可回击网前、推后场以及扑球。交换练习。

(6)两人一组进行多球练习,一人反手发后场平高球、平快球,接发球者可根据情况回击杀、吊球。

(7)两人一组进行多球练习,一人反手发网前结合发后场平高球、平快球,接发球者可根据情况,回击各种来球。

四、击球技术训练

(一)击高远球技术训练

1. 徒手训练

徒手练习是技术练习的基础,它通过徒手挥拍练习感受动作的运行过程,体会引拍的动作轨迹,形成正确的挥拍和发力动作。徒手练习尽管看似简单,但是在练习中也要注意动作的规范性,练习者应按动作要领分步训练,特别要重视击球前的准备姿势,以使得击球要从开始就形成正确的发力动作,即前臂的旋转发力,不要用拍子垂直向前发力。

具体来说,练习者可按照以下训练步骤进行训练。

(1)击球前准备姿势练习:练习者侧身对网,左脚在前,右脚在后,重心在右脚上,左臂自然上举(成手指球动作),抬头稍后仰,右手正手握拍于右侧,上臂与右侧身体和前臂的夹角各为45°。

(2)原地腰绕环练习:双臂自然上举,右手正手握拍随腰向右后、左前绕环,当右臂绕至左肩上方时,前臂由外旋改成内旋,手腕内收带动球拍做头顶挥拍动作。

(3)鞭打击球练习:右臂平举于右侧,前臂与上臂的夹角成90°,以肘为轴,前臂做内旋至外旋的前后摆动,类似鞭打动作。

(4)内旋和外旋动作练习:上臂上举贴近耳朵,肘朝前,前臂后伸;当前臂向上提拉时,在右肩上方做内旋和外旋的动作。

(5)完整挥拍动作练习:准备姿势、引拍、击球、随挥动作。

2. 击固定球训练

击固定球练习应先掌握击球点位置,并体会前臂由外旋到内旋的发力击球动作。此后练习还需要特别注意纠正经常犯的错误,如手臂在挥拍和击球时没有充分舒展伸直;击球点选择不加(通常为击球点偏低)等错误。

训练方法:可使用绳子将球悬挂在适当的高点位置,高度以练习者伸直手臂球拍能击到球为准,反复练习击高球动作;练习者按动作要领挥拍击球;反复训练击高球动作,检查击球点以及球拍的接触面是否正确。

训练要求:练习者一定要伸直手臂,在最高点击球;以肩为轴,通过大臂带动前臂,最后闪动手腕击球;目注视球。

3. 击固定线路球训练

击固定线路球的训练是练习者在原地或通过简单地移动来完成击球动作的,练习的线路从击直线到对角线高远球,练习者

第七章 羽毛球运动技术科学练习指导

要有意识地掌握击球时球拍的拍面方向和击球力量,提高击球的质量和稳定性。这项训练可以提高练习者对球下落弧线的判断力,同时也有利于练习者熟练地找到合理的击球点。

训练方法:由教练发高远球或击高远球给练习者,球落到一定高度时,教练发出"打"的信号,练习者正手击直线或对角线高远球,训练空中击球感觉,提高击球点。

训练要求:练习者移动到球的正下方或左下方,运用正确的击球动作击球;击球前要侧身做好准备动作,两臂自然上举;击球时要通过蹬地、转体收腹的协调用力完成动作。

4. 对打训练

(1)中级的原地对打练习。

训练方法:两人站在各自场区的底线附近,进行对打高远球的训练。先进行直线对打高远球,再练平高球、平射球,后再进行对角线对打高远球、平高球、平射球的训练(图7-33、图7-34)。

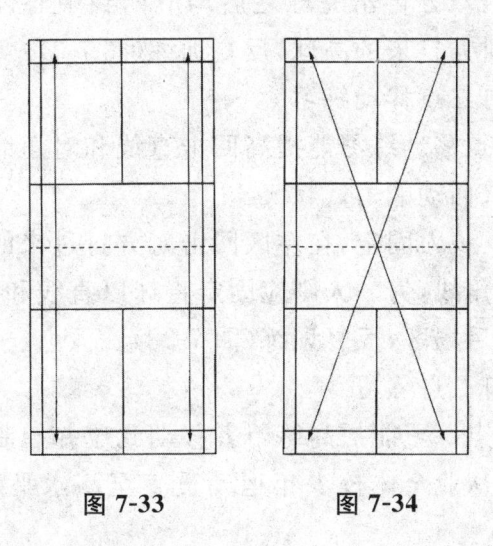

图 7-33   图 7-34

(2)移动对打高远球练习。

在练习者较熟练掌握原地击高球动作之后,即可过渡到移动中的对打高球训练,这种训练有效地结合了羽毛球步法练习。

训练方法:一人固定、一人前后移动的训练:一人在底线固定位置击出高球,另一人前后移动回击高球后底线回到中心位置,再退到底线回击对方打来的高球(图 7-35、图 7-36)。

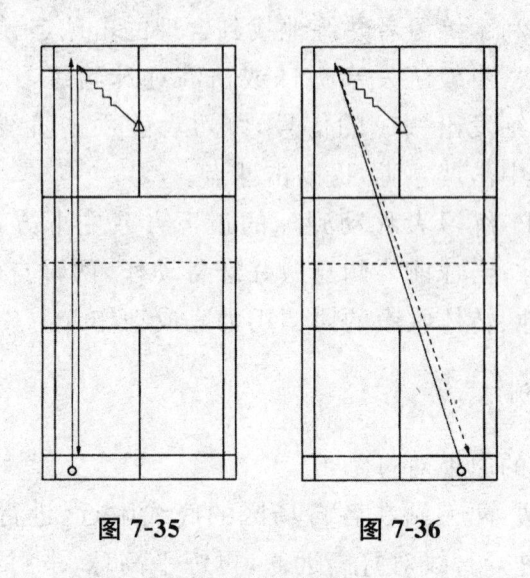

图 7-35　　　　图 7-36

(3)一点打一点前后移动击高球练习。

训练方法:双方再击完球之后均应回到中心位置,然后再退至底线,回击对方打来的高球,反复训练(图 7-37)。

(4)一点打二点移动练习。

一点打二点移动练习能提高回击直线和对角线能力,提高到位击球和起动、回动能力。

训练方法:一人固定,在左区回击对方打过来的高球,可随意回击直线或对角线,另一人则应固定将球以直线和对角线的方式回击到对方左后场区,反复训练(图 7-38)。

(5)二点打二点练习。

二点打二点练习能提高练习者移动到位并控制回击直线、对角线的能力。从业余体校少年运动员直至高水平顶尖运动员均可采用该方法。

训练方法:二人都互相对打二底线,并应积极回中心(图 7-39)。

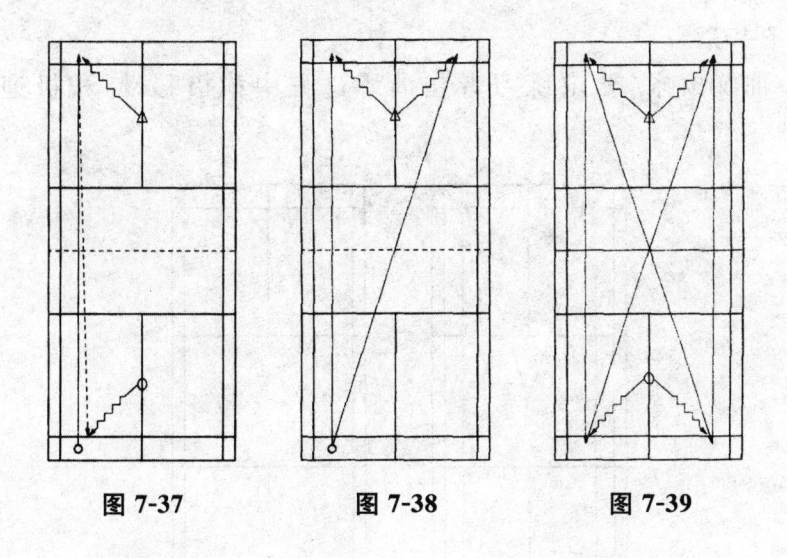

第七章 羽毛球运动技术科学练习指导

图 7-37　　　　　图 7-38　　　　　图 7-39

(二)吊球技术训练

1. 徒手挥拍动作训练

在进行系统的吊球练习之前进行徒手挥拍动作训练能帮助练习者掌握吊球的动作要领,体会动作的发力方法。

训练方法:运动员在徒手挥拍动作练习时,要侧身对网,采用击高远球的准备姿势;挥拍时前期引拍动作也同击高远球,在击球前一瞬间,前臂突然减速,用手腕的闪动向前下轻轻挥动,拍面正对或侧切向前下方。

训练要求:从准备到引拍,动作同击高远球,以增加吊球的隐蔽性;挥拍的用力方向要向前下方,手指、手腕要放松。在训练中应注意避免为减小击球力量而突然制动臂,以及拍面故意垂直切向正前方等错误动作。

2. 原地吊球训练

(1)定点吊直线练习。

训练方法:练习者固定在右(左)后场底线,将球吊至对方的右(左)场区网前,对方再将球挑回练习者所站的位置,反复训练

(图7-40)。

训练要求:要求练习者在训练过程中积极移动、积极迎击来球。

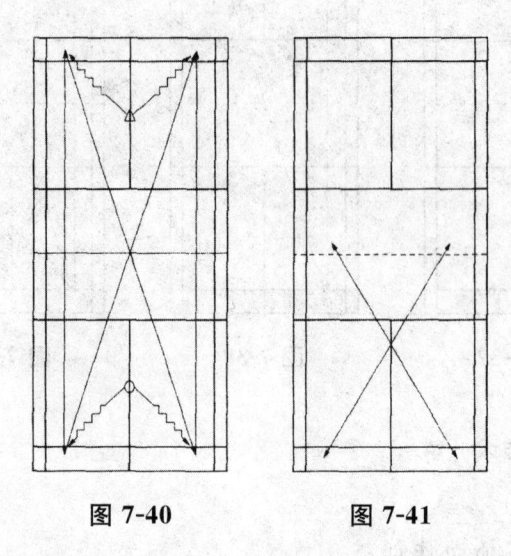

图 7-40　　　　图 7-41

(2)定点吊斜线练习。

训练方法:练习者固定在右后场或左后场底线,用正手或头顶击球技术将球吊至对方的右(左)场区网前,对方再将球挑回练习者所站的位置,反复训练(图7-41)。

训练要求:同定点吊直线球练习。

3. 移动吊球训练

当练习者较熟练地掌握原地吊球技术之后,即可进行移动中吊球点训练,这样便可与实战紧密结合,从而有效提高练习者的吊球技术水平。

(1)前后移动一点打吊一点练习。

训练方法:练习者由右(左)后场区,吊对角(直线)后回动至中心位置,然后重新退至右(左)后场进行吊球训练。而挑球者挑球后退回中心位置,然后重新上网挑球(图7-42、图7-43、图7-44)。

训练要求:训练中积极移动步法以配合不同场区的吊球。

第七章 羽毛球运动技术科学练习指导

图 7-42　　　　图 7-43　　　　图 7-43

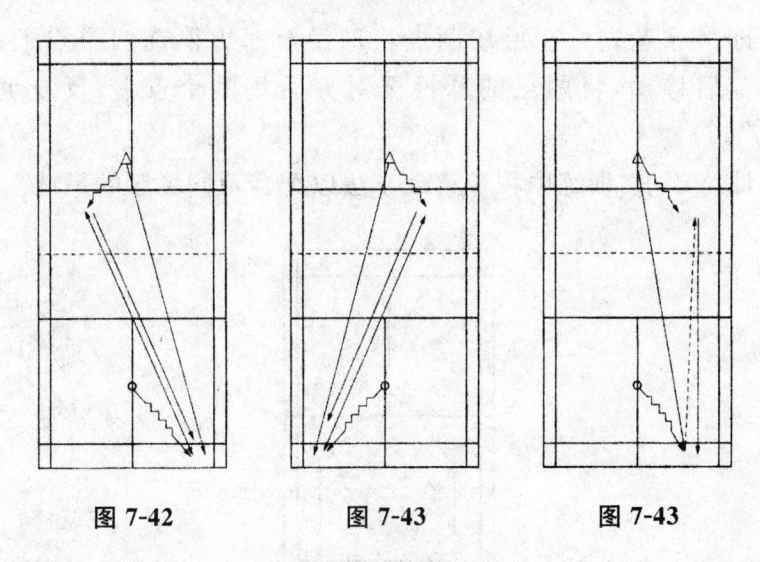

(2)前后移动两点吊一点练习。

训练方法:吊球者先后在后场两个点将球吊至对方网前的一个点上;挑球者在网前点一个点是先后将球挑至对方后场两点上,反复训练(图 7-45、图 7-46)。

训练要求:训练过程中双方均作前后移动。

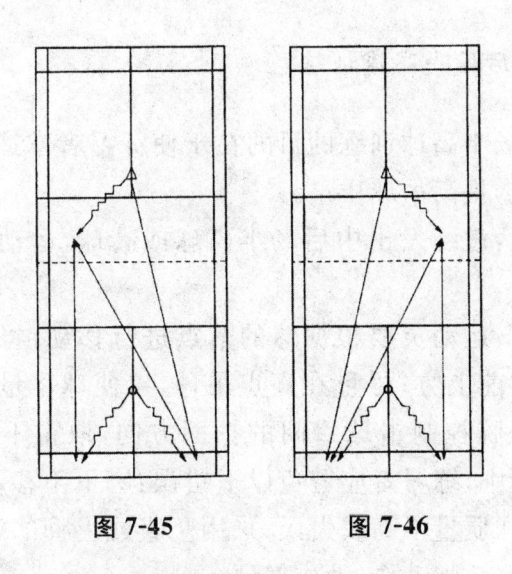

图 7-45　　　　图 7-46

(3)前后移动两点吊两点练习。

训练方法:在两点吊一点的基础上,吊球方增加一个吊球落点。即吊球者先后在后场两点将球吊至对方网前两个点上；挑球者前后移动,将两点的球挑至对方后场两个点上,反复训练（图7-47）。

训练要求：训练中积极移动步法以配合不同场区的吊球。

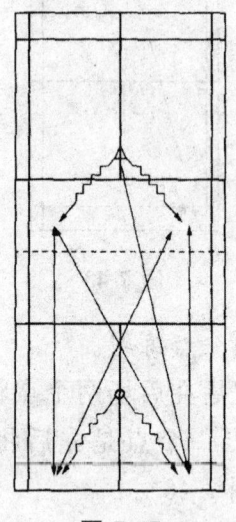

图 7-47

4. 击中、后场半高球训练

击中、后场半高球训练的目的在于使练习者掌握正确的吊球动作和击球点,提高吊球质量。

训练方法：教练发出中后场半高球或高球,运动员轻吊直线球或斜线球。

训练要求：运动员要根据球的落点进行移动,将最佳击球点放在运动员的前上方；尽量在高点吊球,以使球尽量贴近球网下落；用手指、手腕控制击球瞬间的拍面方向,取得不同的吊球线路。训练过程中,练习者应避免以下错误：脚下不移动,未调整击球点,造成吊球质量不高或失误；采用竖直或上仰的拍面击球；发力时没有手指、手腕动作,动作僵硬。

（三）搓球技术训练

1. 定点不移动搓球训练

定点不移动搓球训练是一种多球的练习法，有助于练习者体会正确的羽毛球搓球技术的手感。

训练方法：练习者可站在右（左）区网前，对同伴抛过来的网前球，采用正搓、反搓技术，搓过网（图7-48）。

训练要求：训练中积极移动，搓球的动作技术要标准。

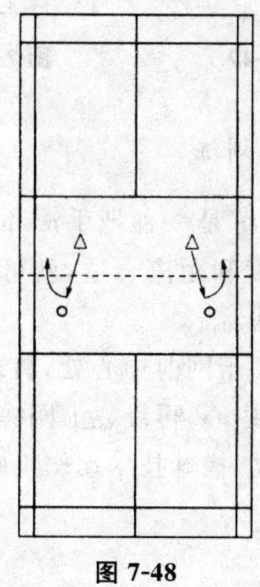

图 7-48

2. 定点移动搓球训练

定点移动搓球训练是一种与定点不移动搓球练习类似的练习法，但在训练中增加了移动步法，有助于练习者在掌握正确搓球技术的基础上提高移动搓球能力。

训练方法：基本同不移动搓球练习，只是加上了从中心上网击搓球后回动至中心再重复上网搓球练习（图7-49、图7-50）。

训练要求：搓球上网次数依据练习者的体能水平和技术水平而定，无论训练强度如何，都要保证技术动作的正确性。

图 7-49　　　　图 7-50

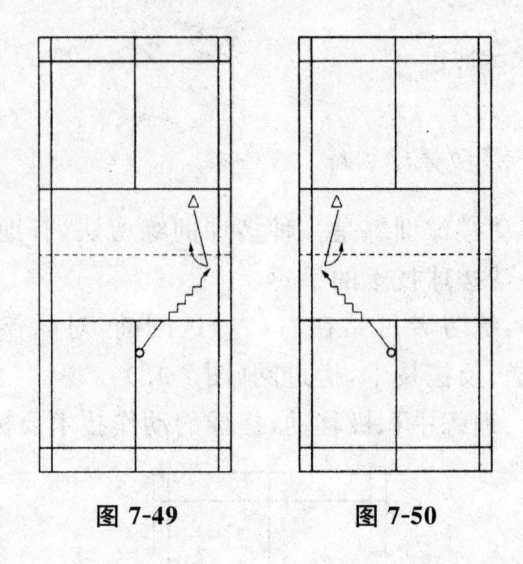

3. 不定点移动搓球训练

不定点移动搓球训练是一种把手法和步法结合在一起的练习法，如抛球者时间弧度和距离合适，就可达到和实战一样的效果，是一种较好的练习法。

训练方法：给球者站于网前中心处，将球向网前两边抛出，练习者上网搓球后回动至中心，再反复上网搓球。

训练要求：积极移动，搓球技术动作正确、标准。

(四)挑高球技术训练

1. 挑高球基础训练

挑高球基础训练主要是帮助练习者体会挑球的发力方法，提高挑球的力量，以及掌握挑高球的动作要领，提高控制球的能力。

(1)原地向上挑高球训练。

训练方法：练习者在原地用正、反手垂直向上挑高球。

训练要求：在胸腹前挑球；控制拍面方向，尽可能向上挑高，增强爆发力。

第七章 羽毛球运动技术科学练习指导

(2)两人一吊一挑训练。

训练方法:练习者分立球网两侧,一人吊网前球,另一人挑高球。

训练要求:吊球者可先将球的落点控制在距网较远的位置,逐步贴近球网;挑球者根据球的落点,调整击球的角度,并逐步击出不同线路的球。

2. 前场挑球训练

训练方法:与搓球练习法相同,开始采用定点不移动挑球,后定点移动挑球,最后采用不定点移动挑球练习(图 7-51、图 7-52)。

训练要求:重点强调被动时的挑球手法的正确性,挑球击球点在网的下半部,而搓、推、勾、扑应在上半部,或更高的击球点。

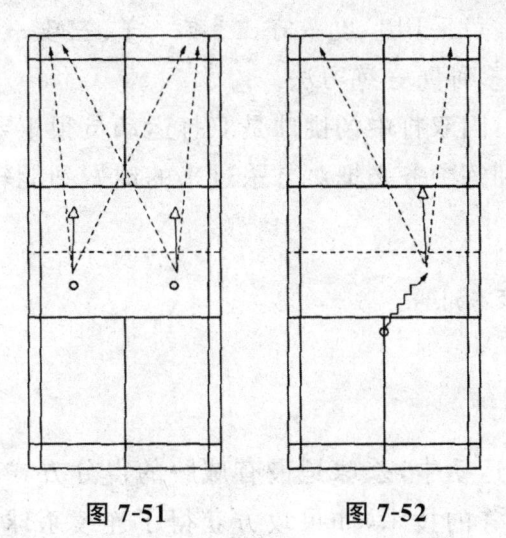

图 7-51　　**图 7-52**

3. 中场挑球训练

(1)单打中场挑球练习。

训练方法:先采用固定的杀单边球,让练习者采用挑直线球或对角球到对方二底线,反复练习(图 7-53)。后采用不固定的杀两边线球,让练习者采用挑直线或对角球到对方的后场两边(图 7-54)。

图 7-53　　　　图 7-54

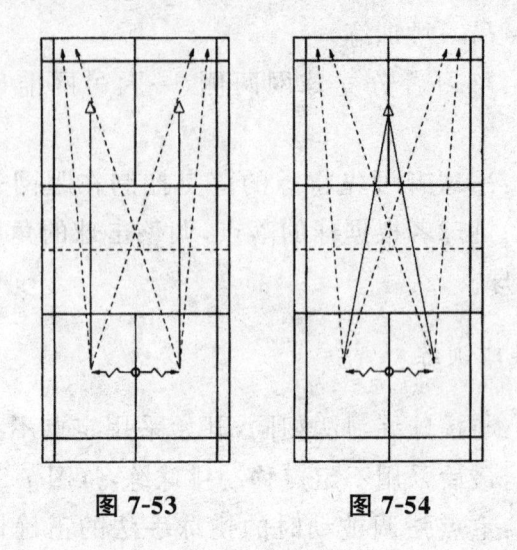

(2) 双打中场挑球练习。

训练方法:可采用一攻一守、二攻一守、三攻一守、三攻二守或多球杀守等多种防守练习法。

训练要求:因双打中场挑球是双打运动员很重要的一项防守技术,因此在训练中务必把对方杀过来的球做到能轻而易举地挑至底线二角。

(五)杀球技术训练

1. 杀球训练

在羽毛球运动中,杀球是最有威胁的得分方式,当然这也是对手最难以防守的技术,如果攻方获得了连续杀球的机会,那么一般情况下的防守运动员很难做到能连续防起高质量的后场球,如果没有异常出色的手感也不易在接杀的时候放出高质量的网前小球。为此,为了更好地掌握杀球技术,尤其是连续杀球,就需要在日常训练中多多采用多球训练的方式练习,即一人将多球连续发至练习者的后场,练习者先原地进行扣杀球训练,然后再过渡到移动中扣杀训练。初学者一般先练正手杀球,待熟练后再练头顶或反手杀球。

(1)定点杀直线练习。

定点杀直线练习的目的让初学者提高手腕闪动压击球的感觉能力,以及手臂挥拍和拍面正面击球的正确感觉,形成正确的杀球技术。

训练方法:练习者站在右(左)后场,将来球杀至对方左(右)场区(图7-55)。

训练要求:如果对方水平较高,将球挑至后场,让练习者反复进行杀直线球的训练;如果对方也是刚开始掌握基本技术者,就无法将杀过来的球挑至后场,那么,就可采用发多球的定点杀直线训练。

(2)定点杀对角线练习。

训练方法:与定点杀直线相同(图7-56),只是杀对角线。

训练要求:要求练习者杀对角线,让练习者找到杀对角线手臂的挥动、手腕的闪动、拍面击球时的击球点的正确感觉。

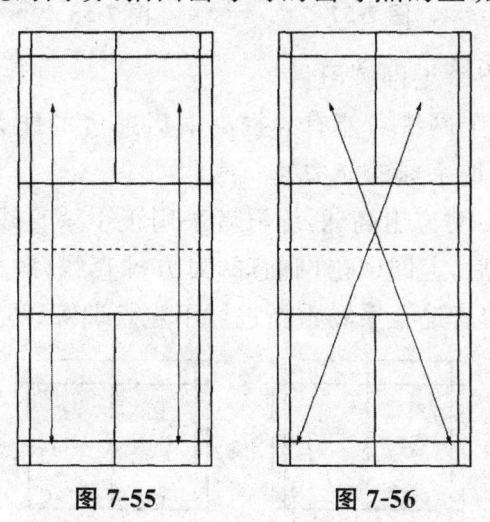

图 7-55　　　　图 7-56

(3)定点杀上网练习。

定点杀上网练习是一种杀球技术与上网步法结合的最初级训练法。

训练方法:练习者杀直线(对角)后上网,将对方回击过来的网前球回击到网前,对方再把球挑至原来的后场,练习者从前场再退至后场进行杀球,反复训练(图7-57、图7-58)。

训练要求:杀球者的上网步法基本是前后直线(对角线)移动方式,防守者的步法呈三角形的移动的方式。反之,在头顶区开始杀球也一样。

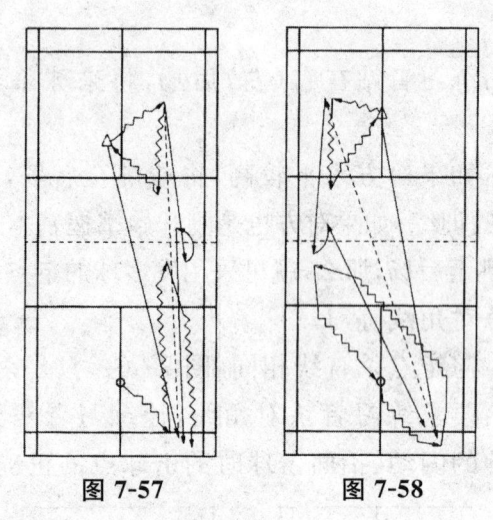

图 7-57   图 7-58

(4)不定点杀上网练习。

不定点杀上网练习能有效提高前后速度的能力(即上网高点击球与快速后退杀球的能力)。

训练方法:对方击高球,练习者采用正手杀直线(对角)或头顶杀直线(对角)后,上网回击网前球,对方挑直线(对角)到后场正手(头顶)区,练习者退至后场重新进行不定点训练(图 7-59、图 7-60)。

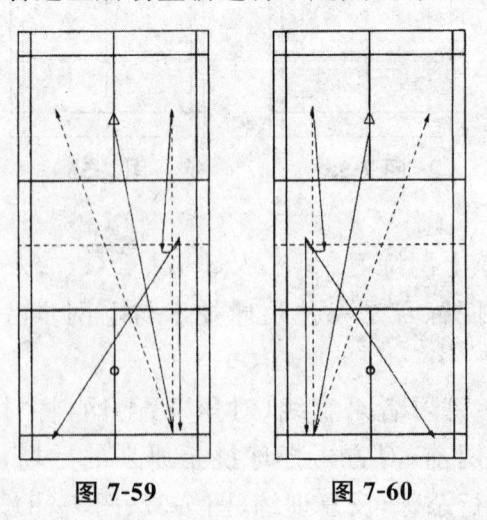

图 7-59   图 7-60

训练要求:该训练方法只适用于高水平练习者,不适用于初学者。

2. 接杀球训练

在羽毛球技术训练实践中,常见的接杀球训练方法主要有以下几种:

(1)行多球杀球训练时可同时练杀球技术。

(2)固定杀球落点,让接杀者连续进行防守。

(3)两人半场进行一攻一守训练。

第八章　羽毛球运动战术科学练习指导

羽毛球战术是多种技术以一定目的进行的组合。能否合理使用战术是衡量一名羽毛球运动员水平高低的标志之一。羽毛球运动战术有其原理和特定规律,对这些理论进行研究有利于在实战中的运用。

第一节　羽毛球运动战术原理

一、羽毛球战术的基本思想

几乎所有体育运动都拥有战术以及与之相匹配的战术思想,羽毛球运动也不例外。就羽毛球运动来说,其战术指导思想直接影响战术的制定和执行,它包括技术风格和打法风格两个内容。其中技术风格和打法风格又包含自己独特的内容。

(一)技术风格

1. 快

所谓的快,是指运动员在羽毛球比赛中所展现的各种速度能力。包括判断快、反应快、起动快、步法快、击球动作快和攻防转换快等。羽毛球比赛中的每一个回合都非常激烈,为此,"快"就成为克敌制胜的有力"武器"。

2. 准

所谓的准,是指运动员在形势变化较快的每一回合比赛中能够抓准战机,并且将技术的运用做到精准,包括动作准、步法到位、击球准、落点准等。"准"是提升羽毛球技战术能力的关键环节,如果没有"稳",势必会造成更多的失误,以致技战术的执行力低下,不能获得预期的效果。

3. 狠

所谓的狠,是指运动员进攻凌厉、球路变化多和落点刁钻。"狠"在羽毛球运动中是一种程度上的表现,只有运动员有"狠"的气势和支撑这种"狠"的技战术能力,才能使制定的技战术高质量地完成。

4. 活

所谓的活,是指运动员为了将羽毛球打得更加灵动而具备的软实力体现。"活"主要包括握拍活、站位活、步法活和战术活等。战术是死的,人是活的,即便有了赛前制定的战术,但在场上瞬息万变的形势下也不敢保证这些战术就一定奏效。为此,此时就需要运动员审时度势,灵活处理场上出现的局面。

(二)打法风格

1. 以快为主的打法

快速是羽毛球运动的制胜法宝。为此,很多技战术都是以快作为基本风格。以快为主的打法需要运动员在比赛过程中最大限度地争取时间和空间,快速有力地抓住时机速战速决。不过,需要注意的是,所谓的以快为主仅仅是为主,并不能一味按照一个快速的节奏进行比赛,否则会使对手习惯这个节奏,反而无法突出体现出快的突然性。因此，以快为主的打法要随时根据战术的需要做适当的改变，形成一种快慢结合的节奏差，为以快为主的打法奠定良好基础。

2. 以我为主的打法

以我为主的打法，要求运动员不论对方使用哪种技战术都坚持自己的战术不变的打法风格。以我为主的打法要求战术灵活多变，要对场上的节奏有所掌握，进而控制比赛的节奏。另外，采用这种打法风格的运动员需要具备良好的身心素质和技战术能力，否则极易被对方的攻防节奏带乱，使得自己的战术无法顺利执行。

3. 以攻为主的打法

在很多体育运动中都崇尚一种"进攻就是最好的防守"的战术思维，羽毛球运动在一定程度上也可以采用这种以攻代守的打法。不过，如果是在水平相当的两位选手之间进行的比赛，一味进攻势必会给对方留下更多的防守反击空当。因此，在这种情况下除了伺机进攻外，还必须兼顾防守，强调在防守时仍要以各种球路变化积极转守为攻，这才是以攻为主的打法的精髓。

二、羽毛球战术运用的目的

任何羽毛球战术的背后都带有极强的战术目的。不过，羽毛球战术的种类众多，对任何场上的细节都有细致的布置，但究其根本，所有战术基本都是围绕以下几种目的展开的。

(一)调动对方，使对方在移动中接球

羽毛球比赛中，运动员如果需要移动身体位置后击球，那么他自然除了手上技术外,还要关注到步法移动技术。因此,可以制定专门的战术将对手从其原本的站立位置调离,使其必须通过移动才能够到来球,让其在移动中击球,增加其回球质量不稳定的概率,并且移动之后还可能给攻方留下场地空当,让其陷入更加被动的局面。

(二)最大化地消耗对方体能与精力

在一场羽毛球比赛中运动员要有大量的移动和起跳动作,这对于羽毛球运动员的体能有着较高的要求。因此,可以根据这点制定一种最大化消耗对方体能与精力的战术。

移动是最为消耗对方体力的动作。可以制定一种战术让对方频于移动,如制定回球的路线有较大的角度,或是将球的落点打到远离对方站位的地方。为了增加对手的移动,在一回合比赛中形成多拍相持是较好的方式,有时甚至还可以放对方底线高球调动对方采用后场杀球回接。当对手因连续进攻体力不支时,再行伺机进取。不过在调动对手消耗体能的同时,自身也要注意保存体能,不能在调动对手的时候自己也在"疲于奔命",如此反而不能达到战术意图。所以要尽量使自己的动作放松,步法移动少,保存自己的体力,在赛程进入尾声时能够后发制人。

(三)给予对方最大的压力

给予对方最大的压力,即使对方总是处于受迫的情况下回接来球,每一球的回接都感到巨大的压力,没有可以精神松懈的一拍回球。例如,通过调动和准确的落点迫使对方必须回接出中后场高球,此时正是进一步给予对方压力的好时机,可以以平高球、劈杀、劈吊或网前搓球等技术造成对方还击的困难,迫使对方的回球出线,增加自己大力扣杀和扑杀的威力,给对方以致命的一击。

另外,给予对方的压力不仅是战术上的,还有精神层面上的。羽毛球运动的规则要求每场比赛中的间歇时间运动员不能接受场外教练的指导,这就要求运动员在运用战术时要有独立思考和自己解决问题的能力,然而这对于那些心理素质不佳或应变能力较弱的运动员来说,无疑是给他们的心理上增添了精神压力。

三、羽毛球战术运用的原则

羽毛球战术的选择和制定是在一定原则指导下进行的。每一个战术都有其明确的使用目的和预期达到的效果,如果选择了错误的战术,或是正确的战术使用在了错误的时间,都不会达到战术效果,反而还会给对方发现本方漏洞的机会。因此,在选择或制定羽毛球战术时应该遵循如下原则。

(一)拥有明确目的

每一个战术都有其执行的目的,没有目的的战术没有存在的意义。无论是在一场羽毛球比赛的赛前还是赛中制定的战术,都是为了达到某种战术目的的。不过,目前没有任何一种战术是面对任何局面皆可获得良好效果的。因此,在制定并运用战术时,不可能做到面面俱到,只能是按照某一目的有的放矢,使战术在使用过后能够获得预期的效果即可。

(二)强化战术意识

战术的最终效果还是需要通过运动员在场上的表现来实现。因此,除了能够完成教练员部署的战术外,运动员自身也要具有一定的战术意识。然而,这种意识的养成不是一朝一夕之事,它需要运动员在日常训练当中逐渐积累才行。

举个例子来说,羽毛球比赛中运动员处理每一个球都尽量要做到扬长避短。为了追求快速的节奏,就需要把握住稍纵即逝的机会,稍有犹豫就会失去掌控局面的机会,变主动为被动。战术意识就是如何在快速来回击球的过程中正确估计形势,并且选择最恰当的处理方式。为了养成这种意识,需要运动员首先对羽毛球运动理论有着较为深刻的理解,并且需要他们在训练和比赛中不断积累经验,总结成败。如此才能使自己对场上的情况具有敏锐的观察力和迅速做出反应的能力,才能在最短的时间内用最快的速度击败对方。[①]

(三)巩固技术基础

技术是战术的构成基础,战术是不同技术的有目的性的组合。因此,作为战术构成的技术来说,就需要首先被运动员巩固。只有运动员在较为夯实的基本技术支持下,战术才能顺利实施。相应的,技术水平越高的运动员其所能执行的战术种类就越多,运用就越灵活。相反,战术的发展也促使运动员要掌握必要的技术与之匹配,两者是一种相辅相成、相互促进的关系。

(四)灵活运用战术

优秀羽毛球运动员在比赛中的每一次回接都带有极强的目的性和战术性。其所选择的战术都是配套的、扬长避短的、与自身特长技术相结合的。不仅如此,在战术运用上他们还能根据对手的特点和场上的局势灵活改变战术,而非千篇一律地执行既定的战术。

在羽毛球比赛中,每一回合的比赛都是不同的,为了应对这种不同,在比赛中运动员就需要根据场上的局势灵活运用战术,即要善于以战局的变化为根据,对对方的心理进行分析,做决策时要及时,组织攻势要出其不意,真假虚实交替运用,在逼迫对方陷入防守的情况下赢得比分。这种能力也是评价运动员水平高低的重要标准之一。

对于羽毛球比赛来说,场上的形式大体有三种。

---

① 张勇.羽毛球[M].北京:北京体育大学出版社,2003.

(1) 顺势局面。在顺势局中可以延续既定战术,比赛的局面基本在掌控之中。

(2) 逆转局面。逆转局面即对方将本来落后的比分追平并反超。此时就需要重新评估预先设定的战术是否被对方摸透规律,然后做出战术上的适当调整,以遏制住对方的势头。

(3) 僵持局面。僵持局中双方相持不下,比分难以拉开。此时对于战术的调整要逐步进行,慢慢试探出对方的弱点,弥补自身的漏洞。

总之,只有根据临场情况随机应变,适时调整战术,才能始终将比赛的主动权掌握在自己手中。

(五) 坚持以我为主

在与同自身实力相当或高于自身实力的对手对抗的时候,很容易被对方的节奏和战术所左右,使得自身疲于应对,忽视了自己战术的执行。因此,制定战术时就要坚持以我为主的原则。要做到以我为主地制定战术,首先就要了解对方的真正实力和特长技术。例如,比赛中对方在一些关键球偶尔使出"非常规"技术然后一一得手,此时本方就会在心理上出现困惑,会思考对方这种技术到底是神来之笔,还是确实掌握的技术。这一思考将注意力全部集中在了对方这个技术上,如此就慢慢忘却了自己原本的战术。以我为主的要求就是要根据自己的技术情况、身体条件等做出决定。坚持以我为主的打法,不要盲目为了应对对手而改变战术,否则必将失去自身的优势。

另外需要强调的是,在坚持以我为主的战术原则中,所制定的战术应该是以主动进攻为主的。羽毛球运动的规律展示出,首先上手的一方在这一回合中通常能够占据更多的主动局面。因此,在比赛过程中运动员应设法迫使对方在大部分时间处于被动防守的局面,让自己控制比赛主动权。

第二节　羽毛球单打战术学练方法指导

一、单打战术的基本理论

(一)单打战术的取位

羽毛球运动战术多样,种类繁多。为了便于战术的实施,不同战术的取位有所不同。下面就对不同战术的取位方法进行解析。

1. 处理网前球的取位

网前回接对运动员的手感和技术的精细程度有着极高的要求,这使得接网前球的每一个环节都要精细到位。取位作为处理网前球的第一环节,就需要根据队员自身的情况进行有针对性的选择。

如果运动员的网前技术出色,那么在回接后就不必急于退后,此时的取位就可以更加倾向留在前半场,等待对方回接近网短球时可能出现的冒高球。但如果本方击出的短球质量不高,落点也不刁钻的话,就需要适当退后,以防止对方挑后场高球诱攻,但此时仍旧需要留一部分注意力在前场,以防止对方继续在网前斗短。

由此可以看出,防止对方的反搓是回击网前球的取位重点。但是,如果队员的搓球质量不高,打过去的球很高,这时站位又在左(右)前场区域,此时若是对方快速平推后场球,就会造成本方被动。

2. 处理高球和吊球的取位

高球在羽毛球比赛中经常出现,为了回接好高球也需要进行合理的取位。举个常见的例子来说,当运动员在后场击出后场高球时,能够打出弧度很平的直线平高球,使回球的质量很高,球击出后运动员的回位不必过于迅速,鉴于击出的后场高球质量不错,此时对方击出的球大概率仍旧为本方后场高球。因此,此时运动员的注意力应更多地放在继续等待对方的后场高球上。但是,如果运动员的回球线路为对方后场的斜线高球,那么下一拍球的取位就应该更偏向场地中心一些,以防止对方可能回出的网前吊球或直线后场平球。

3. 杀球的取位

杀球是羽毛球比赛中重要的得分手段,同时也是羽毛球战术的发起手段。为此,当运用了杀球技术后的取位也就成为衔接下一拍进攻的关键。当运动员在中后场将对方来球扣杀过去并且质量较高时,杀球后即刻跟进到中场或中前场位置,以此准备继续进攻可能的回球出浅或封挡的网前小球。同时,这种杀球后快速来到网前的取位从心理上也会给对方一种震慑感。不过如果运动员杀球质量不高,对手的防守能力又不差的情况下,杀球运动员就最好只是先向前垫一小步,待判明对方出球方向、弧线和落点后再行移动,切忌盲目跟进到网前。

4. 接杀球的取位

杀球的威力较大,是羽毛球运动中的重要得分手段。为此,当遇到对方杀球时,合理的取位就是成功接杀的关键。如果接杀时想回出直线球,那么首先运动员的身体要面对直线这边,要对对方回直线的半区进行重点防守;如果从右(或左)半场回对角线球,回球结束后就要有意识地向场地左半区移动。简单来说,就是回出的球往哪个方向飞去,接球后的身体就往同样的方向移动。

第八章　羽毛球运动战术科学练习指导

(二)单打战术的发球

1. 发球的位置与方式

在羽毛球单打战术中,发球的位置和方式的确定对于战术运用效果有较大的影响。一般情况下,在确定发球的位置与方式时,要遵循以下几点要求:

(1)根据对方站位来确定发球的位置。

具体来说,主要有两种情况:一种是如果对方站位比较靠前,后场区域出现的空当就比较大,那么在发球的时候最好多发后场球,如果能够将球发到3号或4号位置区域,那么就会取得更好的战术效果(图8-1);另一种是如果对方站位比较靠后,网前出现空当的区域大,那么就应相应地多发1号或2号位置的网前球,这样的战术效果通常也较好(图8-2)。

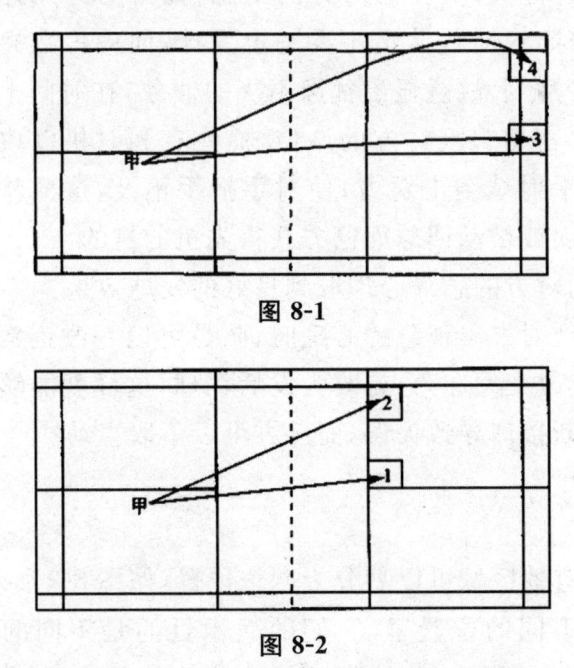

图 8-1

图 8-2

(2)以对方接发球的特点为主要依据来选择发球。

首先要对对手接发球的特点有所了解,有意地发出一些对手在回球时有规律可循的球。比如,当队员发后场高远球时,对方经常压队员直线后场平高球,或者对方接网前球时很喜欢放网前,以对方的这些特点为主要依据,队员就能够故意发出这些位置和落点的球,而队员则可以事先到预定回球的落点附近等着对方来球,从而取得主动优势。

(3)尽可能地避开对方技术特长发球。

如果对方杀球或后场球很好,那么队员就应该尽量少发后场球,以避免遭遇到对手优势上的回击,而应该多发网前球。反过来,如果对方网前球较好,而且有假动作,那么队员就应少发网前球,多发后场球。同样道理,如果队员发高球或网前球时,对方接球的质量老是不高或者出现失误,那么这时队员就应多发这样的球,并且发球方式和落点要尽量固定。

(4)通过发球动作来达到迷惑对方的目的。

队员在发球时,要注意对方的状态,如果对方几种注意力做好准备接发球,这时候队员不要马上发球,而应该在规则允许的范围内,稍停片刻,故意显出犹豫不决的假象,在时间上稍微调整一下,同时要密切观察对方的站位,抓住有利时机以攻击性较强的平高球或平射球袭击对方,使对手措手不及,这样就能够达到导致回球失误或被动回球而己方获得先机的目的。

(5)借助对方的急躁心理取到良好的发球效果。

如果发现对方出现急躁心理时,队员可以一改正常发网前球的方式,突然改变发球落点,改为发后场球,这样就能够使对方来不及准确判断接球导致失误,而己方可以争取主动。

2. 发球的落点

发球的有效区域可以划分为四个位置,如图 8-3 所示。

在四个不同的位置里,它们的战术目的是不同的。具体来说,当队员发 4 号位时,对方很容易击出直线平高球;当队员发 3 号位时,用平射球发出,往往会使对方措手不及;当队员将球发到 2 号位时,对方后场空当较大,对于调动对手非常有利,但对方在

第八章　羽毛球运动战术科学练习指导

回球时容易攻击我方后场直线球,因此要对对方的回球十分关注;当发 1 号位时,对方不论是回直线或斜线球,我方都能较好地把握对方的来球。一般来说,由于初学者的战术运用水平还比较低,如果想发网前小球,将球发在 1 号位与 2 号位之间是最好的,具体来说,这样的优势主要表现在两个方面:一方面,比较稳妥,避免出界;另一方面,对方回球时不好控制,特别是发出力量稍大一些的追身球,对方处理起来的难度较大,但是,需要强调的是,发这种球的时候,要控制好球的高度,不能太高也不能太低。

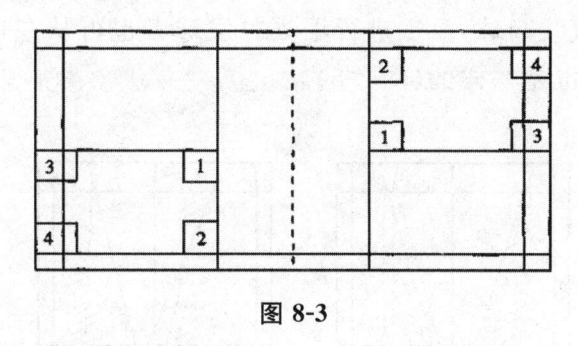

图 8-3

二、单打战术的训练方法

(一)固定球路训练

固定球路训练,是指把两项或多项击球技术根据战术要求组合起来反复练习的训练方法。初学者一般采用这种方法掌握简单的战术球路。固定球路训练将多种技术结合练习能使动作更加具有连贯性,并且可以有效提高战术执行时的击球质量。但这种训练方法必须与其他方法配合进行。球路的组合可以有很多,在训练中同时也应该突出实战性。

1. 高、吊配合训练

(1)对角高球直线吊球训练法。

进行对角高球直线吊球的训练,甲方由右场区发高远球,乙方回击对角高球,甲方也回击一对角高球,乙方吊一直线球,甲方放一直线网前球,乙方挑一直线高球,甲方回击一对角高球,乙方再回击一对角高球,甲方吊一直线球,乙方放一直线网前球,甲方挑一直线高球,乙方回击对角高球,反复进行下去。发球者也可从左边发球,其方法同前(图 8-4)。

(2)对角高球、吊球训练法。

如图所示,甲方从右场区发高远球,乙方回击对角高球,甲方吊对角线球,乙方挑直线高球,甲方回击对角高球,乙方吊对角线球,甲方挑直线高球,反复进行下去。发球者也可从左边发球,其方法和顺序也是一样的(图 8-5)。

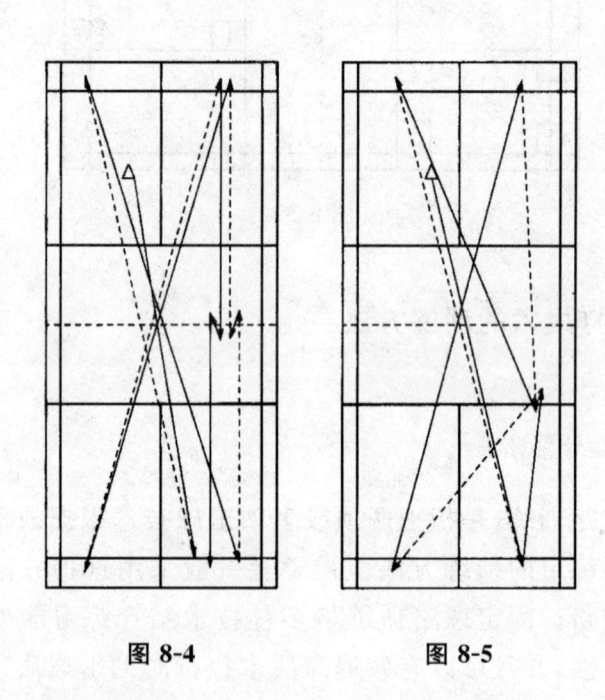

图 8-4　　　　图 8-5

(3)直线高球对角训练法。

在进行直线高球对角训练时,双方均可同时训练直线高球和对角吊球、上网放网和直线挑高球,甲方击一直线高球,乙方回击直线高球,甲方也回击一直线高球,乙方吊一对角球,甲方放一直线网前球,乙方挑一直线高球,甲方回击直线高球,乙方再回击一直线高球,甲方吊一对角线球,乙方放一直线网前球,甲方挑一直线高球,回复至开始。如此循环往复,由于球路较为固定,随着练习时间的累计,练习者的失误会明显减少(图8-6)。

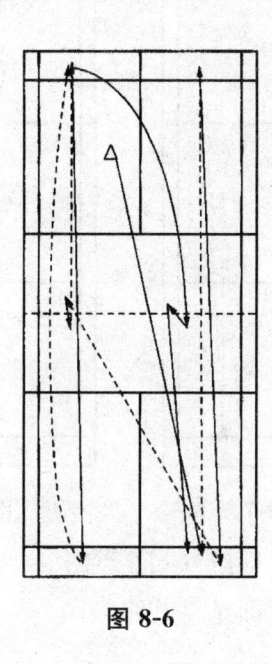

图 8-6

2. 高、杀配合训练

(1)对角高球直线杀球训练。
训练时所采用的球路与对角高球直线吊球训练法相同。
(2)对角高球对角杀球训练。
训练时所采用的球路与对角高球、吊球训练法相同。

3. 吊、杀配合训练法

(1)吊直线杀直线训练法(图8-7)。
(2)吊直线杀对角训练法(图8-8)。
甲在右区发高球,乙先吊直线球,甲接吊挑直线球,乙杀对角球。这样训练一方可练吊杀,练一段时间后交换,双方均可练到吊杀和接吊杀。

图 8-7　　　　　　　图 8-8

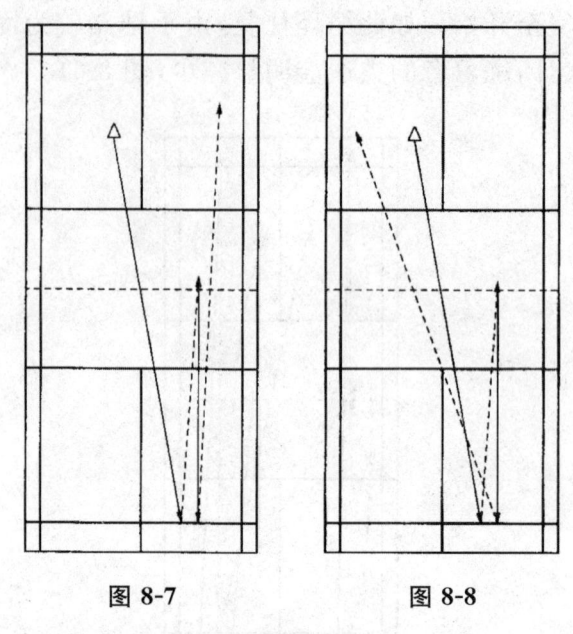

(3) 吊对角杀直线训练法（图 8-9）。

(4) 吊对角杀对角训练法（图 8-10）。

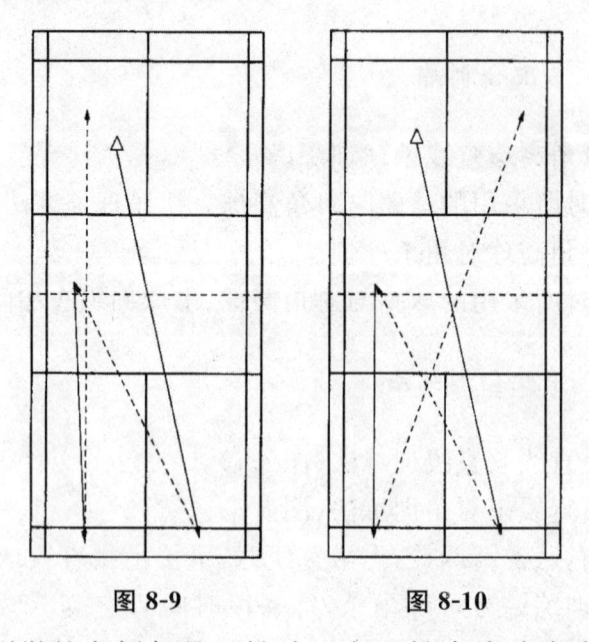

图 8-9　　　　　　　图 8-10

上述列举的实例都是以挑球一方以挑直线球来介绍的。而在实际的练习当中可根据训练需要设定固定球路的组合方式。

(二)不固定球路训练

1. 不固定高吊训练法

不固定高吊训练法是高吊训练中的高级阶段练习方法。这种练习法主要以"二点打四点"或"四点打二点"的方式进行练习,运动员主要是站自己球场中心点上向左右后场两边移动,采用高球或吊球控制对方,而对方只能回击到运动员一方后场的两边。对对方来说是训练快速移动接高吊的能力;对二点打四点高吊的运动员,则是训练其高吊手法一致性的方法;对四点打二点接高吊的运动员,则是训练控制全场能力的方法。这种训练对于运动员的判断、反应、移动等能力都有着不错的提升效果。[1]

2. 不固定高杀训练法

(1)高杀对接高杀抢攻训练法。

参训运动员都可以采用最高杀球训练,这是一种强攻训练法,既练高杀技术也练抢攻意识。

(2)高杀对接高杀训练法。

参训运动员可任意打高球,在来回高球多余三拍后,可以伺机与杀球相结合。如对方打高球接高杀者,也得还击高球;如对方打杀球,可挡直线或对角网前,运动员可上网放网,接高杀者再挑至底线高球。反复训练,这种训练一方是采用高杀进攻,一方是接高杀全场防守。

3. 不固定吊杀训练法

(1)吊杀对接吊杀抢攻训练。

这是一种抢攻训练法,参训运动员均可采用吊球或杀球,这样练习既可以练吊杀技术也练抢攻控网意识。

---

[1] 程路明,郑其适,王少春. 羽毛球[M]. 北京:高等教育出版社,2006.

(2)吊杀对接吊杀训练法。

参训运动员可任意打吊或杀,如对方打吊球,接吊杀者要回击高球;如对方打杀球,可挡直线勾对角球,此时,运动员上网放网,接吊杀者再挑高球,如此往复练习。这种训练一方是练习吊杀上网进攻,而另一方则是练习接吊接杀防守训练。

4. 高、吊、杀配合训练法

这种训练属于高水平训练,一般只有当运动员的基本功和战术素养基本形成后才会采用这种不固定球路的训练。这种训练在形式上具体还可以采用以下几种办法:

(1)高吊杀对攻训练法。

参训运动员均可采用高吊杀、抽、推、勾控制对方,而对方则应想方设法守中反攻。

(2)半边场地高吊杀综合训练法。

半边场地高吊杀综合训练法,是指在半边场地上进攻一方以高球(平高球或平快球)、吊球和杀球进攻对方,反手方以挡、挑、放网来防守。这样安排可以使一方练进攻技术,一方练防守技术。

(3)全场高吊杀对接高吊杀训练法。

这种训练法可以使一方练高吊杀,另一方接高吊杀,基本接近实战训练,因此训练难度和强度较大。训练进攻时可用高球、平高球、吊球、劈吊球、杀球、抽球,在网前可用放网球、搓球、推球、勾球。而接高吊杀者可训练防守高球、挑球、挡球、勾球,全部基本技术都可训练到,因此是一种最好的综合技术训练法。

(三)多球训练

1. 多球对练法

参训运动员可根据需要取 2～4 只球,当失误时,不用去拣球,而将手中的球再发出去,以增加训练时间和击球次数,这种训

第八章 羽毛球运动战术科学练习指导

练方法使强度和密度得到增加。

2. 多球训练法

多球训练法,是指参加训练的运动员通过依次回击两个或两个以上来球,以达到有效训练回球反应、准确度等目的的训练方法。参加训练的运动员可1人或2人。取一箱球多球训练,可根据训练的要求,采用不同的路线、速度和组数、个数,由教师发多球给运动员训练。当一人练完一组后,换另外一名运动员训练。为了保证有一定密度,运动员最多不超过5人一组,最好是3到4人一组。

(四)多人陪练训练

多人陪练训练法是由两个或两个以上的多人陪练一人的训练方法。在单打中一般较多采用二对一的陪练法,如二陪一进行高吊、高杀、吊杀、高吊杀等训练都能收到较好的效果。

1. 二一式前后站位陪练法

两人一前一后站位进行进攻,一人防守。后场的进攻者采用高、吊、杀等技术进攻,前场的进攻者以搓、推、勾等技术进攻,这样可以加强进攻的速度和难度。这是一种提高个人防守能力的一种训练法。

2. 二一式左右站位陪练法

一人进攻时要按战术线路要求进攻,两人分别各负责自己半场区的防守。两人进攻时也要按照教练战术意图进行,不能盲目乱打,而且还击的速度要适合单打的节奏及路线。这是一种既适合于练进攻,也适合于练防守的训练法。

3. 二一式对攻陪练法

这是一人对二人的战术训练法,对抗双方在单打场区内采用自己所掌握的各种战术与技术,组织各种球路有意识地在场上进行互相争夺主动的控制与反控制的训练。

(五)实战训练及比赛训练

训练的最终目的是更好地为比赛服务。因此,进行实战训练和比赛训练是有效加强训练与实战相结合的重要途径。这种练习可以以模拟正式比赛的战术训练为基础,进行有针对性的战术训练;或组织一定数量和质量的队内、队外热身赛,以赛带练,让运动员更多地体会实战、适应实战。

第三节 羽毛球双打战术学练方法指导

一、双打战术的基本理论

(一)双打的站位

羽毛球的双打由于是两人一队参加,所以对于己方半场的照顾就更为广泛。然而对于快速进行的羽毛球比赛来说,为了更加全面地照顾己方场地,力求做到防守无死角,就需要依靠两人的合理站位和快速补位来实现。另外,合理的站位也有利于两名队员发挥各自的技战术特点。如果站位不当,就会影响两名队员的配合,造成很多漏洞,给对方可乘之机。优秀默契的站位也会给羽毛球双打比赛带来更好的观赏性。

1. 发球站位

(1)发球员的站位。

为了发出变化较多的发球,通常双打时负责发球的运动员的站位为前发球线后且靠近中线处。站在这个位置有利于发出近网短球,同时也兼顾了发后场球的突然性。

(2)发球员同伴的站位。

对于本方发球时的情况来说,不发球的球员的站位多为发球球员身后,具体为球场中心点偏后一步的位置,且多为左右脚分列中线两边。具体要根据当时的战术需要和自己的特点进行适当的调整,如果反手技术较薄弱,在站位时可更加偏向反手位一些。

2. 接发球的站位

(1)接发球球员的站位。

接发球球员的水平不同会有不同的接发球站位。一般水平的球员在接发球时通常选位为离前发球线30～50厘米处。之所以普遍选择这个位置,主要是因为这一位置有利于兼顾到接发球区的前后左右四个角的来球。在等待接发球时,持拍手的准备动作稍高于单打位置。而对于那些高水平运动员来说,依托于他们快速的步法移动能力,使得他们的接发球站位更加靠近前发球线的位置,从而达到在网前争取以最快的速度回接来球的目的。

(2)接发球球员同伴的站位。

接发球球员同伴的站位应根据接发球员的站位来选择。常见的站位方法为:如果接球员是在左半区接球,其同伴应站在右半区的中后场靠近中线附近处站立;如果对方发后场球,接球员向后移动接球,此时同伴就应迅速向前移动以弥补第三拍的网前空当,而接发球员在接球后则留在后场负责后场区域的防守;当接发球员站在右半场区准备接球时,其同伴的站位应在左半场区的中后场靠近中线附近位置处,而为了加强正手的使用率,可适当再往反手位站位;如果对方发网前球,接球员回接网前短球,此时接发的球员就继续留在网前防范对方继续放短,而其同伴须稍向右半区移动一点负责整个后场区域的防守。

3. 比赛中的站位

在羽毛球比赛中,本队的两名球员的站位种类比较多,但基础站位主要有前后站位、平行站位以及轮转站位三种,具体如下。

(1)前后站位。

前后站位的主要运用情形为本方处于进攻时,此时需要一个人在前场封网,另一个人在后场进攻,形成前后站位的队形,如图8-11。如此两名队员将本方场地分割成了前后两个部分,一人顾前一人顾后。不过即便如此,站位分居前后的两名球员也尽量不要站在同一条直线上,以此避免这种站位对后场球员的进攻带来干扰。

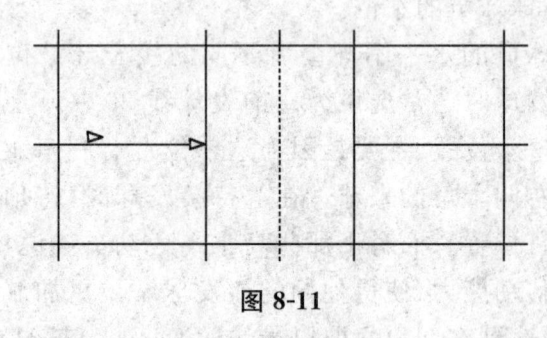

图 8-11

(2)平行站位。

平行站位多用于本方处于防守的态势中。当对方攻势凶猛时,两人稍稍退到本方中场偏后的位置,一人负责一个左右半场,如图 8-12。这一站位有助于最大限度地满足防守需求。在防守回接时应更多选择平抽、平打压住对方后场底线两角,在对方扣杀球时也能以平抽反击或挑高远球至两底角,以此来给对方的进攻带来麻烦,不能让其尽情发力。

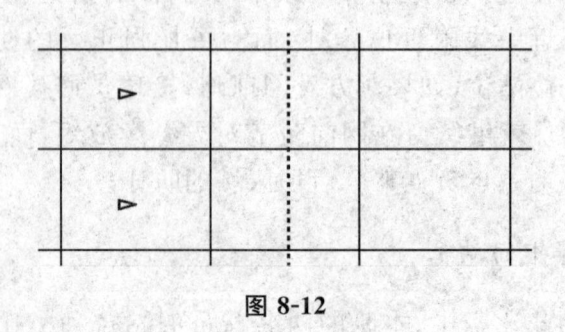

图 8-12

第八章 羽毛球运动战术科学练习指导

(3)轮转站位。

羽毛球比赛中双方的攻防转换经常进行。随着场上形势的变化,本方两名球员的站位需要随时进行调整,而不是一直按照既定站位行事。为此,甚至两名球员的站位还会出现不停地轮转,这种轮转对队员间的默契有着较高要求,不默契的队员之间可能出现站位的轮转失误,造成两人争抢同一个来球,或是没有人去接来球。下面就主要分析两种常见的站位轮转形式。

①前后站位转换成平行站位。如图 8-13 所示,甲1、甲2起初为前后站位,如遇对方吊一网前球且此时受迫只能挑高到对方后场,那么此时甲 1 负责上网挑高球,在完成挑球后甲 1 立刻从其挑球位置直线向中后场后退,此时甲 2 应移动到另一侧半场,弥补本方半场的右侧区域,进而使得两人完成从前后到左右的轮转换位,场上局面也变为守势。

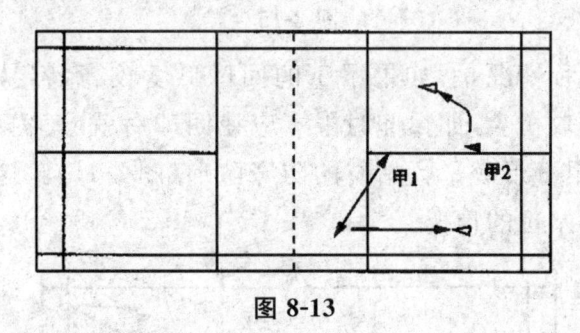

图 8-13

②平行站位转换成前后站位。如图 8-14 所示,甲 1、甲 2 两人为平行站位,此时对方吊右侧网前小球,站在右半场区的甲 1 上网回吊对方网前小球,吊球后甲 1 随球移动到网前准备封网;此时甲 2 向场地中线移动完成轮转换位;此时如果对方挑后场高球,甲 2 可以开展后场进攻,甲 1 则在网前伺机封网。

如果对方击出的是一个后场高球,则甲 1 移动到后场去接球,此时甲 2 如何移动完成站位的轮转要看甲 1 的回球性质。如果甲 1 的回球具有一定的攻击性,使得对方可能不会回接出高质量的来球,那么甲 2 就可以适当向前移动,形成前后站位,如图 8-15。

图 8-14

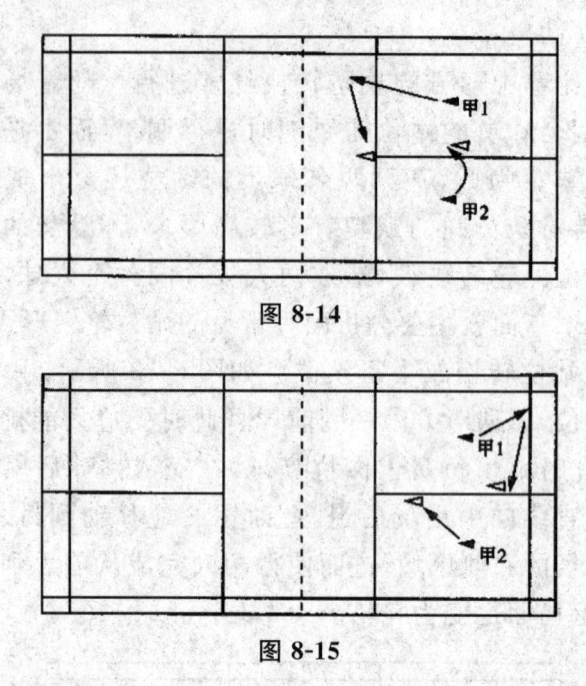

图 8-15

还有一种情况是,如果甲 1 的回球弧度较高,容易给对方留下较好的进攻机会,那么此时甲 1 应在回球后就应该直线向前移动,继续与甲 2 形成平行站位的防守队形(图 8-16)。这是一种没能完成轮转站位的情况。

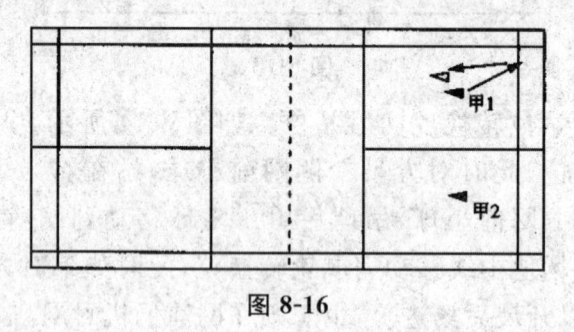

图 8-16

(二)双打的分工

羽毛球双打是由同队两名队员共同完成,为了使两个人在场上的能力都得到发挥,包括进攻更加紧凑犀利,防守更加全面稳固,就需要两人在场上有良好的分工。具体来看,这种分工主要

第八章 羽毛球运动战术科学练习指导

在以下三方面中体现。

1. 发球后第三拍的分工

(1)发网前球时的分工。

一般发网前短球的情况有四种：

①如图 8-17 所示，甲 1 从左场区把球发到对方左场区 2 号位，或发到 1 号和 2 号位之间区域。发球后，甲 1 保持在网前(图中阴影部分)的注意力，包括对方打来的左右两边网前和半场左右的球。甲 2 则注意接后半场区域的来球，特别是后场左半区的来球。

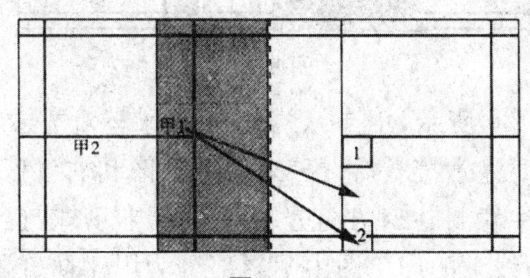

图 8-17

②如图 8-18 所示，甲 1 从右场区把球发到对方右场区 1 号位，或发到 1 号和 2 号位之间区域。发球后，甲 1 保持在网前(图中阴影部分)的注意力，包括对方打来的左右两边网前和半场左右的球。甲 2 则注意接后半场区域的来球，特别是后场左半区的来球。

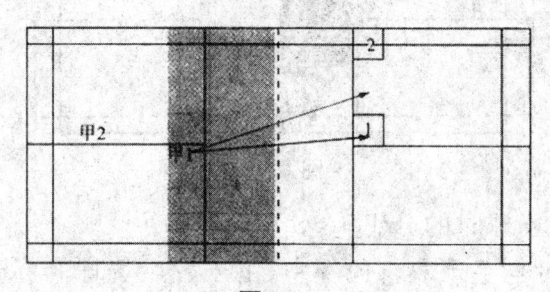

图 8-18

③如图 8-19 所示，甲 1 从左场区发球至对方左场区 2 号位后，甲 1 不仅要注意接救对方打来的左场区和右场区网前部分的

球,而且还要注意封住对方打过来的直线半场球,也就是甲1的右场区半场边线上的球。图中阴影部分为甲1防守的区域,场区的其他部分由甲2负责防守。如此分工是因为发至对方左半区2号位置后,对方为了控制发球方获得好的进攻机会,大概率会将球回接到阴影区域。

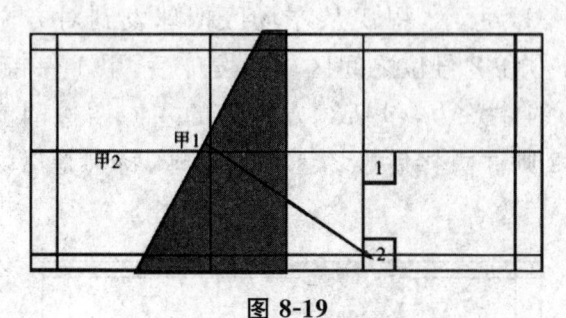

图 8-19

④如图 8-20 所示,甲1从右场区发球至对方右场区2号位后,甲1不仅要注意接救对方打来的左场区和右场区网前部分的球,而且还要注意封住对方打过来的直线半场球,也就是甲1的左场区半场边线上的球。图中阴影部分为甲1防守的区域,场区的其他部分由甲2负责防守。如此分工是因为发至对方右半区2号位置后,对方为了控制发球方获得好的进攻机会,大概率会将球回接到阴影区域。

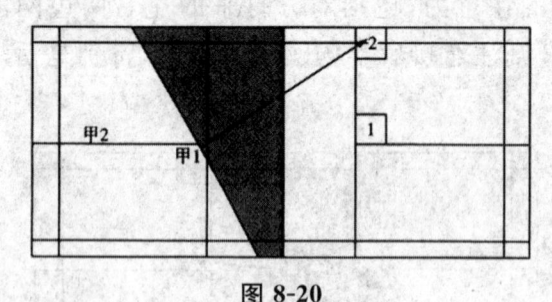

图 8-20

(2)发后场球时的分工。

在高水平羽毛球双打比赛中,由于发后场球容易让对手首先获得上手的机会,所以通常不作为常用的发球方式,而仅仅是作为一种达成突然性的战术需要的发球。当发后场球后的分工主要有以下两种情况。

第八章 羽毛球运动战术科学练习指导

①如图 8-21 所示,甲 1 在左场区发球,将球发到对方左场区 3 号位或发到 4 号位。发球后甲 1 移动到左半场区的中心位置,负责左半区的防守。而甲 2 则在甲 1 将球发出后移动到右场区的中间位置,负责右半区的防守。另外,如果甲 1 在发球后通过预判可以基本判断出对方可能采用吊网前球的方式回接的话,那么不管对方的吊短落点在左半区还是右半区,甲 1 都可以做好上网回接的准备。

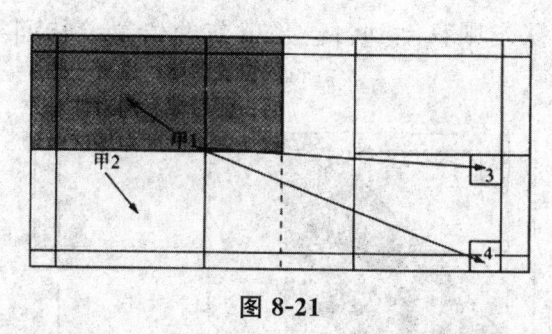

图 8-21

②如图 8-22 所示,甲 1 在右场区发球,将球发到对方右场区 3 号位或发到 4 号位。发球后甲 1 移动到右半场区的中心位置,负责右半区的防守。而甲 2 则在甲 1 将球发出后移动到左场区的中间位置,负责左半区的防守。另外,如果甲 1 在发球后通过预判可以基本判断出对方可能采用吊网前球的方式回接的话,那么不管对方的吊短落点在左半区还是右半区,甲 1 都可以做好上网回接的准备。

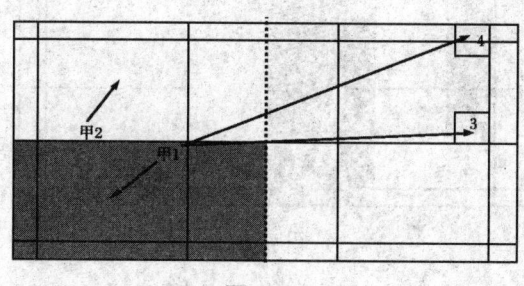

图 8-22

2. 杀球时的分工

一般在获得上手进攻的机会后会出现连续杀球的可能性。

此时两人的分工通常为一人在后场进行杀球,另一人在前场进行封网。具体来说,羽毛球比赛中杀球时的分工主要分为以下几种情况。

(1)如图8-23所示,当甲2在左后场区进行头顶杀球的时候,甲1应注意接救左、右场区网前部分的来球,其中更加需要注意拦击对方打到右后场区的平球。也有一些运动员在左后场区附近进行头顶杀直线球后直接上网封住对方打到自己左前场区的网前球,此时队友则移动到自己杀球前的位置等待回接对方可能的后场来球。

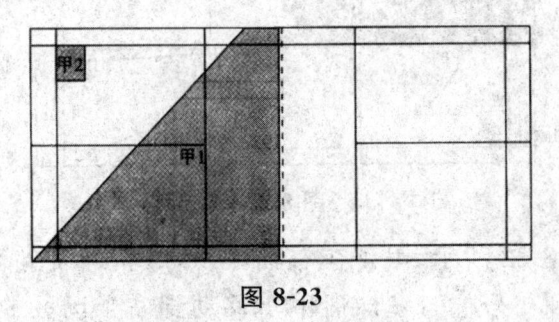

图 8-23

(2)当甲2在后场阴影区内杀球的时候,不论杀球的落点在对方场区的什么位置,甲1都站在自己场区的前半场中间位置负责封住对方击到前半场阴影区域的来球,后半场区域由甲2负责(图8-24)。

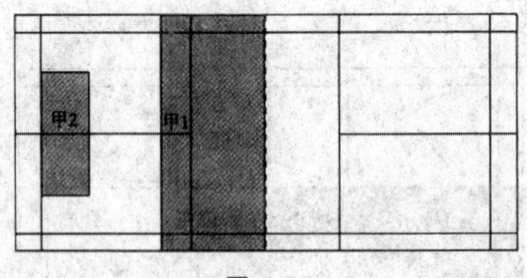

图 8-24

(3)如图8-25所示,当甲2在右后场区进行头顶杀球的时候,甲1应注意接救左、右场区网前部分的来球,其中更加需要注意拦击对方打到左后场区的平球。也有一些运动员在右后场区附近进行头顶杀直线球后直接上网封住对方打到自己右前场区的网前球,此时队友则移动到自己杀球前的位置等待回接对方可能的后场来球。

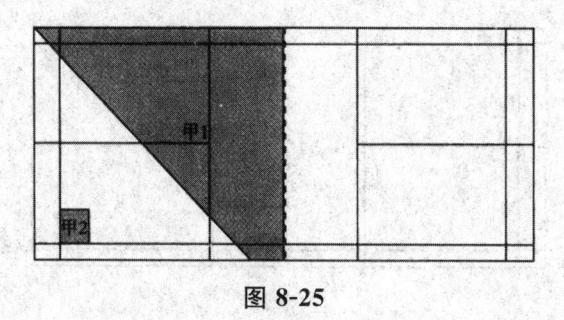

图 8-25

3. 防守时的分工

在羽毛球双打的防守情况下,两名队员通常为左右站位,各自保护自己半边的区域,身体重心降低,准备回接对方的杀球。具体的防守分工主要如下:

(1)如图 8-26 所示,如果甲 1 在左后场 A 位置处杀球,作为防守方的乙 1 的最佳位置应该是中场附近靠右侧边线的 C 位置,这个站位的目的是准备接甲 1 的直线杀球。此时同样作为防守方的乙 2 站在左场区靠中线但比乙 1 稍后一点的 D 位置上,身体适当面向杀球球员,准备接甲 1 的斜线杀球。如果甲 1 把杀大斜线球至左场区边线,此时乙 2 就需要快速移动救球。

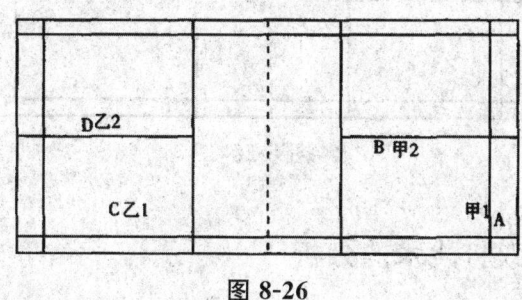

图 8-26

(2)如图 8-27 所示,甲 1 在右后场区域位置 A 处杀球,不论其落点如何,也不论其同伴站在何处,一般地说,乙 1 可以站在左场区靠边线的 C 位置上,准备接救甲 1 杀过来的直线球,此时乙 2 站在右场区靠中线的位置,前后位置相对乙 1 稍后即可,右脚在前,身体稍微向右转,准备接救甲1杀到中线附近与右场区的球。如果甲1把球杀到右场区边线时,乙2要迅速移动到位救球。

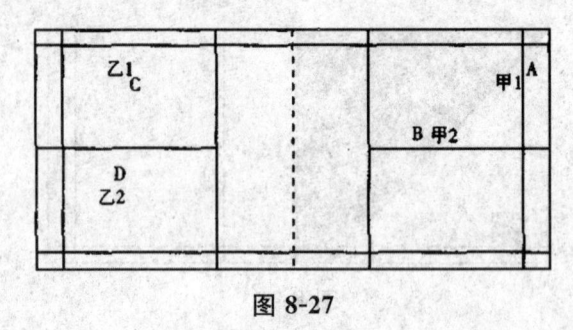

图 8-27

(3)如图8-28所示,如果甲1在其后场中路杀球时,其同伴甲2通常是站在中场附近B的位置。此时作为防守方的乙1乙2,会分别站在左、右场区中心位置附近的C和D位置处准备接杀球。如果甲1将球杀到乙1乙2中间位置,则应本着正手球员优先击球、或技术能力较强的球员优先击球的原则接球。例如,如果图中作为防守方的乙1乙2皆为右手持拍的球员,那么面对对方落点为中间的杀球时,乙1为正手接球,那么就应由乙1优先接球,如此能够最大化地防止两人抢拍击球或漏击球。

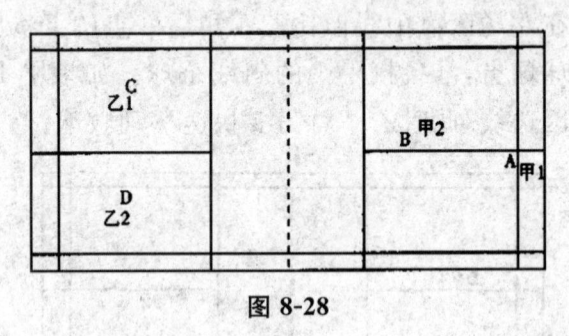

图 8-28

二、常见双打战术的分析

(一)攻中路战术

当对方一左一右分边站位时,要尽可能把球攻到对方两人之间的空当区域,造成对方因为争抢回击球而发生碰撞,或相互让球而出现漏接失误。这是对付配合较差选手的有效战术。攻半场战术是攻中路战术的另一种形式。当对方两人一前一后站位时,可将球回击到对方两人前后之间靠近边线位置的半场区域,造成对方抢接或漏接(图8-29)。

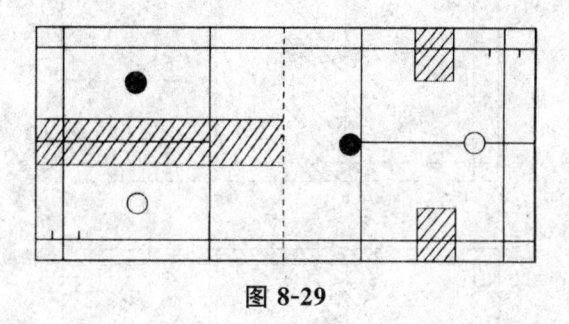

图 8-29

(二)攻人战术

集中优势盯住两人中的一人攻击,伺机再突击其他空当,就是攻人战术。在具体运用攻人战术时可采用多种攻击方法。

先盯住双打组合中技术水平相对差一些的一方打,不让其有喘息的机会,直到得分为止。如果对方已经发现我方的战术意图,加强了弱者一方的保护,这时可采用先盯住弱者打几拍后,又突然改攻强者一方。因为强者为保护弱者已将注意力集中在弱者一方,此时再反过来攻击强者会收到很好的效果。另外,还可以先集中力量对付对方强者,消耗其体力,削弱其战斗力后又伺机进攻弱者一方或突击其空当也能奏效。

总之,战术的运用不是一成不变的,必须根据当时的情形灵活运用,才能奏效。

(三)后杀前封战术

后杀前封战术是双打中最常见的进攻战术。当我方取得主动进行强攻时,一人在后场大力杀球,另一人在网前抓住对方有可能回球的线路,有意识、有目的地准备封网,这就是后杀前封战术。运用这种战术时,后场选手要注意进攻的落点和位置。网前的封网选手应根据其同伴进攻的路线,积极地、有意识地主动出击,去封住对方的出球路线,切忌消极地等待。一般情况下,当后场选手杀大对角线、中路或小对角线时,前场封网选手都应将判断来球的重点放在对方回直线球的位置上(图8-30)。

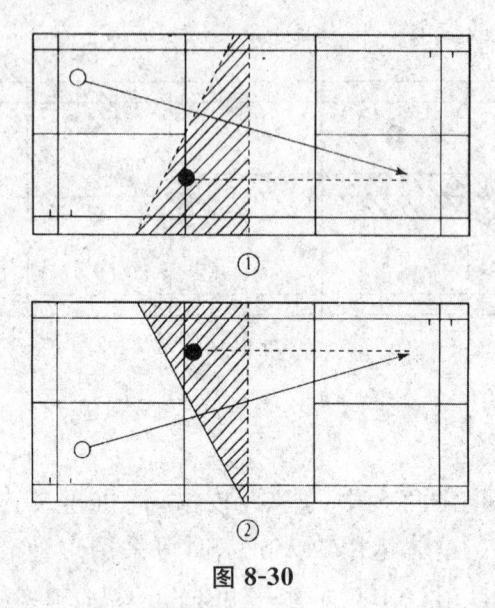

图 8-30

(四)守中反攻战术

这是一个对付对方后场进攻能力较差选手的战术,为消耗对方的体力也可采用这种战术。其特点是通过拉后场底线两角诱使对方在左右移动中进攻,我方通过防守伺机进行反攻,以后发制人。但要想成功地使这种战术,前提是我方需具备一定的防守能力,能防住对方的进攻才行。

三、双打战术的训练方法

双打战术依赖于个人的发挥,因此双打战术的训练方法可以更多地参考单打战术中的训练方法,尤其是多球战术训练法中的多球对练和多球练习法同样适用于双打战术训练。另外,进行实战练习及比赛练习对于双打战术的养成也是非常重要的方法,因为两人默契的配合更多是在比赛中慢慢磨合成的。对于多人战

第八章 羽毛球运动战术科学练习指导

术陪练练习法来说,双打战术训练与单打战术训练有所区别,在双打中常采用三对二练习攻守,甚至增加至四对二、三对二的进攻,二人练习反防守,这是一种提高反防能力的练习法。三二式前后站位陪练法时,一方为三人(一前二后)一方为二人,主要练习二人这一方的双打防守及反转攻的战术意识,对提高双打防守己方转攻的能力很有好处。

第九章　羽毛球运动趣味练习指导

现代羽毛球运动学练实践当中,除了有较为正式的技战术学练的内容外,为了调动运动者的运动兴趣,活跃学练气氛,还可以增加羽毛球游戏内容。为此,本章就重点对羽毛球运动游戏学练的理论和方法进行分析和指导,以使运动者通过参与这样的趣味活动而对羽毛球运动产生更多的热情。

第一节　羽毛球游戏的基本理论

一、羽毛球游戏的概念

纵观人类的历史可知,许多如今我们所熟悉的体育运动其发源都是某种游戏。体育运动中的很多项目都是在这些游戏的基础上经过进一步地总结、改编、创新,以及规则化、制度化、公平化而来的,并在长期的实践中不断完善和发展,最终成为今天人们看到的体育运动的形态。

在体育训练中引入游戏,是一种运动反哺的方式,它普遍可以被应用到体育教学、运动训练及群众性的体育活动中,成为体育活动的重要组成部分。

就羽毛球运动来说,在教学训练中加入游戏的环节就构成了羽毛球的游戏学练法。它的不同之处在于,羽毛球游戏是以羽毛球运动为相关形式,并可以通过借助羽毛球器材实现的有特定目的、任务和规则的活动形式。在羽毛球运动教学与训练之中加入

第九章 羽毛球运动趣味练习指导

形式多样、内容丰富、启发性强的羽毛球游戏有助于培养运动者的运动兴趣和参与热情。当然其存在的意义并非完全是娱乐的性质,通过羽毛球游戏还可以达到培养运动者击球手感、步法移动、战术思维、身体素质等诸多目的,实践效果良好。

二、羽毛球游戏的特点

羽毛球游戏是将羽毛球运动特点与游戏相结合的产物,它属于体育游戏的一种。羽毛球运动本身就具有诸多特定特点,这也是其与其他体育项目的显著不同之处,由此也就使得羽毛球游戏也具备这些特点。下面就对羽毛球游戏的特点进行分析。

(一)趣味性特点

羽毛球游戏的最显著特点就在于它的趣味性。游戏本身之所以为游戏,就在于其拥有的娱乐性和趣味性特点。人们通过参与游戏,可以产生最大的身心良好体验。如此一来,就使得这种看似并不能对羽毛球运动技能带来直接提升的行为依旧成为教学与训练中的一个重要部分。羽毛球游戏中的趣味性,也是其不同于其他训练内容的最大区别。

(二)健身性特点

羽毛球游戏属于体育游戏中的一种,它也是需要运动者的体能参与才能完成的。为了赋予体育游戏更多的内涵和价值,在游戏的创编中创编者就有意融合了更多手段与形式,以便运动者通过参加体育游戏来到预期目标,无论这个目标是针对生理的、心理的、教育的还是教学的。为了保证羽毛球游戏的健身性特点,在设计时对体育游戏的负荷量就考虑到大小适宜,在应用中也可以根据需要有所调整,而依据就在于体育游戏的任务。不过,为了实现羽毛球游戏的健身效果,必要的运动负荷还是要有的。

(三)规则性特点

"无规矩不成方圆",这是众人所遵从的社会准则,羽毛球游戏也不例外。羽毛球游戏作为一项游戏活动内容存在,也必定要在一定的规则规范下开展,才能顺利进行和带来相应效果,即便是玩,也应是一种在规则的限制下的玩,这样才能保证公平和健康。不过,对于羽毛球游戏来说,其规则并非是一成不变的,当面对一定的情况时,在保持原有游戏框架不变的基础上,可以对一些规则细则进行适度修改,以适应羽毛球运动教学与训练的实际需要。但是规则一般都是比较稳定的,尤其是游戏发展到高级阶段,游戏的规则进一步合理与严密。

(四)采用假设与虚构的方法

羽毛球游戏中经常会用到假设与虚构的方法,如假设游戏参与者要承担某种角色的扮演,或是给游戏参加者虚构出一个特殊的游戏场景等。这两种方法运用在羽毛球游戏中的最大意义在于它有利于将运动者的思维更快带入到游戏当中,增加更多的趣味性。在游戏中增设假设和虚构的方式主要有人物假设、物体假设、动作假设、信号假设和语言虚构等,至于游戏中具体使用哪种,就要看预期达成的羽毛球教学目标了。

(五)教化性特点

教化性也是羽毛球游戏众多特点中的一个。羽毛球游戏的教化性特点体现在可以让参与者通过有趣味的方式,间接增加进行羽毛球运动的能力,如提高手感、战术意识、脚下移动、技术能力等。其次,羽毛球运动的规则性特点也对人在社会中的存在,遵守社会规则的意识起到潜移默化的教育和引导作用。在羽毛球游戏中,人们可能承担不同的角色,并与其他角色的他人进行沟通与交流,这也能在一定程度上对参与者的人际交往和心理健康产生积极影响。

(六)综合性特点

羽毛球游戏具有综合性特点。所谓的综合性体现在许多方面,如羽毛球游戏的素材包含但不仅限于与羽毛球运动有关的事物,在需要的情况下,也可以从其他项目中获得,并将之与羽毛球游戏相融合。通过羽毛球游戏不仅能培养与提高身体的基本活动能力,还能借助其开展方法提高相关运动技能。由此可见,羽毛球游戏的综合性特点。

第二节 羽毛球游戏的准备与组织

为了让羽毛球教学与训练中安排的羽毛球游戏起到应有的效果,需要在之前做好相应的准备和组织工作。只有这样才能使游戏的组织井井有条、得当有序,发挥其应有的教学作用。

为此,本节就重点探讨羽毛球游戏的准备与组织的相关问题。

一、准备游戏内容

为不同羽毛球教学内容选择与之匹配的游戏内容,并且实际的教学情况也是游戏内容选择的依据,这是发挥游戏教学良好效果的第一步。具体的游戏内容选择依据为参加游戏的运动者的情况,包括运动者的人数、性别、羽毛球运动基础水平和兴趣点;教学与训练的客观条件,包括场地大小以及器材数量等。另外,在选择适当的游戏内容时还应考虑到如下几点:

(1)保证游戏内容的教育性。
(2)保证游戏内容的针对性
(3)保证游戏内容的灵活性。
(4)保证游戏内容对运动者智力的开发性。

二、准备场地

一块合适的场地是羽毛球游戏开展的必要物质基础。这块场地的准备需要根据游戏的内容、参与者人数等条件来确定,在确定场地之后还要根据游戏需要摆设必要的标志物或画出界限等,要求标志和界限的辨识度高。为了保证场地在游戏之后的教学与训练中能够正常使用,建议更多考虑用摆设标志物的方式来划分区域。

如果是在露天的室外场地中组织羽毛球游戏,需要保证场地的平整,并且保证场地周边 2 米内没有危险物体存在,切实保证游戏开展的环境是安全的。

三、准备工具

羽毛球教学与训练中经常会在准备部分或放松部分安排一些与羽毛球运动有关联的体育游戏。为了保障游戏活动的顺利进行,需要准备好游戏中即将用到的器材,如球拍、羽毛球、接力棒、蒙眼布、锥桶、各种球类等。为了使游戏效果良好和营造活跃的氛围,游戏中使用的器材应颜色鲜艳,区分度高。如果需要使用一些工具,则应注意检查安全性。游戏活动完毕时妥善放置,教学或训练结束后及时归还。

对于游戏中要用到的器材如市面上有相应产品则需购买足够的数量,如果没有相匹配的产品,则教练员可以动手制作一些简易工具,如有必要还可以让运动者自己制作器材,以提高其动手能力和参与兴趣。

四、培养助手

教练员要在羽毛球运动教学或训练中善于发现或培养运动

骨干,这在体育技能培养活动中非常重要。运动骨干的作用在于能够协助教练员的教学训练活动,如协助教练员的动作示范、协助游戏活动的组织、给尚未理解教学意图的同伴做详细讲解等,甚至还会充当游戏的裁判员。为此,教练员应选择那些运动技能出色且团队荣誉感较强的运动者来充当这一角色,如果没有,要注意培养有潜力的运动骨干,使之充分发挥自己的作用,从而提高羽毛球教学与训练效率。

五、游戏组织

羽毛球游戏的组织有其特有的程序,通常包含分组、选择带头人、选择教学法以及总结四部分。

(一)分组

羽毛球游戏带有一定的竞争性,既然是竞争,就会存在至少两个队伍。因此,分组就成为羽毛球游戏组织的第一个步骤,一个合理的分组可以提升游戏的竞争性,也能调动运动者的参与积极性。在分组时应秉承均衡原则,即保证各组人数相等、组与组之间的总体实力大体相同等。如此分组可以提高游戏质量,让每个人都享受其中。

具体来说,常见的分组方式有自由分组、固定分组、水平分组、报数分组几种,至于最终选择哪种,还要看课上人员的实际情况而定。

(二)选择带头人

带头人对游戏顺利开展起到关键的引导作用。一般运动骨干经常会被选为带头人,当然,还可以通过别的方式选择带头人,常见的选择方式有指定法、自荐法、抽签法、轮值法等。

(三)选择教学法

羽毛球游戏并不单纯是以提高学生的兴奋性和活跃气氛为

目的的游戏活动,其在本质上也属于一种教学方法,服务于羽毛球教学或训练活动。为此,在进行羽毛球游戏时也要注意选择恰当的游戏教学方法。常见的游戏教学方法有讲解法和示范法。

(四)总结

羽毛球游戏是一项带有实际教学和训练意义的活动,总体来说在结束游戏教学后对过程进行适当总结可以获取一定的活动经验,并以此作为日后开展游戏教学以及做出相应完善的依据。而单就一次游戏活动结束后的总结来说,主要内容为教练员公布游戏结果、奖惩办法、点评游戏过程等。

在游戏总结之后,教练员指导运动者妥当收拾游戏器材,并在课后归还器材室。

第三节 热身活动类游戏学练

一、节奏跑

羽毛球运动比赛的节奏感很强,通过节奏跑游戏可以有效培养节奏感。

(一)游戏详细说明

(1)有节奏地按照"右、右、左"的顺序跑步。
(2)有节奏地按照"左、左、右"的顺序跑步(图9-1)。

(二)游戏注意事项

运动者掌握基本练习后,变换练习内容,增加练习难度,如向目标方向做倒退跑练习。

图 9-1

二、掌掌互换

(一)游戏详细说明

(1)运动者一手握拳,放在胸部,另一只手伸向斜上方,五指张开。

(2)教练发出"变换"口令,运动者回答"是",同时斜上举的手置于胸前变拳,原来放在胸部的手伸向斜上方,五指张开变掌。反复多次练习(图 9-2)。

图 9-2

(二)游戏注意事项

游戏开始前,教练员向运动者准确示范游戏动作,运动者在游戏过程中严格按照示范要求完成动作。

三、搓一搓,捶一捶

(一)游戏详细说明

(1)运动者右手握拳捶击右大腿,左手变掌搓擦左大腿。

(2)1分钟后,右手变掌搓擦右大腿,而左手握拳捶击左大腿,如此反复练习(图9-3)。

(二)游戏注意事项

在羽毛球准备活动中安排这一游戏,以促进运动者协调能力的提高。

图 9-3

四、石头、剪刀、布

(一)游戏详细说明

(1)教练员发出"石头、剪子、布"口令后,立即"出招",运动者做出与教练员相同的手势,并发出"嘭"的声音。

(2)接下来,运动者迅速做出可以赢教练员的手势。例如,教练员出"剪子"后,运动者立即出"石头",教练员出"石头",运动者立即出"布"。

(3)接着练习让教练员取胜的手势(图 9-4)。

(二)游戏注意事项

(1)游戏刚开始时,教练员带领全体运动者进行练习。几分钟后,运动者两两一组练习。

(2)运动者要配合"嘭、嘭"的节奏进行游戏。

图 9-4

五、交叉触摸

(一)游戏详细说明

(1)从身前抬起左脚,左手摸左脚,按相同方法抬起右脚,右手摸右脚。

(2)左脚向后抬,右手摸左脚,按相同方法抬起右脚,左手摸右脚(图 9-5)。

(二)游戏注意事项

选择多种方式进行练习。先让运动者掌握单独动作,然后进行综合练习。

图 9-5

六、节奏跳跃

(一)游戏详细说明

(1)两人一组,相向而立,其中一名运动者坐在地上,双腿伸直。另一名运动者在同伴腿的两侧连续进行双脚跳动练习。

(2)坐在地上的运动者重复分腿、并腿。另一名运动者做相反的动作。即坐下的运动者双腿分开时,跳动的运动者并拢双腿(图 9-6)。

(二)游戏注意事项

运动者不要采用固定节拍做游戏,可通过相互间动作的配合来增加游戏难度,训练反应能力。

图 9-6

七、脚尖点地与踏步

(一)游戏详细说明

(1)运动者双脚以与肩同宽的距离左右开立。

(2)先脚尖点地,然后过渡到全脚掌踏步落地。以"先点后踏"的节奏练习(图 9-7)。左右脚交替进行。

(二)游戏注意事项

教练员要在游戏开始前准确、清楚地给运动者示范动作。

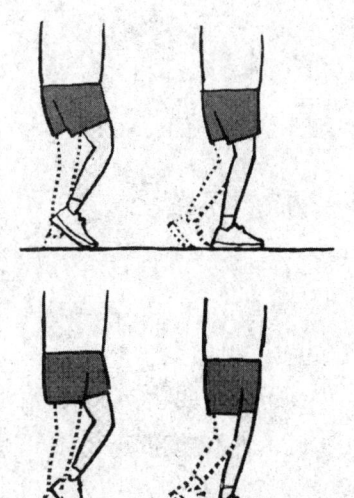

图 9-7

八、双球互传

(一)游戏详细说明

(1)两名运动者各拿一球面对面站立,间距适当。
(2)运动者同时给对方传球(双手传球)(图 9-8)。

(二)游戏注意事项

(1)两名运动者的间距可随意调整。
(2)可使用篮球、排球、棒球等进行游戏。

图 9-8

九、球不落地

(一)游戏详细说明

(1)在拍面上放好羽毛球。
(2)利用腕部变化由正手握拍向反手握拍转变(图 9-9)。

(二)游戏注意事项

(1)保持身体平衡,避免球落地。
(2)熟练后,做行走练习,移动要有节奏。

图 9-9

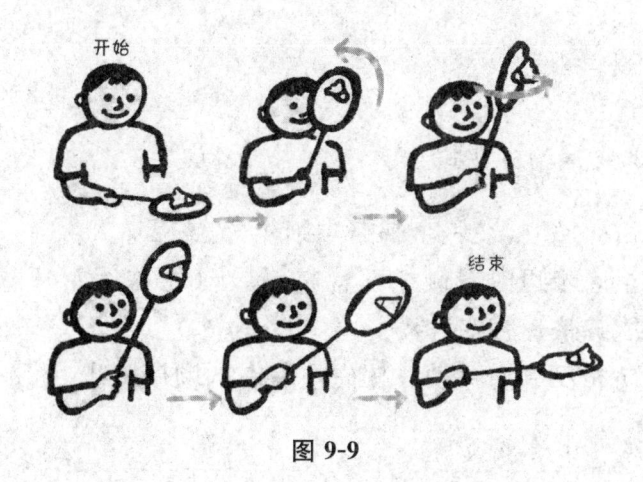

十、移动步法练习

(一)平行跨步跳

1. 游戏详细说明

(1)并步而立。右脚踩在右侧线外,第2、3步跨入一个梯格中,先左脚,后右脚。

(2)第4步时,左脚跳向斜前方,踩在左侧线外。第5、6步跨入一个梯格中,先右脚,后左脚。

(3)按相反顺序退回(图9-10)。

2. 游戏注意事项

注意掌控好节奏,不要踩在线上。

图 9-10

(二)横向踏步

1. 游戏详细说明

(1)横向站立,在一个梯格中踏步(先右后左)。
(2)第 3 步迈向右侧相邻梯格,踏步(先右后左)。重复此动作,尽量能够快速横向移动。
(3)向相反方向移动。按先左后右的顺序踏步(图 9-11)。

2. 游戏注意事项

(1)按规定的顺序横向踏步。
(2)逐渐加快练习节奏。

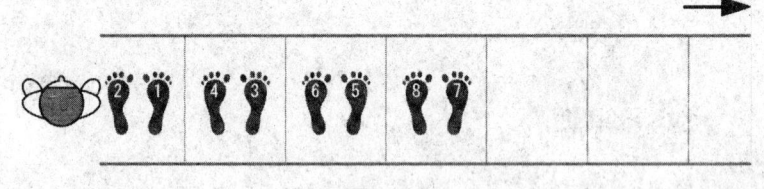

图 9-11

(三)跳跳分腿

1. 游戏详细说明

(1)单腿跳步,右脚向前跳两步。
(2)第 3 步时,左右两脚分别向前一步踩在左右两线外。
(3)第 4、5 步时,左脚向前跳两步,第 6 步时两脚分别向前一步踩在左右两线外(图 9-12)。

2. 游戏注意事项

教练员在一旁进行指导。

图 9-12

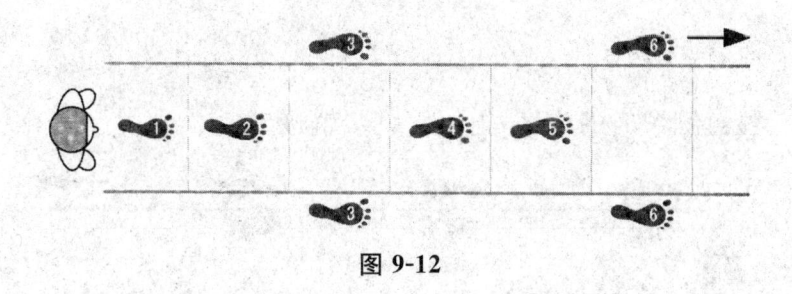

(四)交叉跨步

1. 游戏详细说明

(1)横向站立,左脚向右脚前交叉横跨一步踩在第 1 格中,然后右脚向前横跨一步。

(2)左脚向右脚后方交叉横跨一步,然后右脚跨入相邻梯格向前移动。

(3)由右脚开始向相反方向移动(图 9-13)。

2. 游戏注意事项

变换左右脚顺序进行练习。

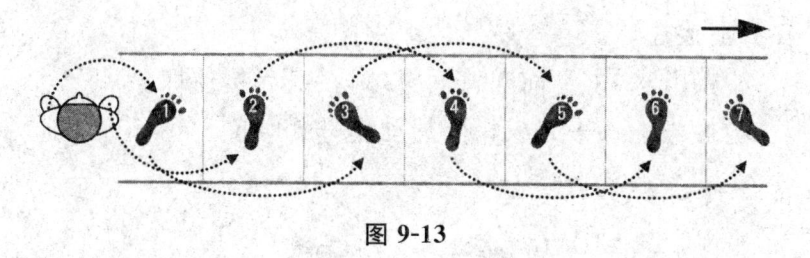

图 9-13

(五)锯齿形跳步

1. 游戏详细说明

(1)并步而立。
(2)向上跳起后落在左、右侧线两边,锯齿形跳步前行。
(3)接下来,按相反顺序左右跳步,退回原来的位置(图 9-14)。

2. 游戏注意事项

注意练习时的顺序,把握好跳步轨迹。

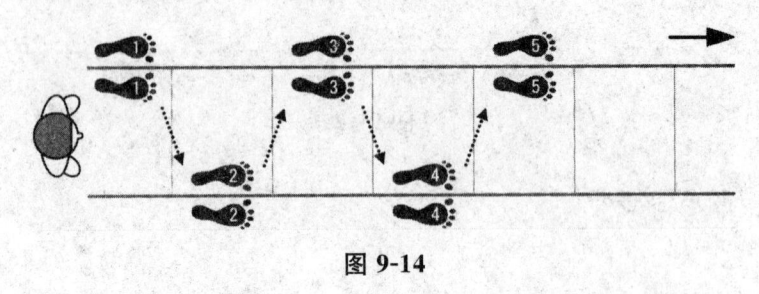

图 9-14

第四节　人结合球的游戏学练

一、身前身后接球

(一)游戏详细说明

(1)将球置于背后,呈背球姿势,一只手执球。

(2)将球向上抛起,越过头顶,落向自己身体的前方,然后用手在身前接住球。

(3)接下来,由身前向背后掷球,在身后接住球。

(4)换另一只手完成相同的动作(图 9-15)。

图 9-15

第九章　羽毛球运动趣味练习指导

（二）游戏注意事项

在练习中，教练员要提醒那些接不住球的运动者，争取在球下落时先触到球。

二、穿心而过

（一）游戏详细说明

(1) 将羽毛球由背部向上垂直抛起。
(2) 两臂在身前抱成一个圆形，让球从圆形中央落下（图9-16）。

图 9-16

（二）游戏注意事项

开始练习时要选择较容易的位置进行，待熟练之后，任意将球向不同位置抛扔，增加训练难度。

三、接球反应

（一）游戏详细说明

(1) 两人一组，面对面站立。一人站直身体，双手各持一球。

另一人屈膝下蹲,准备接球。

(2)执球站立者任意将一侧球放手掉落,另外一人迅速反应,将球接住(图9-17)。

(二)游戏注意事项

在练习中,只要运动者触到球即为合格。开始时,对于执球者任意松开一只手使球下落的练习,运动者会感觉难度较大,因此开始时可采用双手接球的方法,待熟练后再单手接球。

图 9-17

四、散弹接球

(一)游戏详细说明

(1)两人一组,一人站在边线位置(单打边线),另一人站在中线位置,两人面对面站立。

(2)站在边线位置者,瞄准同伴的身体掷球。

(3)另外一方用手接住飞来的球。先用自己习惯握拍的那只手接球,然后再用另一只手练习接球(图9-18)。

(二)游戏注意事项

开始练习时保持一个较慢的速度,待熟练后逐步加快投掷的速度进行练习。

图 9-18

五、执筒接球

(一)游戏详细说明

(1)两人一组,一人用球拍发球,另一人执羽毛球筒准备接球。

(2)用羽毛球筒将同伴发过来的球接住,让球进入筒中(图9-19)。

(二)游戏注意事项

在练习中要注意步法的移动要合理。

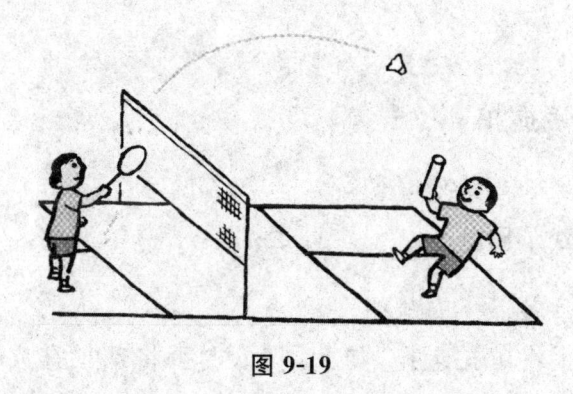

图 9-19

六、接球拉力赛

(一)游戏详细说明

(1)两人一组,在球网两侧面对面站立。

(2)相互掷球与接球,使球越过球网(图 9-20)。

(二)游戏注意事项

对于初学者来说,可不使用球网,站在白线两侧练习即可。另外,掷球的速度要适中,要能符合练习者的具体实际。

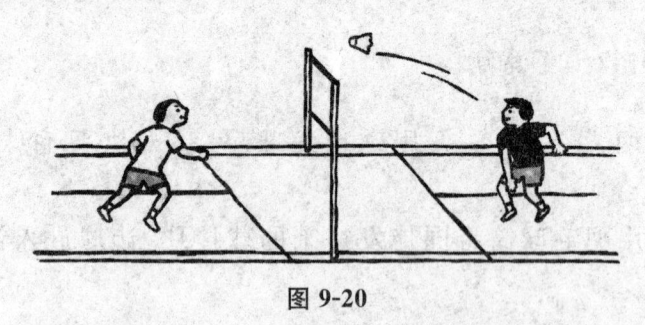

图 9-20

第五节 人结合球拍的游戏学练

一、换手握拍

(一)游戏详细说明

(1)两手各握一支球拍。

(2)右手将球拍上抛,与此同时,左手将球拍移向右手,两手交换抓接(图 9-21)。

第九章　羽毛球运动趣味练习指导

(二)游戏注意事项

可在垫子上练习,以免球拍落地而发生损坏。另外练习时还可采取膝关节跪地的较低身体姿势,并提醒运动者注意间隔,不要让球拍碰到人。

图 9-21

二、托颠球练习

(一)游戏详细说明

把球拍当做托颠球游戏的器械,用拍柄颠球或使球停落在拍柄上(图 9-22)。

图 9-22

(二)游戏注意事项

最初练习,只要完成一次即可,争取让羽毛球稳稳停在拍柄上。待熟练后,要增加练习的组数和难度。

三、肘部旋拍

(一)游戏详细说明

(1)将拍头与拍柄连杆结合部置于一侧肘部。
(2)以肘部为支点轻轻反方向蓄力,使球拍沿肘部旋转一周,抓握球拍(图9-23)。

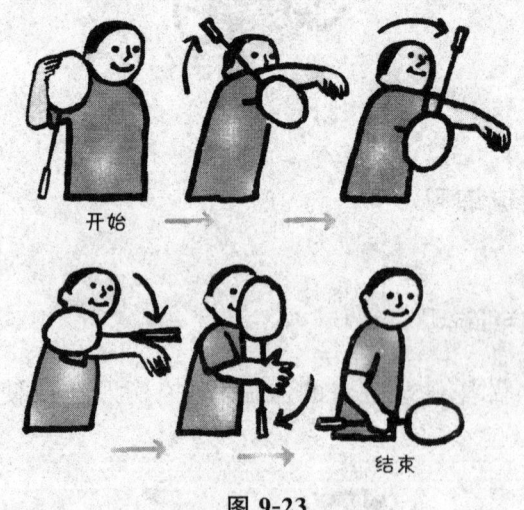

图 9-23

(二)游戏注意事项

与手背旋拍练习相同。最初练习时可在垫子上进行;或以膝部跪地等低体位姿势开始。

四、握拍接球

(一)游戏详细说明

(1)两人一组,在球网两侧面对面站立。

(2)一人击球到对方场地。

(3)另外一方握拍,用拍面将来球稳稳接住(图9-24)。

(二)游戏注意事项

上步时注意加大两脚前后距离(向前跨步动作),为接下来的迅速回位做好充分准备。

图 9-24

五、球不落地

(一)游戏详细说明

(1)将羽毛球置于拍面上。

(2)利用手腕部的变化,由正手握拍变为反手握拍(图9-25)。

图 9-25

(二)游戏注意事项

(1)练习中要保持身体的平衡,尽量不使球落到地上。

(2)最初练习时,可将羽毛球置于拍面上,做行走练习,要注意步伐的节奏。

第六节　击球类游戏学练

一、削球对练

(一)游戏详细说明

(1)运动者两两一组在边线两侧面向而立。

(2)按削球要领互相对打,使羽毛球的软木部分与羽根部分同时触拍(图 9-26)。

(二)游戏注意事项

削球时,尽量用拍面削羽毛球的软木部分,或使软木部分与羽根部分同时接触拍面。

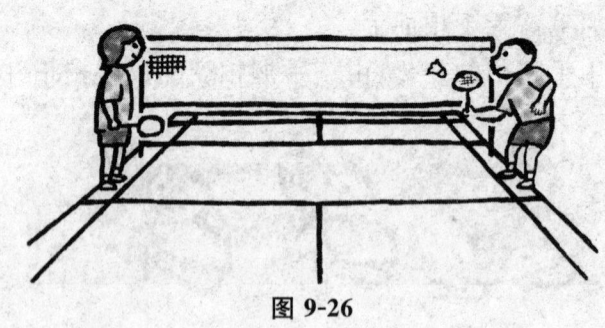

图 9-26

二、跑动击球

(一)游戏详细说明

(1)平握球拍向前跑动,连续不断地将球击向前方。

第九章　羽毛球运动趣味练习指导

(2)使用相对薄弱的那只手重复进行练习(图 9-27)。

(二)游戏注意事项

开始练习时,可原地向上击球。待熟练后进行跑动击球练习和多人接力击球练习。

图 9-27

三、乒乓球式双人对练

(一)游戏详细说明

(1)4 名运动者两两一组,隔网面向而立。

(2)按照乒乓球运动的规则两人交替击球,双方连续对打(图 9-28)。

图 9-28

（二）游戏注意事项

（1）游戏中的运动者要确保正确把握自己与同队搭档之间的位置关系。

（2）可以采取比赛的形式进行练习，以提高练习的趣味性与竞争性。

四、听口令练回球

（一）游戏详细说明

（1）两名运动者一组，其中一人负责发球。发球者击球时发出"放小球""后场球"等口令。

（2）接发球者按口令回球（图9-29）。

（二）游戏注意事项

听口令练回球游戏可促进运动者瞬间判断对方回球方式的能力的提高。为此，在游戏过程中，可以在羽毛球软木部分涂上各种不同的颜色，每种颜色代表不同的回球方式，接发球者根据颜色选择回球方法。

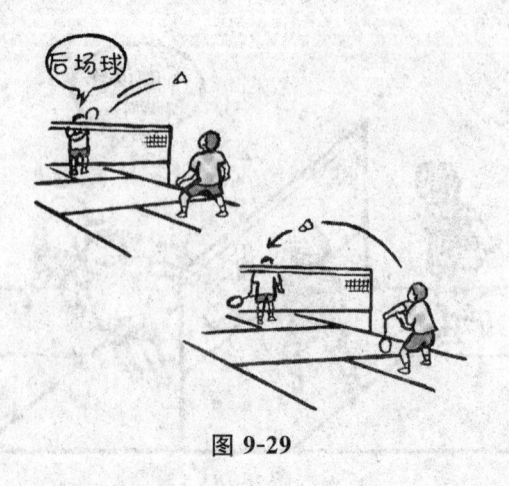

图 9-29

五、裆下击球

(一)游戏详细说明

(1)双脚左右分立,将羽毛球放在身体前下方的地上。
(2)用球拍挑球,将球从裆下击向身后(图 9-30)。

(二)游戏注意事项

连续击球过裆,刚开始练习时,对于球飞向何处的问题可以不作考虑。

图 9-30

六、跳起转身击球

(一)游戏详细说明

(1)两名运动者一组,一名运动者负责发球,另一名运动者回球。回球者背对发球者。
(2)回球者跳起转身面向发球者,做好击球准备。
(3)发球者在回球者跳起转身时击球,回球者迅速反应回击球(图 9-31)。

图 9-31

(二)游戏注意事项

该游戏可促进运动者平衡能力的提高,在游戏过程中,运动者要把握好击球时机和节奏。

七、双人发球连回球

(一)游戏详细说明

(1)3 名运动者一组,其中两名运动者负责发球。发球者事先商量好由谁先发球,但不能被接球者听到。

(2)接球方迅速判断来球并回击球(图 9-32)。

图 9-32

(二)游戏注意事项

(1)刚开始练习时,发球方主要发相对容易的球,待熟练后发一些难度较大的球。

(2)发球方式不限,可灵活选用。

八、反方向闪身

(一)游戏详细说明

(1)两名运动者一组,一人负责发球,另一人接发球。

(2)接发球者接球时,身体先向反方向移动做假动作,然后回球(图9-33)。

(二)游戏注意事项

教练员要提醒运动者注意身体姿势的正确性。

图 9-33

九、网上插球

(一)游戏详细说明

(1)两名运动者在中线位置相向而立。

(2)手持球(软木部分朝上,羽根朝下)。听到"开始"口令后,先将羽毛球挂左侧边线上方球网上沿(将羽毛插在网边上)。侧滑步移动。

(3)接下来,向右侧边线移动,将羽毛球插在边线上方球网上沿。左右交替练习(图9-34)。

(二)游戏注意事项

(1)如果运动者感觉有困难,可不在边线上插球,移动距离可适当缩短。

(2)可采用跑步形式完成练习。

图 9-34

十、声东击西

(一)游戏详细说明

(1)运动者两两一组,一人发球,另一人回击来球。

(2)接发球者在回球时,应该面向击回球方向的另一侧(图9-35)。

(二)游戏注意事项

该练习属于假动作基础练习,练习过程中,注意假动作要逼真,使对手信服,同时也要避免出现失误。

图 9-35

参考文献

[1]邹巍,陈丽娟.羽毛球[M].重庆:西南师范大学出版社,2013.

[2]杨敏丽.羽毛球教学与训练[M].北京:北京体育大学出版社,2012.

[3]郑其适.羽毛球[M].杭州:浙江大学出版社,2017.

[4]李明芝,高淑艳,刘积德.乒乓球、羽毛球、网球[M].北京:清华大学出版社,2015.

[5]杨恒,王家彬.新编羽毛球教程[M].西安:西北工业大学出版社,2007.

[6]朱建国.羽毛球运动教学与训练教程[M].北京:清华大学出版社,2015.

[7]李鑫.羽毛球文化的传承与运动科学[M].北京:冶金工业出版社,2018.

[8]李晶,谢飞.休闲体育与全民健身[M].北京:光明日报出版社,2015.

[9]朱清梅.新编羽毛球理论与实训[M].西安:西北工业大学出版社,2012.

[10]国家体育总局青少年体育司,国家体育总局乒乓球羽毛球运动管理中心编.中国青少年羽毛球训练教学大纲[M].北京:北京体育大学出版社,2012.

[11]谷崎.体能训练的基本理论与方法[M].西安:西北工业大学出版社,2010.

[12]张建强.大众体育体能训练理论与实践研究[M].北京:人民出版社,2012.

[13]于可红.羽毛球训练教程[M].北京:高等教育出版社,2016.

[14]蒋湘之.羽毛球教学和训练[M].北京:九州出版社,2017.

[15]张建强.大众体育体能训练理论与实践研究[M].北京:人民出版社,2012.

[16]刘仁健.羽毛球[M].北京:科学出版社,2010.

[17]刘美子.我国羽毛球运动发展研究[D].辽宁师范大学,2015.

[18]徐大忠.羽毛球运动的特点及其在全民健身运动中的价值[J].中国高新区,2018(13).

[19]杨蕊,朱亚成.大众羽毛球运动研究进展[J].体育科技文献通报,2018(05).

[20]马心丽.羽毛球运动员比赛时的心理因素分析[J].当代体育科技,2016(26).

[21]赵明.心理因素对基层羽毛球运动的影响分析[J].当代体育科技,2019(06).

[22]顾琼.浅谈羽毛球运动员的心理素质训练[J].当代体育科技,2019(05).

[23]王永胜.运动训练过程中若干训练理念甄别[J].山东体育学院学报,2012,6(28).

[24]袁守龙,现代体能训练发展趋势与对策[J].体育成人教育学刊,2014,30(01).